古典文獻研究輯刊

二 編

潘美月・杜潔祥 主編

第 16 冊

六朝漢譯佛典偈頌與詩歌之研究（上）

王晴慧 著

國家圖書館出版品預行編目資料

六朝漢譯佛典偈頌與詩歌之研究（上）／王晴慧著 ─ 初版 ─
台北縣永和市：花木蘭文化出版社，2006〔民95〕

序 2＋目 4＋166 面：19×26 公分
（古典文獻研究輯刊 二編；第 16 冊）

ISBN：986-7128-36-2（上冊：精裝）
1. 佛教文學－作品研究 2. 中國詩－歷史－六朝（222-588）

224.513   95003693

ISBN 986712836-2

9 789867 128362

古典文獻研究輯刊
二 編　第十六冊　　　　　　　　ISBN：986-7128-36-2

六朝漢譯佛典偈頌與詩歌之研究（上）

作　　者　王晴慧
主　　編　潘美月　杜潔祥
企劃出版　北京大學文化資源研究中心
出　　版　花木蘭文化出版社
發 行 所　花木蘭文化出版社
發 行 人　高小娟
聯絡地址　台北縣永和市中正路五九五號七樓之三
　　　　　電話：02-2923-1455／傳眞：02-2923-1452
電子信箱　sut81518@ms59.hinet.net
初　　版　2006 年 3 月
定　　價　二編 20 冊（精裝）新台幣 31,000 元

六朝漢譯佛典偈頌與詩歌之研究(上)

王晴慧　著

作者簡介

王晴慧，國立中正大學文學博士候選人，現任職於亞洲大學通識教育中心。主要研究方向為佛教文學與中國文學之關係、中國古典詩歌及敘事文學中的詩歌類與童話等。所撰《六朝漢譯佛典偈頌與詩歌之研究》，於 2001 年獲頒行政院國家科學委員會傑出研究獎勵乙種獎項（中國文學類）。發表論文另有〈顧況道儒式思想發微——在儒家與道教間之徘徊〉、〈試析六朝詩歌所蘊含之佛教文學特色〉、〈淺析六朝漢譯佛典偈頌之文學特色——以經藏偈頌為主〉、〈論《像法決疑經》在隋唐的流傳及其時代意義〉等。

提　　要

　　漢譯佛典偈頌與六朝詩歌的關係，歷來在詩歌史上為人所忽略，就文學史而言，亦少見全面性論述。凡論及佛教與中國文學之關係者，大多由宏觀的角度論及 "佛教" 整體對中國小說、詩歌或文人的影響；而鮮少由漢譯佛典偈頌這一角度切入，論其與詩歌之關係。然綜觀漢譯佛典中的偈頌，將會發現其數目何其繁多，且表現出自身特有的文學風采，這不僅是佛典的文學特色之一，亦是一歷史現象。再者，這些漢譯偈頌 "近於詩" 的面貌，及其尚未漢譯前，本就是 "詩" 的性質，更進一步使我們對它與中國詩歌的關係，引發探究的興趣。故本書主要在於探究六朝漢譯偈頌與詩歌間的關係，並進而補益二者關係在文學史、詩歌史上的闕如。本書將時間範疇鎖定六朝時期，主要是因為此時期佛教隆盛，為佛典翻譯的鼎沛時期，在譯經史上，有其深刻的代表性；而中國詩歌類型，亦大多建基於六朝時期，六朝詩歌實具有承上啟下的象徵意義，故以此時期為探究對象。本書內容之建構，主要是先透過經藏偈頌的統計分析，進而論述偈頌與六朝詩歌關係。故下冊乃是《大正新修大藏經》第一冊～第廿一冊經藏偈頌的地毯式搜索與統計分析。而上冊則為漢譯偈頌與六朝詩歌的關聯性分析。在章節安排上，除了緒論與結論外，本文第二章首由東漢至六朝漢譯佛典切入，以明當時之譯經概況。第三章則銜接第二章基礎，分析漢譯佛典偈頌的文學特色，以明其形式、內容、文字上的表現，是否與六朝詩歌有所關連。第四章則探揭六朝詩歌中的佛教文學特色，亦即將那些洋溢濃厚佛教文學特色的詩歌（例如佛理詩）、帶有佛教色彩的詩歌（例如山水詩、玄言詩）及取材於佛典文學，而並無完全表現佛教思想之詩歌（例如永明詩、宮體詩）列入討論。故第四章並非陳述六朝詩歌的文學特色，而是針對六朝詩歌中帶有佛教色彩者，作一深入探討。第五章則藉由前二章的鋪敘，進而分析、比較六朝漢譯偈頌與詩歌之關聯性及影響，歸納二者間相互影響、彼此浸潤的風貌所在。本書認為六朝漢譯偈頌與詩歌之關連性，並非僅是單向的影響，乃是彼此間相互浸染的互動呈顯，或為形式上的會通、或為內容上的相因、或為修辭風格上的借鑑。

序　言

　　晴慧計畫將碩士論文《六朝漢譯佛典偈頌與詩歌之研究》付梓，要我寫一篇序。因爲這篇論文是我指導撰成的，所以爲這本書寫序，我是義不容辭的。

　　有關佛教對我國文學之影響的研究，已經成爲近二、三十年來的顯學，台灣和香港的學術界都舉辦過好多次相關的學術研討會，成績斐然。大陸也有部分學者從事這方面的研究，也有極出色的成果。

　　晴慧不但是一位虔誠的佛教徒；而且長年受到中國文學的薰陶，因而她有強烈的研究中國文學所受佛教影響的意願和能力，所以由她來寫這個題目，眞是再恰當不過了。

　　以往學者論佛教文學，對"偈頌"著墨不多，因爲偈頌本身談不上什麼文學性，然而它對中國文學（尤其是詩歌），卻產生了相當大的影響。在晴慧對學術抱持高度熱忱及耐心、細心的耕耘下，本書終於獲得了豐碩的成果。

　　本書第三章，從偈頌的外在形式、豐富的內容及文字風格等，揭示了偈頌的文學特色；第四章復從以上三個方向，探討出六朝詩歌受到佛教影響所表現出之特點；而第五章，是本書最具學術價值的部分，透過第三、四章的的研究基礎，將二者加以比對分析，因而具體明確的呈現出六朝詩歌和翻譯佛典偈頌間的關係，頗有創獲之見。如漢末以來之長篇敘事詩、六朝玄言詩之說理性、佛理詩之偈頌化、山水詩之窮形盡相、宮體詩之女姿描摹等，都和翻譯佛典偈頌關係極爲密切。

　　以往文學史談到我國敘事詩之起源和發展，往往語焉不詳，尤其是對漢末魏晉時期何以會出現了〈孔雀東南飛〉、〈悲憤詩〉、〈胡笳十八拍〉、〈木蘭辭〉……等一連串的長篇敘事詩；我國詩歌向來以抒情爲主，六朝時期何以會出現說理詩；宮體詩是如何出現的，尤其是對女姿的描摹，究竟是如何發展出來的。這些問題，在以往的詩歌史中，完全沒有合理的說明。但是本書對以上的問題，提供了十分具體而明確的答案。

　　這些研究成果，都是發前人所未發，足堪彌補「佛教文學」及「中國詩歌發展史」中的部分空白，堪稱碩士論文中之上選。

乙酉上元　李立信

目

錄

下　冊

表

圖

第一章　緒　論

一、研究緣起與目的

　　漢譯佛典偈頌與六朝詩歌的關係，歷來在詩歌史上為人所忽略，就文學史而言，亦少見全面性論述〔註1〕。

　　凡論及佛教與中國文學之關係者，大多由宏觀的角度論及"佛教"整體對中國小說、詩歌或文人的影響〔註2〕；而較少由漢譯佛典偈頌這一角度切入，論其與詩歌之關係。然綜觀漢譯佛典中的偈頌，將會發現其數目何其繁多，且表現出自身特有的文學風采，這不僅是佛典的文學特色之一，亦是一歷史現象，如此的現象，置

〔註1〕就詩歌史專著而言，甚少研究言及漢譯佛典偈頌對詩歌之影響抑或詩歌對漢譯佛典偈頌之影響的論見。就文學史專著而言，論及佛教對詩歌之影響者，大多將焦點鎖定於佛經轉讀促進永明詩歌聲律說興起而言；至於論及佛典偈頌者，則僅見梁啟超《飲冰室文集》第七冊〈印度與中國文化之親屬關係〉（台北市：中華，民國61年），及胡適《白話文學史》第六章〈故事詩的起來〉、第九章〈佛教的翻譯文學〉（台北市：遠流，1986年）。然是書並非完全針對漢譯佛典偈頌與詩歌之關係而談，容或有涉及此方面者，亦僅就漢譯《佛所行讚》對〈孔雀東南飛〉一詩的影響而申論。

〔註2〕例如：孫昌武《佛教與中國文學》（台灣：東華，民國78年）、《唐代文學與佛教》（台北縣：谷風，1987年）、《禪思與詩情》（北京：中華，1997年）；邱敏捷《袁宏道的佛教思想》（高師大國文研究所碩士論文，民國78）；釋永祥《佛教文學對中國小說的影響》（高雄縣：佛光，民國79年）；李鮮熙《寒山其人及其詩研究》（東吳大學中文研究所博士論文，民國80年）；蔡榮婷《唐代詩人與佛教關係之研究》（政治大學中文研究所博士論文，民國81年）；杜昭瑩《王維禪詩研究》（輔仁大學中文研究所碩士論文，民國81年）；李皇誼《維摩詰經的文學特質與中國文學》（東海大學中文研究所碩士論文，民國82年）；劉芳薇《《維摩詰所說經》語言風格研究》（中正大學中文研究所碩士論文，民國83年）；黃秀琴《唐代詩禪相互影響論》（中央大學中文研究所碩士論文，民國86年）等。

於中土文學、乃至思想、文化間考量，彼此是否沒有絲毫的交集呢？再者，這些漢譯偈頌"近於詩"的面貌，及其向未漢譯前，本就是"詩"的性質〔註3〕，更進一步使我們對它與中國詩歌的關係，引發探究的興趣。

業師李立信先生〈論偈頌對我國詩歌所產生之影響——以〈孔雀東南飛〉為例〉〔註4〕一文中，論及東漢時期漢譯佛典偈頌與〈孔雀東南飛〉的關係。在此篇論文的啟蒙下，遂引發學生探究漢譯偈頌與詩歌關係的研究路向。

而將論文範疇鎖定六朝時期，乃因此時期，佛教隆盛，為佛典翻譯的鼎沛時期，在譯經史上，有其深刻的代表性；而中國詩歌類型，亦大多建基於六朝時期，可以說，在詩歌史上，六朝詩歌有其承上啟下的象徵意義。故本文遂將此一研究路向，設定為六朝時期，期能藉由此研究，明瞭六朝漢譯偈頌與詩歌間的關連性與否，並進而補益二者關係在文學史、詩歌史上的闕如。

二、研究範疇

本文所討論的範疇，設定於六朝時期，然「六朝」一詞的界定

向來紛歧，就政治史上的六朝而言，係指建都於建康之吳、東晉、宋、齊、梁、陳六個朝代〔註5〕；就文學史之角度而言，「六朝」則不能完全以是否建都於建康為考量，尚必須兼顧文學的發展狀況，故關於文學史上的「六朝」界定，大多數的學者並不拘泥於「政治史上的六朝」。文學史上所稱的「六朝」，約有以下幾個界定：

（一）晉、宋、齊、梁、陳、北朝、隋〔註6〕〔無魏代〕

（二）宋、齊、梁、陳、北朝、隋〔註7〕〔無魏、晉〕

（三）魏、晉、宋、齊、梁、陳〔註8〕〔無隋代〕

（四）魏、晉、宋、齊、梁、陳、北朝〔註9〕〔魏晉南北朝皆包括〕

本文參考上述諸家說法，再依據本文研究主題之發展所需，將「六朝」設定為

〔註3〕詳見本文第二章第二節〈漢譯偈頌述略〉。

〔註4〕見中國古典文學研究會主編《文學與佛學關係》，（台北市：台灣學生，民國83年），頁47～73。

〔註5〕《宋史》卷三七五〈張守傳〉：「建康自六朝為帝王都」，此「六朝」之名，係指建都於建康之吳、東晉、宋、齊、梁、陳六個朝代。

〔註6〕胡仔《苕溪漁隱叢話》，其卷一、卷二為〈國風漢魏六朝〉、張溥編《漢魏六朝百三家集》、嚴可均編《全上古三代秦漢三國六朝文》，皆主此說。近人蕭滌非《漢魏六朝樂府文學史》、洪順隆先生《六朝詩論》亦主之。

〔註7〕孫德謙《六朝麗指》主之。

〔註8〕見章太炎《太炎文錄》卷一〈五朝學〉，其中論及「六朝」。

〔註9〕見張仁青《六朝唯美文學》，其「六朝」乃含括整個魏晉南北朝。

魏、晉、宋、齊、梁、陳及北朝，並無囊括隋代。之所以如此，乃是因爲本文所探析的六朝詩歌，並非逐項檢討，而是針對詩歌中浸染佛教文學色彩者，進行比對，以探討其與漢譯佛典偈頌的關係。所分析之詩歌類型，計有玄言詩、佛理詩、山水詩、宮體詩四大項，而此四項，於隋代以前已發展成型，故研究範疇乃設定爲魏晉至隋以前。

　　此外，「漢譯偈頌」有廣、狹二義之分別，廣義之偈頌包括九分教及十二分教〔註10〕中的"伽陀"與"祇夜"，兩者均爲偈頌之體，然兩者之意義互異（二者間之差別，將說明於本文第二章第二節，此先不贅）。至於狹義之偈頌，則單指梵語之 gatha，亦即伽陀而言。本文所研究之偈頌，乃是以廣義之說爲對象，亦即包含伽陀和祇夜。故凡《大正藏》之六朝佛典中，出現偈頌者，皆爲本文研究範疇；而比對此時期的經、律、論三藏，由於並未發現各藏之間的偈頌形式或內容有何特異之處，且此經藏部分已佔五百餘部，相當於六朝漢譯佛經的五分之四，故擬以三藏中最爲一般人重視的經藏，爲本文漢譯佛典偈頌的索引範疇。

三、主要資料來源

　　本文研究資料之主要來源，可概分爲三大部份：

（一）以《大正新修大藏經》第一冊至第廿一冊經藏資料爲主，作爲本文偈頌檢索的主要來源。

（二）以逯欽立《先秦漢魏晉南北朝詩》爲主，並參考史傳資料及相關本文主題之近人、今人研究成果，作爲六朝詩歌之檢索來源。

（三）佛典目錄著作方面，以《祐錄》爲主，並輔以《房錄》、《內典錄》、《開元錄》等，以考定所引漢譯偈頌，是否可爲本文研究範疇之資料。

〔註10〕九分教又作九部經、九部法，乃是將佛陀所說法，依其敘述形式及內容分成九種。九部之名稱，各經記載不一，現舉二經說法以見一斑。據南本《大般涅槃經》卷三，九部分別爲：修多羅、祇夜、伽陀、和伽羅那、優陀那、伊帝目陀伽、闍陀伽、毘佛略及阿浮陀達磨（見《大正》12・623b）。據《法華經・方便品》記載，九部分別爲：修多羅、祇夜、伽陀、本事、本生、未曾有、因緣、譬喻及優波提舍（見《大正》9・7c）。而所謂十二分教（又作十二部經、十二分聖教）亦是將佛陀所說法，依其敘述形式及內容分成十二種。十二部之名稱，據《顯揚聖教論》卷六所載，即：契經、應頌、記別、諷頌、自說、緣起、譬喻、本事、本生、方廣、未曾有法、論議（見《大正》31・508c）。又據南本《大般涅槃經》記載，十二部經之名稱分別爲：修多羅、祇夜、授記、伽陀、優陀那、尼陀那、阿波陀那、伊帝目多伽、闍陀伽、毘佛略、阿浮陀達摩、優波提舍（見《大正》12・693b）。

四、研究方法

　　本文開展前，先將《大正新修大藏經》第一冊至第廿一冊經藏偈頌，予以地毯式搜索，作成附錄表14，以求初步瞭解漢魏六朝時期的漢譯偈頌，究竟爲何型態及其數量多寡，再比較分析其與六朝詩歌的關連性。並藉由佛教經典目錄，如《祐錄》、《房錄》、《內典錄》、《開元錄》等，對當時的佛典進行一番基礎考定，以求所引資料能臻於信實。此外，並參考梁《高僧傳》、唐《續高僧傳》、《弘明集》、《廣弘明集》等原始資料，以明六朝佛教譯經者及其時代概況。

　　故在章節安排上，除了緒論與結論外，本文第二章首由東漢至六朝漢譯佛典切入，以明當時之譯經概況。第三章則銜接第二章基礎，分析漢譯佛典偈頌的文學特色，以明其形式、內容、文字上的表現，是否與六朝詩歌有所關連。第四章則探揭六朝詩歌中的佛教文學特色，亦即將那些洋溢濃厚佛教文學特色的詩歌（例如佛理詩）、帶有佛教色彩的詩歌（例如山水詩、玄言詩）及取材於佛典文學，而並無完全表現佛教思想之詩歌（例如永明詩、宮體詩）列入討論。故第四章並非陳述六朝詩歌的文學特色，僅是針對六朝詩歌中帶有佛教色彩者，作一探討。第五章則藉由前二章（第三、四章）的鋪敘，分析、比較六朝漢譯偈頌與詩歌之關連性與影響，歸納二者間相互影響、彼此浸潤的風貌所在。

第二章　東漢至六朝譯佛典概述

此章分二節概述：第一節爲東漢至六朝漢譯佛典背景介紹；第二節爲漢譯偈頌名詞界定。第一節之譯經概況，主要是將六朝譯經盛況作一剖析，以明當時佛教譯經之盛況，及朝野間釋教風行的氛圍，並以此作爲本文主題之一——漢譯偈頌——的背景瞭解。第二節則陳述漢譯偈頌的定義、種類及其作用，以明本文所引漢譯偈頌爲何，並以之作爲開展第三章的前置作業。

第一節　東漢至六朝譯經概況

　　佛法傳入中國，乃是經由西域，其交通多由陸路〔註1〕，亦即經由絲路交通的開展，最初受到往來於絲路上的商隊與使臣所支持〔註2〕，將佛教廣佈於絲路之上

〔註1〕佛教傳入中國乃是經由西域，已屬學術界之定見；但，是先由陸路抑或海路，則有歧見。梁任公認爲佛教傳入先由海道（見《佛學研究十八篇》〈又佛教與西域〉頁1，台灣：中華書局，民國74年台五版）；釋東初《中印佛教交通史》：「南海一道殆爲佛教輸入之要途」（頁38，東初出版社，民國80年9月四版）。但大多數學者皆認爲佛教是由西域經陸路傳入的，例如鎌田茂雄：「佛教傳入中國的初期，幾乎都是從西域地方的陸路而來」（見《中國佛教通史》第一卷頁77，高雄縣大樹鄉：佛光，民國74年初版）；中村元《中國佛教發展史》：「佛教東傳中國的經路中，係以陸路居首，此乃不爭的事實」（頁11，台北市：天華，民國73年初版）；野上俊靜等人所著之《中國佛教史概說》：「中國的佛教，先是來自於西域陸路的開發，繼之，則爲利用了南海航路的外國沙門和高僧的傳道」（頁5，台北市：台灣商務，1995年二版）；湯用彤《漢魏兩晉南北朝佛教史》：「佛教入華，主要者爲陸路。自漢武開通西域以來，中外交通，據史書所載，多由陸路。……梁任公謂漢代佛法傳入先由海道，似不可信也」（頁58，北京大學出版社，1997年）。按佛教東漸，首先是從西域的大月氏、康居、安息諸國傳來，其時絲路已開，入內地之交通，主要應採陸路不取海程。

〔註2〕野上俊靜等人所著之《中國佛教史概說》：「印度的佛教，最先便是被來往於『絲路』之貿易商人所支持，由中央亞細亞，傳播到極東方的中國文化圈的漢民族之間」（頁

〔註3〕人們所居住的綠洲，之後又擴展至中國內地。至於中國佛教基礎之鞏固，則應自漢譯佛經〔註4〕之成立為始，此亦是中國歷史上翻譯佛經之始。

一、東漢時期

此期從事譯經工作的，主要是由西域沙門〔註5〕擔任，譯經活動的進行，大都是在朝廷的支持下展開，此係因東漢帝王崇佛的緣故〔註6〕。

5）。又湯用彤《漢魏兩晉南北朝佛教史》：「其教（指佛教）因西域使臣商賈以及熱誠傳教之人，漸布中夏，流行於民間」（頁81）。

〔註3〕日人井ノ口泰淳〈絲路出土的佛典〉：「在一步一步考察絲路上的榮枯和變遷時，我們會發現其中最為顯著的是回教化以前，佛教為這裡的文化所帶來的影響。經過絲路從西方傳播到東方的宗教，除了佛教以外還有祆教、摩尼教、景教等，而其中佛教所產生的影響其範圍之廣大，時代之悠久，遺品、遺跡之浩繁卻不是其他任何宗教所能比擬的，這表示了佛教是絲路上的主要宗教。」（見《絲路與佛教文化》頁150，台北市：業強，1987年初版）。

〔註4〕此處之"漢譯佛經"於第一章已說明，乃是指以漢文翻譯之佛經，而非專指漢代所譯之佛經。又，中國翻譯佛經之時代劃分，一般是將唐玄奘以前的譯經稱為舊譯，反之，玄奘之後的譯經稱為新譯。

〔註5〕漢譯『沙門』一辭，並非梵語的譯音，可能是西域地區龜茲語或粟特語的同音通譯（參見中村元《中國佛教發展史》頁22）。因中國初期譯經僧主要皆是來自於西域的大月氏、康居、安息諸國，故此處稱為"沙門"。

〔註6〕據裴松之注《三國志‧魏書‧烏丸鮮卑東夷傳》中所引述魚豢《魏略‧西戎傳》：「昔漢哀帝元壽元年，博士弟子景盧受大月氏王使伊存口受浮圖經……」，文中之"浮圖"即"佛陀"的早期音譯，浮圖經即是佛經，《魏書》卷140〈釋老志〉之本文亦多與上文同，只是將景盧作為秦景憲，並於口受浮圖經下加上「中土聞之，未之信了也」，說明了西漢哀帝時（公元前二年），佛教尚未得到人們的信仰與重視。之後有關東漢明帝夜夢金人，感夢求法的文獻甚多，例如《後漢書‧西域傳》、《後漢紀》、《高僧傳‧攝摩騰傳》、《洛陽伽藍記》卷四等文獻皆有記載，但後世學者多認為其事不脫神話故事領域，難以信實；但亦有學者認為不可斷其全屬烏有，如湯用彤《漢魏兩晉南北朝佛教史》云：「漢明求法，吾人現雖不能明當時事實之真相。但其傳說應有相當根據，非向壁虛造」（頁22）。再者，毋論漢明感夢求法之真偽，明帝之時佛教已在中國傳布，則被認為是歷史事實，因《後漢書‧楚王英傳》記載了楚王英的奉佛，此為學界所認定，傳中敘述英初被疑為對明帝有異心，為表心志，遂遣郎中令奉呈黃縑、白紈，明帝為其忠誠所感，永平八年下詔曰：「楚王誦黃老之微言，尚浮屠之仁祠，絜齋三月與神為誓，何嫌何疑，當有悔吝。其還贖，以助伊蒲塞、桑門之盛饌」，文中的"浮屠"即"佛陀"之音譯、"伊蒲塞"乃"優婆塞"（即男居士）的早期譯語、"桑門"即"沙門"也。由此一文獻資料，說明了漢明帝永平八年時，佛教已在上層社會中流布，故「佛教之傳入，並不一定始於漢明帝時；但在明帝之世，由於佛教在一定程度上受到了朝廷的重視而能在上層社會得到一定的傳播」（見郭朋《中國佛教思想史》上卷，頁34，福建人民出版社，1994年）。之後，漢桓帝時，亦於宮中立黃老浮圖之祠，並祠黃老（見《後漢書》卷三十〈襄楷傳〉及〈桓帝紀〉），雖然楚王英與桓帝等君王貴族對佛教的態度，是將之當作可以祈求

　　漢譯佛經之開展，需由譯經者切入。然《出三藏記集》、《歷代三寶記》、《大唐內典錄》及《開元釋教錄》等諸本經錄，對於各時代譯經者及譯經數記載不一，故茲依撰著時代及史料價值爲考量依據，擬以梁代僧祐《出三藏記集》作爲東漢至南齊譯經概況之依據，而東漢至西晉時期，並再參酌存於《出三藏記集》中之東晉道安《安錄》〔註7〕爲據；南齊之後的梁代及陳代譯經概況，則以時代較近的隋代費長房《歷代三寶紀》及著作嚴謹的唐代智昇《開元釋教錄》爲據。

　　據梁代僧祐所編《出三藏記集》記載，漢代的譯經者計有竺摩騰、安世高、竺朔佛〔註8〕、支讖、支曜、嚴佛調、安玄及康孟詳八位，並分別羅列出所譯佛經〔註9〕；另據梁代慧皎所撰《高僧傳‧譯經上》記載，漢代譯經者列爲正傳的，爲攝摩騰、竺法蘭、安清（安世高）、支婁迦讖四人，並於支婁迦讖傳下附列竺佛朔、安玄、嚴佛調、支曜、康巨（《出三藏記集》無載）及康孟詳六人〔註10〕。但可考的初期譯經僧，應始自東漢桓、靈帝時期來華之安世高及支讖（支婁迦讖）〔註11〕，時值西元二世紀中葉。再者，漢代佛學的兩大系統，分別是安世高所代表的小乘佛教及支讖所代表的大乘佛教，故本節論及漢代譯經者，以此二人爲主。安世高在中國佛

長生不老的道術一流來奉祠，但由此推知，亦可想見桓靈之世來到中國的譯經僧，必也受到朝廷一定程度的的重視。

〔註7〕道安所撰《綜理衆經目錄》（簡稱《安錄》）已佚，然《祐錄》是依據《安錄》所整理，故其書中多有引之。

〔註8〕慧皎《高僧傳》（頁10，北京：中華書局，1997年10月），及《開元釋教錄》作"竺佛朔"（《大正》55‧477c➪指《大正藏》第55冊477頁c欄。abc欄即上中下欄。以下所引同之）。

〔註9〕見僧祐《出三藏記集》卷二，頁23～28，北京：中華書局，1995年11月。

〔註10〕見慧皎《高僧傳》卷一，頁1～11。

〔註11〕據梁代慧皎《高僧傳》卷一〈譯經上〉之記載，漢代時期之外來僧人首列攝摩騰，次爲竺法蘭，其後方爲安清（安世高）、支婁迦讖（慧皎據以立傳的資料，除了"漢明感夢"之傳說外，並無其他可信之史料）。而據現存最早的經錄，即梁代僧祐《出三藏記集》，其卷二所錄三藏，雖載竺摩騰譯寫《四十二章經》，但竺摩騰是否曾譯經，仍尚未得學術界認定（關於《四十二章經》可參註15）；且其卷十三列傳部，則首列安世高傳，次爲支讖傳，並無攝摩騰傳與竺法蘭傳。湯用彤《漢魏兩晉南北朝佛教史》〈漢代佛法之流布〉一章，亦無言及攝摩騰與竺法蘭二僧，而直接由安世高、支讖述起。又據日人水野弘元《佛典成立史》所載：「現存最古老的漢譯佛經，首推二世紀中葉來到中國的安世高和支婁迦讖等人的譯作。」（頁105，台北市：東大，民國85年）。日人小野玄妙《佛教經典總論》亦云：「中國經典傳譯之歷史，應以後漢桓帝、靈帝代安世高，支婁迦讖等之譯經爲起點」（頁21，台北市：新文豐，民國72年初版）。大抵而言，近代學者多不認爲確有攝摩騰與竺法蘭二僧，如梁啓超〈四十二章經辯僞〉：「騰蘭二人皆子虛烏有」。又日人中村元《中國佛教發展史》中亦認爲佛典漢譯之發軔起自安世高（頁34）；日人鎌田茂雄《中國佛教通史》中亦持相同論見（頁135），皆認爲攝摩騰、竺法蘭二僧係屬傳說，難以徵信，故本文亦從之。

教史上之地位極為重要，因為在安世高之前，並無完整且有組織之漢譯佛經出現，所可發現者，大多為斷簡之經文或一小部份的譯經；現存最早，且數量較多、完整而有組織之漢譯佛經則出自安世高，故東漢譯經史之代表，首推安世高。

　　安世高是安息國（今伊朗北部）的王子，後出家修道〔註12〕，其國東鄰大月氏，安息國與大月氏皆為佛教盛行區域，但所行之佛教系統不同。安息國為小乘佛教盛行處，大月氏則屬大乘佛教廣被之處，故安世高於東漢桓帝建和二年至靈帝建寧三年（A.D.148～170）所翻譯之佛典都是小乘經典；而稍後於安世高來華的支讖，由於出身於大月氏，故其於靈帝光和、中平年間（A.D.178～189）所譯出的佛典，係屬於大乘經典。

　　由於漢代時期，佛教初傳，故此時所翻譯之佛典，佔整個譯經史之比例為數尚少。根據現今所見之最早經錄《祐錄》〔註13〕，其卷二〈新集撰出經律論第一〉〔註14〕的記載，除去《四十二章經》不計〔註15〕，共計五十三部七十三卷佛經，而其中

〔註12〕據慧皎《高僧傳》卷一記載：「安清，字世高，安息國王正后之太子也。……高雖在居家，而奉戒精峻，王薨，便嗣大位。乃深惟苦空，厭離形器，行服既畢，遂讓國與叔，出家修道。……既而遊方弘化，遍歷諸國，以漢桓之初，始到中夏。」（頁4）；僧祐《出三藏記集・安般守意經序》：「有菩薩名安清字世高，安息國嫡后之子，讓國與叔，馳避本土，翔而後進，遂處京師。」（頁244）；又僧祐《出三藏記集》卷十三〈安世高傳〉：「安清，字世高，安息國王正后之太子也。……遂讓國與叔，出家修道。……以漢桓帝之初，始到中夏。」（頁508）。

〔註13〕據陳新會《中國佛教史籍概論》：「《出三藏記集》者，記集此土所出翻譯經律論三藏也。……祐以前經目有多種，今所存者以此目為最早。學者簡稱為《祐錄》。《祐錄》中常引《安錄》，《安錄》者，東晉時釋道安所撰經錄也。」（卷一，頁1～2，台北市：三人行，民國63年）。故今所存之《出三藏記集》（簡稱《祐錄》），乃為現今時代最早之三藏目錄；而之前的《安錄》亦可透過《祐錄》知其內容大概。

〔註14〕宋代以來，中日韓三國皆有刊行漢譯本大藏經，學術界使用率最高的漢文大藏經，乃是日本大正年間所編之《大正藏》（《大正新修大藏經》簡稱），本文蒐羅之資料亦以此為準。然北京中華書局校勘之《祐錄》甚為精嚴，故經錄以此為參，其書頁84校勘記：「新集撰出經律論錄第一：麗本、宋本、磧砂本、元本脫『撰出』及『律』字，明本脫『撰出』二字，茲從本卷首序後標目及《智昇錄》十補」（北京：中華書局，1995年11月）。

〔註15〕學術界對《四十二章經》時代真偽問題一直爭論不休，尚無定論。現通行本《四十二章經》，署為「迦葉摩騰並竺法蘭共譯」，但由於《祐錄》〈四十二章經〉下曾云：「安法師所撰《錄》，缺此經」，亦即僧祐之前的東晉道安所撰之經錄並未著錄此書，又加上經文本身的內容、文字與同期之佛典風格不同（有老莊玄學思想，且文章優美不若漢譯之文句質樸），於是一些學者便認為此經不是漢代所譯，而是後人偽造的，如梁任公〈四十二章經辯偽〉認為此經不似漢譯文體，其文字優美有類於三國兩晉，且其教理頗含大乘，並有調和道思想之嫌（見《佛學研究十八篇》頁5～11）；又，呂澂認為此經是抄自漢譯本《法句經》，乃東晉初年抄出的，並非印度現成的結構所翻譯，故顯得「凌亂」、「疏漏」（見《中國佛學思想概論・四十二章經抄出的年代》

安世高所譯之佛經佔了大部份，計有「三十四部，凡四十卷」〔註16〕（但實數為三十五部四十一卷），但僧祐所登錄的安世高譯經，有些譯典並不屬於安世高所譯，向需依據現存於《祐錄》中的《安錄》及經序詳細辨明之，茲整理其譯經於文後附錄表1〔註17〕（見附錄）。

由表1中，可知安世高所譯經典幾乎都為小部頭，除了幾部經為二卷之外，其餘多為一卷本，此亦是因為當時的譯經，均為支節割裂的譯本，而非全譯本；但綜觀其譯經，可知多以四阿含經〔註18〕為主。

安世高所譯的佛典，根據《出三藏記集》所載，為「三十四部，凡四十卷」，但之後的經錄，則於部卷上有所增加，例如隋開皇年間法經所撰《眾經目錄》（簡稱《開皇錄》或《法經錄》）則計為三十五部；而隋代費長房《歷代三寶紀》則多至一百七十六部〔註19〕；唐代道宣律師《大唐內典錄》亦計為一百七十六部〔註20〕；唐代智昇編撰的《開元釋教錄》則計為九十五部〔註21〕，並統計當時所見的安世高譯經為五十五部。《大正藏》所收錄的五十五部安世高譯經〔註22〕，有些確屬於安世高所譯，但有些至今仍為學界置疑，茲亦作一整理，列表附於文後（見附錄中表2）。

收錄於《大正藏》中的安世高譯經，就其內容而言，安世高可說是比較系統地翻譯了「說一切有部」的佛典，他所傳譯的禪觀之學，與當時社會中流行的神仙方術、呼吸吐納等養生之術，有其類似處，故容易為人們接受〔註23〕。安世高的譯經

頁301～305，台北市：天華，民國71年）；另，釋東初《中印佛教交通史》：「佛教經錄最早者，當推道安『綜理眾經目錄』，四十二章經，既於漢明帝譯出，何以安錄不著錄，此可斷定安公所未見。果有此經，必定有所論列。故此經必為中國人所作，而非譯自印度」（頁37）。但湯用彤則認為此經非魏晉人偽作，確為漢代所譯，且是初傳經典，只是迭經改竄，失其本真；又認為其經是撮取群經而成，其中各章頗有見於巴利文各經及中國佛典中，只是此經較為簡略，但亦證明此經是根據印度原本（見《漢魏兩晉南北朝佛教史·四十二章經考證》頁28～32），其總結為：「《四十二章經》，漢晉間有不同之譯本，觀上所列，甚可置信。譯出既不只一次，則其源出西土，非中華所造，益瞭然矣」（同前書，頁28）。又胡適〈四十二章經考〉亦認為其經確實是漢代譯典（見《胡適論學近著》頁177～186）。基於諸位學者論見不一，故關於漢代譯經方面，本文未將存疑之經計入。

〔註16〕見僧祐《出三藏記集》卷二，頁26。

〔註17〕此表格所登錄之佛典是根據上註所引之書整理，卷二，頁23～26。

〔註18〕四阿含經即：中阿含經、長阿含經、雜阿含經、增壹阿含經。

〔註19〕見《歷代三寶紀》（《大正》49·49b）。又，梁啟超指出這176部經典大多出自偽託（《佛學研究十八篇》〈佛典之翻譯〉頁10）。

〔註20〕見《大唐內典錄》（《大正》55·220c）。

〔註21〕見《開元釋教錄》（《大正》55·477c）。

〔註22〕參見《大正新脩大藏經》，第一冊～第四十九冊，台北：新文豐出版社。

〔註23〕佛教傳入中國之初，是被人們視作為一種神仙方術而接受的，當時，向佛祈祀主要

風格，據僧祐《出三藏記集》記載，曰：「探暢幽賾，淵玄難測」〔註24〕，又曰：「微顯闡幽」〔註25〕、「義妙理婉」〔註26〕、「詞旨雅密，正而不豔」〔註27〕、「世高出經，貴本不飾」〔註28〕，慧皎《高僧傳‧安清傳》亦云：「其先後所出經論，……義理明析，文字允正，辯而不華，質而不野，凡在讀者，皆亹亹而不倦焉」〔註29〕，這些評語說明了安世高所譯的經典，雖或有深淵幽玄之處，但其文字風格則是質樸允正，不流於雕琢飾采的。

　　稍後於安世高，於東漢桓帝末年來到洛陽譯經的支讖，於靈帝光和、中平年間〔註30〕譯出佛典，共「十四部，凡二十七卷」〔註31〕。支讖是大月氏國中第一個來華的譯經僧，《出三藏記集》卷十三及《高僧傳》中皆有其生平敘述〔註32〕。茲據《出三藏記集》卷二〔註33〕所載，整理支讖譯經於文後附表（見附錄中表3）。

　　支讖所譯佛經亦如安世高所譯，大多屬於小部頭經典，此亦是因為所譯經本皆非全譯本；但在漢代譯經史中，支讖所譯的十卷本《般若道行品經》〔註34〕，已可說是巨袟了，且此部經典亦是支讖所譯佛典中，給予後世影響最大的，因其為《般若經》之首譯，而般若經在魏晉南北朝之地位是極受重視的。

　　支讖譯經的風格與安世高一樣，皆是質勝於文，故支敏度讚其「凡所出經，類多深玄，貴尚實中，不存文飾」〔註35〕。另外，就支讖所翻譯經典的內容來看，支讖亦是中國翻譯史上首譯大乘佛典者。

　　　是爲求保佑、長生。修習禪觀，最終是爲趨向涅槃，得到永恆的清淨，這也應和了漢末亂世中祈求解脫、渴望長生於神仙世界的人們的心理需求。
〔註24〕此乃謝敷對安世高譯經的評價。見僧祐《出三藏記集》卷六，頁247。
〔註25〕此乃道安對安世高譯經的評價。前揭書，頁248。
〔註26〕見《出三藏記集》，頁250。
〔註27〕前揭書，頁254。
〔註28〕前揭書，頁254。
〔註29〕見慧皎《高僧傳》頁5。
〔註30〕見慧皎《高僧傳》頁10。
〔註31〕見僧祐《出三藏記集》卷二，頁247。
〔註32〕僧祐《出三藏記集》卷十三：「支讖本月氏國人也。操行淳深，性度開敏，稟法持戒，以精勤著稱。諷誦群經，志存宣法，漢桓帝末，遊于洛陽。以靈帝光和、中平之間，傳譯胡文，出《般若道行品》、《首楞嚴》、《般舟三昧》等三經。又有《阿闍世王》、《寶積》等十部經，以歲久無錄，安公校練古今，精尋文體，云似讖所出。……」（頁511）。慧皎《高僧傳》卷一〈支婁迦讖傳〉之記載亦相近（頁10）。
〔註33〕僧祐《出三藏記集》，卷二，頁26～27。
〔註34〕支讖所譯的《般若道行品經》，一般稱為「小品般若」；而西晉竺法護所譯的《光讚波羅蜜經》則稱為「大品般若」。
〔註35〕見《出三藏記集》卷七，頁270。

二、三國時期

　　三國時代的譯經事業，北方是以魏之首都洛陽為據點，南方則以吳之首都建業為中心。據《出三藏記集》卷二所錄三國時期（魏、吳）所譯佛典，共四十二部，六十八卷〔註36〕。此時期的譯人與東漢時期一樣並不多，故所譯佛經亦有限。由東漢桓靈帝過渡至三國分裂時期，朝代更迭，佛經傳譯事業仍未稍歇，亦可見出佛教在亂世中安定人心的力量。

　　有關蜀國的佛教譯經資料，於史料中並未發現，故此時期譯經事業以曹魏、孫吳為主。據《出三藏記集》卷二所載，於曹魏譯經者有朱士行〔註37〕、白延〔註38〕；慧皎《高僧傳》卷一則載有曇柯迦羅、康僧鎧、曇帝〔註39〕、帛延〔註40〕。至於在孫吳譯經者，據《出三藏記集》卷二所載，則有維祇難、竺將炎、支謙、康僧會〔註41〕；而慧皎《高僧傳》卷一則載有支謙、康僧會、維祇難、竺律炎、法立、法巨〔註42〕，但因〈維祇難傳〉中有言：「至晉惠之末，有沙門法立，更譯為五卷。沙門法巨著筆，其辭小華也」〔註43〕，故法立、法巨應視為西晉人。

　　此時期譯經代表首推在江南弘教的優婆塞支謙〔註44〕，而另一位推動江南地區佛教者則為沙門康僧會，故三國譯經方面，擬以此二人為主。

　　支謙為支讖再傳弟子，在東漢末年避亂至孫吳，孫權欽其才慧，拜為博士，並

〔註36〕此是據《出三藏記集》卷二〈新集撰出經律論錄〉所統計，由《法句經》至《除災患經》共 42 部，頁 28～32。而《開元釋教錄》則多至 201 部 435 卷，計有曹魏時期 12 部 18 卷，孫吳時期 189 部 417 卷（《大正》55・486b、487b）。

〔註37〕朱士行是中國僧侶中最早前往西域取經者。其生平參見《出三藏記集》卷十三，頁 515 ～516；及慧皎《高僧傳》卷四，頁 145～146。

〔註38〕以上二人見《出三藏記集》卷二，頁 31～32。又湯用彤《漢魏兩晉南北朝佛教史》第六章：「《開元錄》另有白延，但應即前涼譯《首楞嚴》者，不在魏世」，頁 87。

〔註39〕《開元釋教錄》：「沙門曇無諦亦云曇諦」（《大正》55・487a）。

〔註40〕以上四人見慧皎《高僧傳》卷一，頁 12～13。

〔註41〕以上四人見《出三藏記集》卷二，頁 28～31。

〔註42〕以上五人見慧皎《高僧傳》卷一，頁 14～22。

〔註43〕見慧皎《高僧傳》卷一，頁 22。

〔註44〕護持佛教奉事三寶的男性在家居士，且受有五戒者，稱為 "優婆塞"，為梵語之音譯，意譯為近事、信士、清信士；反之，女性則稱為 "優婆夷"。二者皆為梵語之音譯。據《出三藏記集》卷十三〈支謙傳〉：「支謙，字恭明，一名越，大月氏人也」（頁 516），同書卷八〈合維摩詰經序〉：「蓋維摩詰經者，……于時有優婆塞支恭明」（頁 310）；又據慧皎《高僧傳》卷一〈康僧會傳〉所附〈支謙傳〉記載：「時孫權已治江左，而佛教未行。先有優婆塞支謙，字恭名，一名越，本月氏人，來遊漢境……漢獻末亂，避地於吳」（頁 15），依上所言，故知支謙為優婆塞。

任其為東宮輔導〔註45〕。其於黃武初至建興中（A.D.222～253）所譯佛典，據《出三藏記集》卷二所載〔註46〕，共「三十六部，四十八卷」〔註47〕，茲整理之附於文後（見附錄中表4）。

　　附表4中的三十六部經，較可確定是支謙所譯的，應是前三十部經，因前三十部是僧祐據《道安錄》所登錄的，而後六部是僧祐據《別錄》所添入的，故後六部經有學者仍持懷疑態度〔註48〕。其所譯的《大明度經》，是印度佛教的般若學系統，不但因此而傳行了大乘佛教思想，亦因翻譯關係而搜尋當時老莊思想中的語彙，以比附佛教概念，使當時的佛教義理與老莊思想難以劃清界線。

　　另外，支謙是三國時譯經量最多者，除了譯經之外，他亦「注經」〔註49〕、製作梵唄新聲〔註50〕，顯露出其屬辭析理與善於音律的才能。其譯經風格亦與前代有別：就支讖所譯的《首楞嚴經》而言，支敏度謂其「貴尚實中，不存文飾」〔註51〕，但受江南文化薰染的支謙，或有其時代地域影響，故「讖所譯者，辭質多胡音」〔註52〕，當其修改《首楞嚴經》時，顯然已顧及到譯文之修辭，故慧皎評其所譯之經「辭旨文雅」〔註53〕，而支敏度於〈合首楞嚴經序〉中亦謂：

　　　　越（指支謙），才學深徹，內外備通，以季世尚文，時好簡略，**故其出經，頗從文麗**。然其屬辭析理，文而不越，約而義顯，真可謂深入者也〔註54〕。

〔註45〕據慧皎《高僧傳》卷一〈康僧會傳〉所附〈支謙傳〉記載：「初漢桓、靈之世，有支讖譯出眾經。有支亮字紀明，資學於讖，謙又受業於亮。……孫權聞其才慧，召見悅之，拜為博士，使輔導東宮」（頁15）；又《出三藏記集》卷十三〈支謙傳〉：「初桓、靈世，支讖譯出法典，有支亮紀明資學於讖，謙又受業於亮。……後吳主孫權聞其博學有才慧，即召見之，因問經中深隱之意。越應機釋難，無疑不析。權大悅，拜為博士，使輔導東宮，甚加寵秩」（頁516～517）。

〔註46〕見《出三藏記集》卷二，頁28～31。

〔註47〕見《出三藏記集》卷二，頁31。

〔註48〕見小野玄妙《佛教經典總論・魏吳之譯經》頁36；鎌田茂雄《中佛佛教通史・三國時代的佛教》頁200。

〔註49〕見《出三藏記集・了本生死經序》：「漢之末世，此經始降茲土，雅邃奧邈，少達旨歸者也。魏代之初，有高士河南支恭明為作注解，探玄暢滯，真可謂入室者矣。」（頁251）；又《出三藏記集・支謙傳》：「支謙……注《了本生死經》，皆行於世」（頁516～517）。

〔註50〕見《出三藏記集・支謙傳》：「又依《無量壽》、《中本起經》，製讚菩薩、連句梵唄三契……皆行於世」（頁517）。

〔註51〕見《出三藏記集》，卷七，頁270。

〔註52〕見《出三藏記集》，卷七，頁270。

〔註53〕見慧皎《高僧傳》卷一〈康僧會傳〉，頁15。

〔註54〕見《出三藏記集》，卷七，頁270。又同書卷八道安〈摩訶般羅若波羅蜜經抄序〉則

由"文質"趨向"文麗"，支謙正爲其推動者。

此時期還有另一位譯經者康僧會（？～280），他是繼支謙於江南地區傳教者，據《出三藏記集》卷二所載，譯有《六度集經》及《吳品》兩部經，而《吳品》已逸失；但《出三藏記集》卷十三〈康僧會傳〉則記載其譯有六經、註釋三經：

> 會於建初寺譯出經法，《阿難念彌經》、《鏡面王》、《察微王》、《梵皇王經》、《道品》及《六度集》……又注《安般守意》、《法鏡》、《道樹》三經……〔註55〕。

又據《高僧傳·康僧會傳》記載，除了以上諸經之外，尚有《雜譬喻經》，共譯七經〔註56〕。注經方面，由於《安般守意經》、《法鏡經》有序文明載，故較無疑問〔註57〕；但譯經方面，由於記載不一，故一般學者大多認爲應以《安錄》所著錄的兩部經爲準，而所增列的，蓋後世之傳說〔註58〕。

僧祐說康僧會所製經序「詞趣雅瞻，義旨微密」〔註59〕，可見其與支謙之譯經皆尚文雅。又，湯用彤說：「僧會《安般》《法鏡》二序，亦頗襲《老》《莊》名詞典故」〔註60〕，說明了此時期之譯經僧內典外學皆善，尤其爲使佛理深入人心，取道家學說融合佛教義理的特色，遂由此興焉。

三、西晉時期

由東漢至三國的佛教譯經史，可看出所翻經典的篇幅漸增，譯文修辭也漸趨典麗；及至西晉時期，佛教之譯經更有長足的進步。此時期據《出三藏記集》記載有竺法護、聶承遠、安文慧、白元信、竺淑蘭、帛法祖、法炬、法立、衛士度、支敏度等人〔註61〕，若以此其譯經量最多爲代表，則當以竺法護爲譯經代表。法護因有

謂：「支越，……巧則巧矣，懼竅成而混沌終矣」（頁290），由此顯見道安與支敏度對支謙譯經的不同看法。

〔註55〕見《出三藏記集》卷十三，頁515。

〔註56〕見慧皎《高僧傳》，頁18。

〔註57〕見《出三藏記集》卷六道安〈安般注序〉：「魏初康會爲之注義」（頁245）、及卷六康僧會〈法鏡經序〉：「會（康僧會）睹其景化，可以拯塗炭之尤嶮，然義壅而不達，因閒竭愚，爲之注義。」（頁255）。

〔註58〕見鎌田茂雄《中國佛教通史》：「康僧會的譯典中，一如道安所記載，必然就是六度集經九卷和吳品五卷」（頁215）；湯用彤《漢魏兩晉南北朝佛教史》：「僧會譯經《祐錄》卷二著錄只二部，蓋據《安錄》所言也。而卷十三，則列六部，蓋據後來之傳說也。」（頁96）。

〔註59〕見《出三藏記集》卷十三〈康僧會傳〉，頁515。

〔註60〕見湯用彤《漢魏兩晉南北朝佛教史》第六章，頁97。

〔註61〕以上諸人見《出三藏記集》卷二，頁32～45。

感於當時佛教《方等》深經皆蘊藏於西域，中土地區並未大行，遂發憤西行取經，以使大道廣流；遊歷西域諸國期間，不但精熟外國異言三十六種，更齎持眾多胡本，由敦煌至長安沿途翻譯，時局雖亂，終身不辭，使佛教經典廣被於中土〔註62〕，故慧皎深讚其：「經法所以廣流中華者，護之力也」〔註63〕。

　　竺法護可說是佛教譯經初期〔註64〕的最大譯經家，據《出三藏記集》所登錄的譯經，共有「一百五十四部，合三百九卷」〔註65〕之多，而慧皎《高僧傳》中載其譯經更多至「一百六十五部」〔註66〕，其於西晉太始二年至永嘉二年（A.D.266～308）〔註67〕，短短四十多年的歲月裡成就如此譯業，可謂譯量磅礡。茲據《出三藏記集》〔註68〕中所錄竺法護譯經，整理之附於文後（見附錄中表5），並將今所尚存之經記、經序，附於表中附註以供參考，再略備各譯典現存於《大正藏》中之冊數；若遇《祐錄》中所載之卷數與現存本同者，則僅於附註中注記其經典現存於第幾冊；若遇其卷數不符者，亦標明之，以示流傳過程中散失之卷數或增補之卷數。凡有經記、經序者，可確定此經必為法護所譯；若無經記、經序可供映證，則必須視其經是否為最早經錄─《安錄》─所錄，若《安錄》中已錄者，較可證其確為法護所譯。若是僧祐據《別錄》或《舊錄》所增錄的經名，則較不能確定必為法護所譯。然綜觀此一百五十四部經，大多皆為《安錄》所錄，《出三藏記集》卷二竺法護譯經目錄後所附僧祐注，亦明言：「祐捃摭群錄，遇護公所出更得四部，《安錄》先闕，今條入錄中。」可知僧祐所補入的僅為四部〔註69〕，則法護譯經量實多。

〔註62〕以上生平取自慧皎《高僧傳・竺法護傳》，頁23。

〔註63〕見慧皎《高僧傳・竺法護傳》，頁23。

〔註64〕據梁啟超〈佛典之翻譯〉：「佛典翻譯，可略分為三期。自東漢至西晉，則第一期也……東晉南北朝為譯經事業之第二期……自唐貞觀至貞元為翻譯事業之第三期」（《佛學研究十八篇》頁8～16，台灣：中華書局，民國74年5月台五版）。另據小野玄妙〈傳譯之史實與其時代劃分〉則將譯經時期分為：1.傳譯以前 2.古譯時代 3.舊譯時代前期 4.舊譯時代後期 5.新譯時代前期 6.新譯時代後期；其中古譯時代為自後漢靈帝光和初年至東晉道安撰《綜理眾經目錄》（《佛教經典總論》頁5～7）。故西晉竺法護應可歸為譯經初期者。

〔註65〕見《出三藏記集》卷二，頁43。

〔註66〕見慧皎《高僧傳》：「所獲《賢劫》、《正法華》《光讚》等一百六十五部」，頁23。

〔註67〕《出三藏記集》卷二竺法護譯經目錄末，僧祐云：「自太始中至懷帝永嘉二年以前所譯出」（頁43），則永嘉二年為竺法護譯經下限。又僧祐所錄竺法護譯經目下所注之譯經年月，以《須真天子經》最早出，為「泰始二年十一月出」（頁34），其所存經記《出三藏記集・須真天子經記》亦云：「太始二年十一月八日」（頁267），故法護譯經上限倘為太始二年，則其譯經歲月歷四十多年。

〔註68〕依據《出三藏記集》卷二，頁32～43。

〔註69〕僧祐於此言明補入者僅四部，然實數之，則有五部，或"四"為"五"之筆誤？茲分

　　竺法護的生平事蹟見於《出三藏記集》及《高僧傳》，皆云其內典外學的涵養俱深，《出三藏記集·竺法護傳》曰其「博覽六經，涉獵百家之言」〔註70〕，《高僧傳》亦謂其「博覽六經，遊心七籍」〔註71〕，加以其通曉漢語與西域語言〔註72〕，故能「手執梵本，譯爲晉言」〔註73〕，再加上身旁筆受綴文者的書寫，使其翻譯數量凌越前人。針對此點，日人小野玄妙亦說：「當筆受綴文之任之聶承遠及其他人，亦必是具有相當之學力者，故翻譯事業得以急速進行不輟」〔註74〕。且就《出三藏記集》中所收錄的諸篇經記，如〈正法華經記〉〔註75〕中記載法護不到一個月的時間就譯出了長達十卷的《法華經》，證其譯經速率之快，方能於四十多年間譯有一百五十多部佛典。

　　竺法護所譯之佛典風格，據道安云：「凡所譯經，雖不辯妙婉顯，而宏達欣暢，特善無生，依慧不文，樸則近本」〔註76〕；又〈合放光光讚略解序〉中亦云：「《光讚》，護公執胡本，聶承遠筆受，言准天竺，事不加飾，悉則悉矣，而辭質勝文也」〔註77〕，此皆可見竺法護譯本風格的「質勝於文」，此係或因其所依據的西域原典風格，或因其本身對翻譯的主張係以"辭質不飾"爲原則。

　　晉代的佛教雖已脫離了漢代佛教對神仙方術的依附，但受當時玄學風潮的影響，使此時的佛教易與老莊玄學思想融合，成爲格義佛教時期。

四、東晉時期

　　自東漢末年至西晉，佛典的漢譯已奠定了基礎。西晉滅亡之後，晉元帝司馬睿於南方建康即位，與之同時的五胡十六國則稱霸於北方，形成南北分裂的局勢。此時的佛典漢譯事業並不因時代離亂而暫歇，反而呈現出一片朝氣蓬勃、南北兩地皆

別於附表 5 中，於其經名前加註※，以示爲僧祐所增者。又，小野玄妙認爲此五部經中，有四部經（《阿差末經》、《無極寶經》、《阿述達經》、《等目菩薩經》）於經錄下皆云「別錄所載，安錄先闕」，而僅一部經（《隨權女經》）於經錄下云「出別錄，安錄無」，故他推測「此多出之經目恐乃後人所書或參入什麼，今以無從考證究竟何目爲多餘者」（見小野玄妙《佛教經典總論》，頁 43）。

〔註70〕見《出三藏記集》卷十三，頁 518。

〔註71〕見慧皎《高僧傳·竺法護傳》，頁 23。

〔註72〕見〈胡漢譯經文字音義同異記〉：「護公專精，兼習華、戎，譯文傳經，不愆于舊」（《出三藏記集》卷一，頁 14）。

〔註73〕見《出三藏記集》卷九〈漸備經十住梵名並書敘〉，頁 332。

〔註74〕見小野玄妙《佛教經典總論》，頁 45。

〔註75〕見《出三藏記集》卷八〈正法華經記〉：「太康七年八月十日，敦煌月氏菩薩沙門法護手執胡經，口宣出《正法華經》二十七品……九月二日迄。」（頁 304）。

〔註76〕見慧皎《高僧傳·竺法護傳》，頁 24。

〔註77〕此序是釋道安綜合《放光》、《光讚》二經，所作之序，引文見《出三藏記集》卷七，頁 266。

譯經頻繁的盛況。

本文的研究範疇爲"六朝"，關於東晉部份，並未含括入與之同時期的五胡十六國，然因此時期的譯經發展可謂是南北兩地百花齊放，而以南方建康爲都的東晉，所受到的佛教文化，並非只侷限於由南海及印度所傳來的佛教薰習，更多是來自於洛陽、長安、涼州等西北方的譯經重鎭；因爲自絲路開發以來，此交通要道已成爲西域地區佛法輸入的重要管道，而首當其衝的當然是洛陽、長安等北方地區，故偏安江南的晉土，在佛教資訊的接受上，自是無法獨立於北方國家之外。依此之故，本文東晉時期部份，除了南方晉土的譯經者之外，亦包括北方足以影響當世的重要譯經者。

此時期有許多的譯經者及注經者，分佈於南方的東晉與北方的五胡十六國，據《出三藏記集》〔註78〕和慧皎《高僧傳》〔註79〕的記載，南方重要譯經者爲帛尸梨密多羅（尸梨蜜）、竺曇無蘭、法顯，及由北方渡江而來的僧伽提婆、佛陀跋陀羅（覺賢），同時並有於廬山主持譯經的慧遠；北方則有由南方襄陽入長安的釋道安（符秦）、曇摩難提（符秦）、僧伽跋澄（符秦）、竺佛念（符秦）、鳩摩羅什（姚秦）、僧肇（姚秦）、佛陀耶舍（姚秦）及曇無讖（北涼）等等，可知北方的符秦、姚秦確爲佛教譯經重鎭。

西晉以前（含西晉）佛典的判別考查，乃是以《安錄》爲基準；而西晉以後佛典的辨別則應以僧祐《出三藏記集》爲主，因其爲距離東晉較近且現存最古之經錄，故本時期佛典的整理皆以《出三藏記集》爲基礎〔註80〕。

統歸而言，此時期有幾個貢獻：

（1）經藏部份的《中阿含》、《長阿含》、《增一阿含》皆翻譯出來，且《華嚴經》（六十卷本）、《法華經》及《涅槃經》等大部卷的大乘經典，亦皆譯出。

（2）東晉以前，所翻譯之佛經已甚多，但範疇上皆屬於經藏；自東晉開始，佛典中的律藏、論藏先後陸續譯出，如鳩摩羅什所譯《大智論》、《中論》、《十誦律》等，可謂爲此時期異於前期的劃時代之舉。

（3）道安所作之佛教最初經典目錄──《綜理眾經目錄》（簡稱《道安錄》），此經錄後來失佚。然梁代僧祐《出三藏記集》係依《道安錄》增補而成，故由僧祐書中仍可窺見《道安錄》原貌。

（4）此時期佛教對士大夫間的影響，亦較之前來得廣泛，此於諸多史料中皆有提及，茲將於第四章再論之，此略。

〔註78〕見《出三藏記集》卷二，頁45～56。
〔註79〕見慧皎《高僧傳》卷一至卷二，頁29～85；卷四至卷六，頁145～257。
〔註80〕此判別係參考小野玄妙《佛教經典總論》，頁61。

由於此時期譯者眾多，無法一一詳述，故擬以《四阿含》及道安、鳩摩羅什、慧遠、佛陀跋陀羅、曇無讖的譯經事業爲主，敘述於下：

（一）漢譯的四部《阿含經》，除了《雜阿含》爲劉宋時期求那跋陀羅所譯之外，其餘三部皆爲東晉時期所譯，由此亦凸顯出此時期譯經事業在佛教史上的重要性，曇摩難提與竺佛念共譯之《增一阿含》、《中阿含》近百卷，卷軼浩繁，可說是由東漢至苻秦時，卷數最多者，然其《中阿含》今已佚失；現所存者爲僧伽提婆根據曇摩難提譯本，所改譯的六十卷本《中阿含經》〔註81〕。曇摩難提與僧伽提婆皆於苻秦末年先後至中國，然提婆於姚秦時代渡江入晉，爲慧遠請入廬山譯經，據《出三藏記集》所載，其於晉土譯有《中阿含經》、《阿毗曇心》四卷，及《三法度》二卷。茲將此時期所譯三部《阿含》，依其年代先後爲序，列其譯經於下表（見下頁）。

譯 者／國 別	譯經區域	經 名	卷 數	附 註
曇摩難提／兜佉勒國 竺佛念／涼州人 ps. 曇摩難提口誦胡本，竺佛念譯出	苻 秦	增一阿含經	三十三卷	❖《祐錄》卷二云：「秦建元二十年（A.D.384）夏出，……定三十三卷，或分爲廿四卷」。 ❖今闕。
		中阿含經	五十九卷	❖《祐錄》卷二云：「同建元二十年（A.D.384）出」。 ❖今闕。
僧伽提婆／罽賓	東 晉	增一阿含經	五十一卷	❖《開元錄》卷三僧伽提婆譯經目錄中所載：「第二出，隆安元年（A.D.397）正月出，與難提本小異……或四十二或三十三，無定，亦有六十卷成者」。今《大正藏》所存之《增一阿含經》署名僧伽提婆譯。
		中阿含經	六十卷	❖《祐錄》卷二云：「晉隆安元年（A.D.397）十一月十日於東亭寺譯出……與曇摩難提所出本不同」。
佛陀耶舍／罽賓	姚 秦	長阿含經	廿二卷	❖《祐錄》卷二云：「秦弘始十五年（A.D.413）出，竺佛念傳譯」。

〔註81〕見《出三藏記集》卷九釋道慈〈中阿含經序〉，頁337～338。其序有說明僧伽提婆改譯曇摩難提所譯《中阿含》之經過。又，慧皎《高僧傳·僧伽提婆傳》亦有言及，頁37～38。

（二）道安（A.D.312～385 or A.D.314～385）本在湖北襄陽弘傳佛教，當時不僅一些名士王公們競相欽慕拜訪之，甚且連東晉孝武帝亦欽敬其學問，多所供養〔註82〕。後北方前秦苻堅風聞道安名聲，遂揮軍南下攻打襄陽，迎道安北上長安〔註83〕。道安在長安期間，與幾位西域僧人共同致力於譯經事業，「譯出眾經百餘萬言」〔註84〕，並「常注諸經」〔註85〕、撰寫各種經序（收錄於《祐錄》），除此之外，又制訂《僧尼軌範》及《佛法憲章》〔註86〕，使僧團的行儀有所規範。

而其於譯經史上最大貢獻的，莫過於將當時中國各時代的佛典作最初的整理，成就出《綜理眾經目錄》，使其後的經錄學家有所依循〔註87〕；面對諸多佛典時，我們得以藉由"經錄"而入門，實道安首開先例的貢獻。

另外，佛經翻譯文體的提出，亦始自道安。《出三藏記集》中道安的多篇經序，皆清楚地呈現出其對譯經的主張，〈毗婆沙序〉中云：

> 趙郎謂譯人曰：「《爾雅》有《釋古》、《釋言》者，明古今不同也。
>
> **昔來出經者，多嫌胡言方質，而改適今俗，此政所不取也。何者？傳胡為秦，以不閑方言，求知辭趣耳，何嫌文質？文質是時，幸勿易之，經之巧質，有自來矣。唯傳事不盡，乃譯人之咎耳。」眾咸稱善。斯真實言也。**
>
> **遂案本而傳，不令有損言遊字，時改倒句，餘盡實錄也**〔註88〕。

序文中，道安藉由引出趙政對譯經文體的看法，以說明其對譯經的主張——按所據的底本如實翻譯，不可因譯文質樸不符時尚而妄加潤飾。故其所監譯的《毗婆沙》，便是秉持著"案本而傳"、"不嫌文質"的精神。道安於〈摩訶鉢羅若波羅蜜經抄序〉中評支謙所譯佛典時，亦云：「巧則巧矣，懼窮成而混沌終矣」〔註89〕，顯示出其譯經、注經時，不欲因文句瑩飾之注重而喪失了原典本意，亦不願因「文多反

〔註82〕見慧皎《高僧傳·釋道安傳》：「時襄陽習鑿齒，鋒辯天逸，籠罩當時。其先聞安高名，早以致書通好……晉孝武皇帝，承風欽德，遣使通問，並有詔出：『安法師器識倫通……俸給一同王公，物出所在。』」（頁180～181）。

〔註83〕見慧皎《高僧傳·釋道安傳》：「苻堅素聞安名，每云：『襄陽有釋道安，是神器，方欲致之，以輔朕躬。』後遣苻丕南攻襄陽，安與朱序具獲於堅」（頁181）。

〔註84〕見慧皎《高僧傳·釋道安傳》：「安既篤好經典，志在宣法，所請外國沙門僧伽提婆、曇摩難提及僧伽跋澄等，譯出眾經百餘萬言」（頁184～185）。

〔註85〕同上，「安窮覽經典，鉤深致遠，其所注《般若道行》、《密迹》、《安般》諸經……凡廿二卷」（頁179）。

〔註86〕同註84，頁183。

〔註87〕同註84，「安乃總集名目，表其時人，詮品新舊，撰為《經錄》，眾經有據，實由其功」（頁179）。

〔註88〕見《出三藏記集》卷十，頁382。

〔註89〕見《出三藏記集》卷八，頁290。

復」而刪削省約,使譯本如同加了水的葡萄酒〔註90〕。

　　（三）當道安活躍於前秦時,曾屢次建議苻堅迎請當時已「道震西域,聲被東國」〔註91〕的鳩摩羅什（A.D.344～413〔註92〕）,苻堅遂派驍騎大將軍呂光攻取龜茲國迎領羅什歸國。當呂光滅破龜茲王族劫取羅什東歸途中,因聽聞苻堅已死,遂割據涼州稱王,羅什因此滯留該地,《高僧傳》記載此一時期的情況:「什停涼積年,呂光父子既不弘道,故蘊其深解,無所宣化」〔註93〕。及至後秦姚興討伐後涼,羅什方得被迎請至長安,於後秦弘始三年（A.D.401）,「請入西明閣、逍遙園,譯出眾經〔註94〕」。

《出三藏記集》記載羅什於長安期間發現舊經率皆翻譯失旨:

> 什率多闇誦,無不究達。轉解秦言,音譯流利。既覽舊經,義多乖謬,皆由**先譯失旨**,不與胡本相應。於是興使沙門僧肇、僧肇、僧遷等八百餘人諮受什旨,更令出《大品》。**什持胡本,興執舊經,以相讎校**。其新文譯舊者,義皆圓通,眾心愜服,莫不欣讚焉。興宗室常山公顯、安成侯嵩,並篤信緣業,屢請什於長安大寺講說新經。續出《小品》、《金剛般若》、《十住》、《法華》、《維摩》、《思益》、《首楞嚴》、《華首》、《持世》、《佛藏》、《菩薩藏》、《遺教》、《菩提》、《呵欲》、《自在王》、《因緣觀》、《無量壽》、《新賢劫》、《諸法無行》、《禪經》、《禪法要》、《禪要解》、《彌勒成佛》、《彌勒下生》、《稱揚諸佛功德》、《十誦律》、《戒本》、《大智》、《成實》、《十住》、中、百、十二門諸論三十三部,三百餘卷〔註95〕。

此段敘述透露出佛典翻譯過程中的缺失:因翻譯經典時,執胡本者、闇誦者、傳譯者、筆受者及書寫者,若有一方未能充分揣得其意,如宣譯者未解經義,或筆受者未達譯者所說之理,則所譯定將有謬,必難臻於完善。故羅什被閱舊經時,方會深覺"義多乖謬"。在姚興的大力資助下,鳩摩羅什翻譯了許多經典,而大乘論部亦因此傳入中土,所譯《中論》、《十二門論》、《百論》,不僅豐富了《般若》性空之學,

〔註90〕見《出三藏記集》卷十一〈比丘大戒序〉:「而嫌其丁寧,文多反復,稱即命慧常,令斥重去複。常乃避席曰:『大不宜爾。……譯胡為秦,東教之士猶或非之,願不刪削以從飾也。』眾咸稱善……諸出為秦言,便約不煩者,皆葡萄酒之被水者也。」（頁413）。

〔註91〕見《出三藏記集‧鳩摩羅什傳》,頁532。

〔註92〕羅什生卒年說法不一,此據陳垣《釋氏疑年錄》,頁7,北京:中華書局,1988年9月第3次印刷。

〔註93〕見《高僧傳‧鳩摩羅什傳》,頁51。

〔註94〕見《出三藏記集‧鳩摩羅什傳》,頁533。

〔註95〕前揭書,頁534。

亦成爲隋代三論宗的理論基礎。

羅什譯經，譯語精鍊，故經典之翻譯常以羅什爲一劃新時代之代表。梁啓超在〈翻譯文學與佛典〉中，將羅什歸類爲意譯者〔註 96〕。《出三藏記集・大品經序》記載羅什譯經的態度云：

> 胡音失者，正之以天竺；秦言謬者，定之以字義。不可變者，即而書之。是以異名斌然，胡音殆半。斯實匠者之公謹，筆受之重慎也。

此係因當時流傳在西域的佛法，普及於龜茲、大月氏、安息、康居等，各國之間語言各異，《祐錄・竺法護傳》曾言「外國異言，三十有六種，書亦如之」，即顯示出西域諸國語言文字的參差繁複；而來自不同國度的譯經者，各人於翻譯時雖都採漢譯，但所據底本或無底本而闇誦者，亦必依其國度所書之底本或其國方言而譯之，故譯語亦依譯者意見之不同而互異〔註97〕。因羅什精通梵漢之言，故能將舊譯經本釋義乖謬者改正。

羅什所譯佛典，據《出三藏記集》卷二記載，共「三十五部，凡二百九十四卷」〔註98〕，而《出三藏記集》卷十四羅什傳記則謂「三十三部，三百餘卷」〔註99〕。《歷代三寶記》、《大唐內典錄》皆多至九十幾部、四百多卷。此以時代較近之《出三藏記集》爲主，茲據其卷二所錄羅什譯經，並參考有關經序及《大正藏》，整理羅什譯經於附錄中表6。

（四）當鳩摩羅什活躍於北方後秦時，南方晉土則有於廬山「率眾行道，昏曉不絕」的慧遠與之輝映。慧遠（A.D.334～416）廿一歲時，偕弟慧持前往太行山脈的恆山，因聽聞道安開講《般若經》豁然而悟，遂與弟俱依道安出家。

東晉太元年間，符丕圍攻襄陽時，道安爲朱序所拘不能離去，遂分散徒眾，各隨所至。慧遠因而別師，南入荊州上明寺；之後，又到潯陽，見廬山清靜足以息心，

〔註96〕佛典翻譯涉及語系問題，近年研究佛典語言者，多不採二分法（僅將翻譯劃分爲直譯與意譯）；然因此部份的探究，屬於語言學之範疇，並非本論文討論的趨向，故在此不予申論之。

〔註97〕參見小野玄妙《佛教經典總論》：「流傳於月氏、安息、康居，及其他如于闐、龜茲等各地方的之經典，當以各地方言流傳，故於其發音上必有因方言不同而有頗多訛音，因此必要以天竺音訂正之。」（頁72）；井 口泰淳〈絲路出土的佛典〉：「中亞細亞出土的佛典裡面所用的梵文一般稱作中亞梵文，這是印度從四世紀左右到八世紀左右所使用的笈多梵文裡面的一種，又分爲直立笈多文以及斜形笈多文兩種。佛典裡面主要是直立笈多文」（《絲路與佛教文化》頁155），則西元五世紀初進行翻譯的羅什，所據之天竺語應或爲此，而羅什國度龜茲語屬於較古的印歐語系，故其所根據之底本與方言應是當時的印歐語。

〔註98〕見《出三藏記集》卷二，頁51。

〔註99〕見《出三藏記集・鳩摩羅什傳》，頁534。

從此定居於廬山東林寺弘法傳教。慧皎《高僧傳》記載慧遠於廬山繁興佛教的情景：「率眾行道，昏曉不絕，釋迦餘化，於斯復興。既而謹律息心之士，絕塵清信之賓，並不期而至，望風遙集」〔註100〕，可知廬山當時由於慧遠的關係成為東晉佛教信仰的中心，而有感於遠公人格，「棄世遺榮，依遠遊止」〔註101〕者更是絡繹不絕。

慧遠致力於佛典的研究，有感於「經流江東，多有未備，禪法無聞，律藏殘缺」〔註102〕，遂令弟子法淨、法領等人，「遠尋眾經，踰越沙雪，曠歲方返，皆獲梵本，得以傳譯」〔註103〕。每逢有人至西域來，慧遠必懇惻諮訪。罽賓沙門僧伽提婆，於晉太元十六年（A.D.391）由北方南下潯陽，慧遠亦邀其至廬山，請其重譯《阿毘曇心》及《三法度論》；當羅什入長安後，慧遠每每致書通好，訪覈經中要理；曇摩流支在後秦時，慧遠亦修書流支，請其續譯鳩摩羅什與弗若多羅共譯未竟的《十誦律》，使「《十誦》一部，具足無闕」〔註104〕；當佛陀跋陀羅由長安自廬山時，慧遠亦請其「譯出禪數諸經」〔註105〕；故僧祐云：「禪法經戒，皆出廬山，幾且百卷……蔥外妙典，關中勝說，所以來集茲土者，皆遠之力也」〔註106〕。

（五）東晉末期，北天竺僧人佛陀跋陀羅（A.D.359～429），本遊學於罽賓，跟隨其師佛大先學習禪法，後應東土來的沙門智嚴之請，「杖錫跋涉，經歷三年，路由雪山，備極艱阻。既而中路附舶，循海而行」〔註107〕，終於經由海路進入關中。登岸之後，因聽聞鳩摩羅什在長安，遂前往長安依之。鳩摩羅什對待佛陀跋陀羅，甚為敬重，「每有疑義，必共諮決」〔註108〕，然因羅什門下弟子道恒等三千僧人與其理念不合擯斥之，故佛陀跋陀羅遂與「弟子慧觀等四十餘人」〔註109〕離開後秦；而於東晉的慧遠，因聞佛陀跋陀羅被驅逐，遂迎其入廬山譯經。之後，佛陀跋陀羅又至晉都建康，於道場寺譯出《華嚴經》及與法顯共譯《大般泥洹經》等。

據《出三藏記集・佛馱跋陀傳》記載，佛陀跋陀羅先後所譯經「凡十一部」〔註110〕，然《出三藏記集》卷二所錄佛陀跋陀羅的譯經目末尾，僧祐卻云「右十部，

〔註100〕見慧皎《高僧傳》，頁214。
〔註101〕同上註。
〔註102〕見慧皎《高僧傳》，頁216。
〔註103〕同上註。
〔註104〕見《出三藏記集》卷十五〈慧遠法師傳〉，頁568。
〔註105〕見《出三藏記集》卷十四〈佛馱跋陀傳〉，頁542。
〔註106〕見《出三藏記集》，頁568。
〔註107〕見《出三藏記集》卷十四〈佛馱跋陀傳〉，頁541。
〔註108〕前揭書，頁同。
〔註109〕前揭書，頁542。
〔註110〕前揭書，頁543。

凡六十七卷」〔註111〕，今實數之確爲十一部六十九卷；另外，慧皎《高僧傳·佛馱跋陀羅傳》則載其譯經爲「凡一十五部，一百十有七卷」〔註112〕。茲據《出三藏記集》卷二所錄經目，並參考有關經序及《大正藏》，整理佛陀跋陀羅譯經於附錄中表7，凡經典存疑者，亦說明於附註欄中。

（六）此時期重要譯經僧，尚有活躍於北涼的曇無讖（A.D.385～433）。據《出三藏記集》記載，曇無讖爲中天竺人，初學小乘教法，講說精辯，出類拔群。後來遇到了白頭禪師，因各自所習教法不同，遂展開論議，交諍十旬之後，曇無讖深服禪師的言論，乃向禪師請益是否有經典可供閱讀，白頭禪師遂授以樹皮所書的《涅槃經》經本，曇無讖讀後，「方自慚恨，以爲坎井之識，久迷大方」〔註113〕，從此改而專力於大乘教法。之後，曇無讖將《大涅槃經》前分十二卷〔註114〕，及《菩薩戒經》、《菩薩戒本》等攜入罽賓國、龜茲國，因感此二地多學小乘，遂再至姑藏。

時河西王沮渠蒙遜於涼州自立爲王，「聞讖名，呼與相見，接待甚厚。蒙遜素奉大法，志在弘通，請令其出經本」〔註115〕，然因曇無讖自覺其漢語尚不熟悉，又無傳譯者，故乃先學習漢語三年，再著手翻譯《大涅槃經》前分卷數，《高僧傳》載其譯經「臨機釋疑，清辯若流，兼富於文藻，辭製華密」〔註116〕，故北涼僧人慧嵩、道朗等更請其廣出諸經，曇無讖遂再譯「《大集》、《大雲》、《大虛空藏》、《海龍王》、《金光明》、《悲華》、《優婆塞戒》、《菩薩地持》，并前所出《菩薩戒經》、《菩薩戒本》垂二十部」〔註117〕；然《出三藏記集》卷二所錄曇無讖經目末尾，僧祐則曰：「右十一部，凡一百一十七卷」，又實數僧祐所錄曇無讖經目，則有十二部〔註118〕。

當曇無讖翻譯《大涅槃經》前分之後，因感《涅槃經》品數未足，遂又赴于闐取經，尋得「經本中分，復還姑藏譯之。後又遣使于闐，尋得後分」〔註119〕，於是

〔註111〕見《出三藏記集》卷二，頁54。
〔註112〕見慧皎《高僧傳》，頁73。
〔註113〕見《出三藏記集·曇無讖傳》，頁538。
〔註114〕《出三藏記集·曇無讖傳》作十二卷（頁539），然慧皎《高僧傳·曇無讖傳》作十卷（頁77）。
〔註115〕見《出三藏記集·曇無讖傳》，頁539。
〔註116〕見慧皎《高僧傳》，頁77。
〔註117〕見《出三藏記集·曇無讖傳》，頁540。
〔註118〕關於此，僧祐《祐錄》卷二所錄《菩薩地持經》經名下注云：「或云《菩薩戒經》…」（《出三藏記集》頁52），故鎌田茂雄認爲十二本經目中的《菩薩地持經》八卷亦即《菩薩戒經》八卷的同本，後人誤以爲是另外一本經典，遂添加入《祐錄》中；除此一目，則爲十一部無誤（見《中國佛教通史》第三卷，頁40）。
〔註119〕見慧皎《高僧傳》，頁77。

陸續譯出《涅槃經》三十六卷〔註120〕，世稱此經爲北本涅槃經，已與南方慧嚴等依法顯所譯的六卷《泥洹經》而重編的三十六卷《大般涅槃經》（南本涅槃經）作區別。

曇無讖亦善於咒數，時北魏太武帝拓跋燾聞其長於道術，遣使欲迎之，沮渠蒙遜自忖國弱，難以抗拒，又憂慮曇無讖多術爲魏重用不利於己，遂於曇無讖返西域欲再尋求《涅槃經》後分時，派刺客將其害之，時曇無讖方四十九歲〔註121〕。

曇無讖雖在北方涼州譯經，然對於注重佛教義學研究的南方而言，其所譯的大乘佛典傳入南方後，可說是影響深遠。尤其是《涅槃經》所闡述的佛性說，深契江南，涅槃學的研究亦因此而興。茲依《出三藏記集》卷二經目及參考有關經序和《大正藏》，整理曇無讖譯經於附錄中表8，凡經典存疑者，亦說明於附註欄中。

五、南朝時期

東晉結束之後，代之而起的是宋、齊、梁、陳四朝，北方則有北魏、北齊、北周等，此一南北分裂至隋代統一天下（A.D.589）爲止，史稱爲南北朝時期。在此一百六十多年間，南北兩地佛教皆盛，譯出許多經典。據《歷代三寶紀》、《大唐內典錄》及《開元釋教錄》之記載，南朝譯經數的統計略有不同，茲列表於附錄中（表9），以資參考。

西元420年，宋武帝劉裕於建康即位，改元永初，正式結束了東晉。雖是由晉入宋，然政治、文化上並不特異於東晉。綜觀南朝四代，蓋皆活動於江南地區，定都於建康，故雖國祚短促、改朝換代，但東晉與南朝於文化事業上，大多前後相承。

東晉末年，北方的五胡十六國，陸續爲北魏所兼併，劉宋元嘉十六年（A.D.439）北魏攻滅北涼稱霸北方之後，形成了北魏與劉宋二分天下的局勢。西元479年，南齊取代劉宋之後，北方仍是北魏的天下，然北魏譯經量最多的菩提流支，是於宣武帝永平初年（A.D.508）來華，此時正當梁代，故敘述蕭梁時期譯經概況時，方一併涉及北魏，然多以對於南朝有影響之經典爲主，以切合本文所探討主題。

南朝的帝王，大多皆尊崇佛教，佛教於此時極爲隆盛，譯經事業亦承繼前代未曾稍歇。據《出三藏記集》卷二所載〔註122〕，劉宋時之重要譯人有釋寶雲、釋智嚴、佛馱什、求那跋摩、僧伽跋摩、曇摩蜜多、求那跋陀羅、沮渠京聲、功德直等多位譯者。

〔註120〕《出三藏記集·曇無讖傳》作三十六卷（頁540），然慧皎《高僧傳·曇無讖傳》作三十三卷（頁77）。
〔註121〕見《出三藏記集·曇無讖傳》，頁540；慧皎《高僧傳·曇無讖傳》頁79。
〔註122〕見《出三藏記集》卷二，頁56～62。

劉宋時之譯經量最多者，乃是天竺大乘法師求那跋陀羅，故此時之譯經概況擬以其為主，以見一斑。求那跋陀羅為中天竺人，因所學為大乘，故世號為摩訶衍。宋文帝元嘉十二年（A.D.435）經由海路來華，後至京都建康，於祇洹寺譯有《雜阿含經》，此經再加上前所述三部阿含（長阿含、中阿含、增一阿含），則四阿含於斯譯畢。求那跋陀羅又於東安寺譯出《法鼓經》，再於丹陽郡譯出《勝鬘經》及《楞伽經》，當時協助譯經者共有徒眾七百餘人，並由精熟華梵語的寶雲傳譯，筆受則由慧觀擔任〔註123〕。其所譯的《勝鬘經》及《楞伽經》，影響中土深遠，如來藏思想亦由此流傳。

另外，據《出三藏記集》僧傳及慧皎《高僧傳》記載，其於荊州期間，又譯出《無憂王》、《過去現在因果》、《無量壽》、《泥洹》、《央掘魔》、《相續解脫》、《波羅蜜了義》、《第一義五相略》、《八吉祥》等經凡一百卷〔註124〕，然《出三藏記集》卷二僧祐所錄求那跋陀羅譯經目末尾則曰「右十四部，凡七十六卷」〔註125〕。之後的《歷代三寶紀》載其譯經則多至七十八部一百六十一卷〔註126〕，《大唐內典錄》亦同〔註127〕，而《開元釋教錄》則記載五十二部一百三十四卷〔註128〕。若以最接近此時代之史料為依據，則當仍以僧祐《出三藏記集》為據，故關於求那跋陀羅所譯經典，茲依《出三藏記集》卷二經目及參考有關經序和《大正藏》，整理其譯經於附錄中表10，凡經典存疑者，亦說明於附註欄中。

南齊一朝譯經資料，據《出三藏記集》卷二所載，譯者為七人，共譯經八部三十二卷，而《歷代三寶紀》、《大唐內典錄》及《開元釋教錄》之統計則略有不同，可參考附錄中表9所列南朝譯經量。

各經錄記載雖有出入，然當以時代最近之《出三藏記集》為較可靠之依據，且著述嚴謹之《開元釋教錄》所計資料亦與其相近。南齊時代，僅二十三寒暑，故其譯經成果自不若前朝顯著，再者，雖是橫越兩朝，然因劉宋亦僅六十年，故由宋過渡至齊者，所在多有。而其中重要譯經者，當推僧伽跋陀羅與求那毘地。

僧伽跋陀羅為何國人不詳，據《出三藏記集》卷二記載，其譯有《善見毘婆沙律》十八卷，經目下僧祐注云：「或云《毘婆沙律》，齊永明七年（A.D.489）出。」

〔註123〕其生平參見《出三藏記集·求那跋陀羅傳》頁547～550。
〔註124〕見《出三藏記集》頁548；慧皎《高僧傳》，頁131。
〔註125〕見《出三藏記集·求那跋陀羅傳》頁548。
〔註126〕見《歷代三寶紀》卷第十（《大正》49·89a）。
〔註127〕見《大唐內典錄》卷第四（《大正》55·257b）。
〔註128〕見《開元釋教錄》卷第五（《大正》55·523b）。

〔註129〕此經是今日研究佛史據以確定佛滅年代之重要資料，亦是對於江南地區律典傳譯的重要貢獻。

另一位譯經者求那毘地，據《出三藏記集·求那毘地傳》記載，為中天竺人，齊建元初（A.D.479）至建康，「王公貴勝，迭相供請」〔註130〕，後於永明十年秋（A.D.492）譯出《百句譬喻經》〔註131〕十卷，並再出《十二因緣》及《須達長者經》各一卷〔註132〕。然《出三藏記集》卷二僧祐所錄經目，則只記載《百句譬喻經》一部，並云：「十卷，齊永明十年九月十日出。或五卷。」〔註133〕而現存於《大正》第四冊209號《百喻經》則為四卷本〔註134〕。

由齊入梁，於歷史上最突出的現象，莫過於梁武帝的篤信佛法，專力護持佛教。梁武帝不僅推動譯經事業，並注釋佛典，大興寺塔、舉辦法會、升座講經，甚且多次捨身歸佛〔註135〕，這些行徑不僅推動了上層社會奉佛的風氣，更且影響了民眾對佛教的進一步重視。

此時外國僧人來華者漸增，例如曼陀羅、月婆首那等及齊梁間的僧伽婆羅和經歷梁陳二朝的眞諦〔註136〕。梁代譯經者擬以僧伽婆羅為主，據道宣《續高僧傳》記載，僧伽婆羅為扶南國人，經海路至南齊並拜為求那跋陀羅為師，跟隨其研習大乘

〔註129〕見《出三藏記集》卷二，頁63。
〔註130〕見《出三藏記集》卷十四〈求那毘地傳〉，頁552。
〔註131〕《出三藏記集》作《百句譬喻經》；慧皎《高僧傳》卷三〈求那毘地傳〉，則作《百喻經》，頁139。
〔註132〕此二經皆見於《出三藏記集》卷十四〈求那毘地傳〉及慧皎《高僧傳》卷三〈求那毘地傳〉。
〔註133〕見《出三藏記集》卷二，頁64。
〔註134〕《歷代三寶紀》卷十一，亦作十卷（《大正》49·96a）；《開元錄》卷六則作四卷，經名下並注云：「或五卷……見僧祐錄，祐等並云譯成十卷。此之四卷，百事足矣」（《大正》55·536b）。日人所編之《大正藏》，參考之經錄，多以《開元錄》為主，故《大正藏》中之經名及卷數，率多與《開元錄》合，然《開元錄》中對於四卷本《百喻經》已云"百事足矣"，表示百個比喻皆具全無缺，則知此四卷、五卷或十卷，乃是前人分卷上之不同。
〔註135〕「捨身」為佛教用語，據《佛光大辭典》第五冊，頁4591之解釋，捨身可大別為三種：1.捨棄身命：以捨身供養佛等，或布施身肉等與眾生2.設齋會儀式，而捨己身入佛寺3.捨身相之執著，求得眞解脫之方法（高雄縣大樹鄉：佛光，1988初版）。而梁武帝的"捨身"乃指第二種解釋，亦即捨自身，入寺為僧眾執役。據《梁書·武帝本紀》頁71記載：「大通元年，……三月辛未，輿駕幸同泰寺捨身。甲戌，還宮，赦天下，改元。」又，頁73：「中大通元年……癸巳，輿駕幸同泰寺，設四部無遮大會，因捨身，公卿以下，以錢一億萬奉贖。」又，頁91～92：「太清元年……三月庚子，高祖幸同泰寺，設無遮大會，捨身，公卿等以錢一億萬奉贖」。
〔註136〕以上諸譯者見《歷代三寶紀》卷第十一（《大正》49·95a）。

教法。後因齊亡，遂隱跡山中，「潔身心，外絕交」〔註137〕。梁代天監五年（A.D.506），為武帝敕徵於「楊都壽光殿、華林園、正觀寺、占雲館、扶南館等五處傳譯，訖十七年，都合一十一部四十八卷」〔註138〕。

而眞諦雖是梁時來華，然其大量譯經則在陳代，故擬以眞諦爲陳代譯經代表，事實上，被稱爲中國四大譯經家的眞諦〔註139〕，實堪稱爲南朝之譯經代表。據《續高僧傳》記載，眞諦乃西天竺優禪尼國人，應梁武帝之請，於太清二年（A.D.548）閏八月至建康，卻遭逢侯景叛變，社會動盪，眞諦遂離開京都至富春，於縣令府邸從事翻譯，其後又輾轉流離於豫章等地，直至陳代太建元年圓寂。觀其來華期間，歷經梁陳，雖長年漂泊、顛沛流離，但卻譯經不輟，並撰疏闡釋經論大旨，由梁武帝末年至陳宣帝，「凡二十三載，所出經論記傳，六十四部，合二百七十八卷」〔註140〕。

而此時期於北方的北魏，自孝文帝施行漢化後，其佛教之興隆乃蒸蒸日上，如菩提流支、佛陀扇多、勒那婆提、曇摩流支等〔註141〕皆譯出許多佛典，而以菩提流支譯經量最多，共三十九部〔註142〕一百二十七卷，故北魏時期擬以其爲主。據《續高僧傳》記載，菩提流支爲北天竺人，於魏永平之初（A.D.508）至洛陽，宣武帝供養其於永寧寺，並敕令七百梵僧以菩提流支爲首，共譯佛典。之後，北魏滅亡，菩提流支由洛陽再至東魏鄴都，譯經不輟，「爰至天平二十餘年，凡所出經，三十九部一百二十七卷」〔註143〕。

自西晉至南齊，譯經之記載皆以時代最近的《出三藏記集》爲依據，然僧祐所錄迄至南齊爲主，其後梁陳時期之譯經，則以時代較近之隋代費長房《歷代三寶紀》（簡稱《房錄》）及以嚴謹著稱的經錄唐代智昇《開元釋教錄》（簡稱《開元錄》）二者爲軌範。茲依據以上二部經錄，並參考唐代道宣《大唐內典錄》（簡稱《內典錄》）、《續高僧傳》及《大正藏》，整理僧伽婆羅、眞諦及菩提流支的譯經於附錄中表11、12及13，凡經典存疑者，亦加以說明於附註欄中。

〔註137〕見道宣《續高僧傳》卷一（《大正》50‧426a）。

〔註138〕前揭書，頁同。

〔註139〕中國四大譯經家，有二種說法，分別爲：（1）鳩摩羅什、眞諦、玄奘、不空　（2）鳩摩羅什、眞諦、玄奘、義淨。

〔註140〕見道宣《續高僧傳》卷一（《大正》50‧430b）。

〔註141〕見《歷代三寶紀》卷第九（《大正》49‧83b）。

〔註142〕見《歷代三寶紀》卷第九（《大正》49‧83b）；然其書頁86則作"38部"（《大正》49‧86b）。

〔註143〕見道宣《續高僧傳》卷一（《大正》50‧428c）。

第二節 漢譯偈頌述略

"偈頌"〔註144〕是梵語 gatha 的音譯與意譯之合名，亦簡稱爲偈〔註145〕。"偈"爲梵文 gatha 音譯，"頌"則爲國人根據與 gatha 的文體，相對於我國本有的文體——「頌」——〔註146〕因應稱呼之。

在印度，「詩」稱爲「伽陀」，因長音、短音、排列法之不同而有各種分類。概言之，詩係依據韻律法則而形成的，詩中或蘊含對於人生之醒覺、警誡，或爲內心狀態之描寫。例如長老僧尼之詩收於《長老偈》、《長老尼偈》內，其中頗多描述僧人求道初衷之產生、修道之經過、外在自然景物與內在心靈的交感之美，及修道心境等等之描寫〔註147〕；此點與中國佛教詩歌之特色——大多在於描繪禪僧開悟之心

〔註144〕據慧皎《高僧傳‧鳩摩羅什傳》記載，鳩摩羅什曾與僧叡談論西方辭體，其云：「天竺國俗，甚重文製，其宮商體韻，以入弦爲善。凡覲國王，必有贊德。見佛之儀，以歌歎爲貴，經中偈頌，皆其式也。」（頁53）；《出三藏記集‧鳩摩羅什傳》亦記載這一段事：「天竺國俗，甚重文藻……凡覲國王，必有讚德；見佛之儀，以歌歎爲尊。經中偈頌，皆其式也」（頁534）由上述可知，在印度國俗中，偈頌的內容是以"贊德"爲主，並且可入弦歌唱的。

〔註145〕《大唐西域記》卷三：「舊曰偈，梵文略也。或曰偈陀，梵音訛也。今從正音，宜云伽陀。伽陀者，唐言頌。」（見《大正》51‧882c～883a）由上文中可知，偈頌於唐代以前又簡稱爲"偈"，其後則言"頌"。

〔註146〕據明徐師曾《文體明辨序説》：「頌者，容也，美盛德之形容、以其成功告于神明者也。若商之〈那〉、周之〈清廟〉諸什，皆以告神，乃頌之正體。至於〈魯頌‧駉〉、〈閟〉等篇，則用以頌僖公，而頌之體變矣。後世之作，皆變體也。」（《文體序說三種：文章辨體序說‧文體明辨序說‧文章緣起注》頁100，台北市：大安，民國87，第一版）；清段玉裁《説文解字注》釋"頌"：「貌也，貌下曰頌儀也，與此爲轉注，不曰頌也，而曰頌儀也者，其義小別也。……古作頌貌，今作容貌，古今字之異也。容者，盛也，……誦今之德廣以美之。……假容爲頌，其來已久，以頌字專系之六詩，而頌之本義廢矣。」（頁416，台北縣：漢京文化，民國74，初版），據上，則以中國傳統的文體—「頌」，釋義外來的文體—「偈」，應是根據二者之間所具備的共性，亦即"必有讚德"（羅什所言，見註1）這一特色。又據劉勰《文心雕龍》：「原夫頌惟典雅，辭必清鑠，敷寫似賦，而不入華侈之區；敬愼如銘，而異乎規戒之域。」（劉勰著，周振甫注《文心雕龍注釋》頁162，台北：里仁書局，民國73年）"頌"之文體，典雅清鑠，亦可說是漢譯偈頌的特色。

〔註147〕例如《長老偈》：第110號（頁49）〈烏薩跋長老偈〉云：「樹草滿山間，雨中濕淋淋。烏薩跋來此，用意在修行。林中此美景，宜僧作禪定。」另，第155號（頁72）〈桑布拉加旃延長老偈〉云：「滂陀大雨下，孤身居洞中；我既無恐懼，亦無毛骨悚。洞中似陰森，我只求清淨。無恐無煩惱，此乃眞正僧。」又，第158號（頁73）〈尼薩跋長老偈〉云：「欲愛使人迷，我將把它棄；虔誠出家來，滅苦勤努力。對生無貪求，於死無所懼；以佛大智慧，只盼涅槃期。」再如第240號（頁140）〈桑格卡長老偈〉云：「山林有風雨，居彼有何益？此間極安閑，禪者當歡喜。山林有風雨，浮雲被吹去；居住山林中，我心得清淨。……」。又如《長老尼偈》：第

境，著重於表現其思想境界——有其異曲同工之處。

　　凡佛典中被推定爲佛陀自身所說者，皆以詩偈（梵 gatha）形式出之，如《法句經》（巴 Dhammapada），全經皆以詩偈構成。之所以以此特殊的文體形式展現，或因當時未有文字記載之習慣，或因爲了便於記憶，遂採取詩句形式；此外，也可說佛教教團歷來的特質，是具備詩人之特質的〔註148〕，例如，佛陀之弟子大多能作詩，且常以詩歌詠歎其宗教心境，此類詩偈流傳至今者有《長老偈》、《長老尼偈》〔註149〕。《增一阿含經》卷三亦云：「我聲聞中第一比丘，……能造偈頌，嘆如來德，鵬耆舍比丘是。」〔註150〕此乃是指佛陀弟子中，有一著名詩人鵬耆舍，常以詩偈讚歎佛陀與佛弟子；另外，佛陀的另一弟子——天與比丘尼，亦是擅長以偈頌讚歎如來功德〔註151〕。由原始佛教過渡至大乘佛教之後，所翻譯的佛典中，全以偈頌撰成之經典頗爲豐碩，亦充滿濃厚的文學風格〔註152〕；其中，尤以馬鳴爲代表，其所著的《佛所行讚》，即是以長篇詩歌敘述佛陀一生的傳記〔註153〕。綜上所言，可知偈頌在佛典中的廣泛性是有其歷史背景的。在瞭解偈頌以前，我們先敘述偈頌的定義、種類及其作用於下。

1・16 號（頁 232）〈高齡長老尼蘇摩那所說偈〉云：「老尼身披糞掃衣，安眠自在何愜意；貪欲一旦清除淨，即入清涼無生地。」另，第 2・5 號（頁 236）〈吉達長老尼所說偈〉云：「瘦弱又多病，出入依杖行。縱然累如此，仍上靈鷲峰。袈裟置一旁，▨亦扣一邊。坐在石山上，斷除癡愚闇。修持破我執，諸使不再觀。」再如第 20・5 號（頁 292）〈蘇巴長老尼所說偈〉云：「曾是一少女，穿戴皆新麗；只緣聽佛法，智心悟眞諦。自此天人界，諸欲皆厭棄；五蘊視畏途，發願求出離。親多僕役眾，莊園何豐裕；此園曾迷人，一切皆捨棄。財產全拋棄，虔誠離世俗。皈佛守教戒，求空不求欲。……」以上所引皆見鄧殿臣譯《長老偈・長老尼偈》，北京：中國社會科學，1997 年 8 月第一版。

〔註148〕上述參見《佛光大辭典》第三冊，頁 2694〈佛教詩人〉一條。

〔註149〕中譯本如：鄧殿臣譯《長老偈・長老尼偈》，北京：中國社會科學，1997 年 8 月第一版。

〔註150〕見《增一阿含經》卷三（《大正》2・557b）。

〔註151〕見《增一阿含經》卷三：「堪任造偈，讚如來德，所謂天與比丘尼」（《大正》2・559a）。

〔註152〕例如《法句經》、《佛五百弟子自說本起經》、《佛所行讚》、《佛本行經》等。

〔註153〕佛教詩人馬鳴（約當 A.D.100～160），爲中印度人舍衛國人，初習外道之法，後皈依佛教，博學三藏。馬鳴可說是梵語文學古典期之優秀詩人代表，其以梵語所書寫之敘事長詩《佛所行讚》，後被漢譯成五卷本《佛所行讚》，全經皆以五言偈頌讚頌佛陀一生之事蹟，共分成二十八品，現收錄於《大正藏》中，譯者署名爲北涼曇無讖。然日人鎌田茂雄認爲《祐錄》卷二未載曇無讖譯此經，《房錄》始載之，故此經應非曇無讖所譯（《中國佛教通史》第三卷頁 40）；日人小野玄妙亦就經本之翻譯與文章，認爲此漢譯五卷本應是劉宋寶雲所譯（《佛教經典總論》頁 85）。

　　"偈頌"有廣、狹二義，廣義之偈頌包括九分教及十二分教〔註154〕中的"伽陀"與"祇夜"，兩者均爲偈頌之體，然兩者之意義互異，試說明於下。

　　"伽陀"即梵語gatha，巴利語亦同，又作伽陀、伽他、偈陀、偈他；義譯爲諷誦、諷頌、偈頌、頌、孤起頌、不重頌偈等〔註155〕。之所以稱爲孤起頌，有兩層面之意：其一是指其形式全部皆以頌文頌出教義，亦即偈前無"長行"（佛經中的散文部份），直接以韻文記錄教義；其二是指偈前已有散文，然散文所說之內容異於偈文之含意。此外，又因其不重覆闡釋長行內容的性質，故又稱爲不重頌偈。再者，其語根gai有「謠」之意，故「伽陀」一詞，廣義而言亦指歌謠、聖歌。

　　"祇夜"即梵語geya、巴利語geyya之音譯，又作竭夜〔註156〕、祇夜經〔註157〕，其義亦有詩歌、歌詠之含意；義譯則爲重頌、重誦偈（重宣前段長行之文義）、應頌（與經文相應之頌）〔註158〕等。顧名思義，所謂「重頌」、「應頌」乃指在佛典前段以散文體裁敘說之後，再以韻文附加於後段，重覆其義者（偈頌內容重覆詠歎長

〔註154〕九分教又作九部經、九部法，乃是將佛陀所說法，依其敘述形式及內容分成九種。九部之名稱，各經記載不一，現舉二經說法以見一斑。據南本《大般涅槃經》卷三，九部分別爲：修多羅、祇夜、伽陀、和伽羅那、優陀那、伊帝目陀伽、闍陀伽、毘佛略及阿浮陀達磨（見《大正》12·623b）。據《法華經·方便品》記載，九部分別爲：修多羅、祇夜、伽陀、本事、本生、未曾有、因緣、譬喻及優波提舍（見《大正》9·7c）。而所謂十二分教（又作十二部經、十二分聖教）亦是將佛陀所說法，依其敘述形式及內容分成十二種。十二部之名稱，據《顯揚聖教論》卷六所載，即：契經、應頌、記別、諷頌、自說、緣起、譬喻、本事、本生、方廣、未曾有法、論議（見《大正》31·508c）。又據南本《大般涅槃經》記載，十二部經之名稱分別爲：修多羅、祇夜、授記、伽陀、優陀那、尼陀那、阿波陀那、伊帝目多伽、闍陀伽、毘佛略、阿浮陀達摩、優波提舍（見《大正》12·693b）。

〔註155〕《顯揚聖教論》卷六云：「諷頌者，謂諸經中非長行直說，然以句結成，或二句、或三句、或四句、或五句、或六句」（見《大正》31·509a）。《法華義疏》卷二又云：「伽陀，爲孤起偈，亦名不等頌。」（見《大正》34·472b）；《妙法蓮華經玄義》卷六下曰：「伽陀者，如龍女獻珠，喜見說偈，孤然特起」（見《大正》33·755a）。另，《大乘義章》卷一云：「伽陀，此翻名爲不重頌偈，直以偈言顯示諸法，故名伽陀。」（見《大正》44·470a）。

〔註156〕《百論疏》卷上之上云：「所言偈者，外國稱爲祇夜，亦云竭夜」（見《大正》42·238c）。

〔註157〕南本《大般涅槃經》卷十四云：「十二部經謂修多羅、祇夜、授記……，何等名爲祇夜經？佛告諸比丘……即因本經以偈頌曰：『我昔與汝等，不見四眞諦，是故久流轉，生死苦大海，若能見四諦，則得斷生死，生有既已盡，更不受諸有。』是名祇夜經」（見《大正》12·693b～c）。

〔註158〕《新譯華嚴經七處九會頌釋章》云：「祇夜頌此云應頌，爲應重頌長行法也」（見《大正》36·711a）。

行經文者）〔註159〕。

　　綜上可知，伽陀與祇夜二者之差別在於：雖然皆是韻文形式，然祇夜者，重複述說長行經文之內容；伽陀則否，故有不重頌偈、孤起頌等之異稱。但佛典中或有混用以上二者之情形，並非皆截然劃分清楚。以上所述，皆是就廣義偈頌而論。至於狹義之偈頌，則單指梵語之 gatha，亦即伽陀而言。本文所研究之偈頌，乃是以廣義之說為對象，亦即包含伽陀和祇夜。

　　梵文文獻中，偈頌是由特定音節數與長短組成之韻文，通用於佛典的經、律、論三藏中，與長行顯然不同。這些原典中偈頌之音節數，與漢譯後之偈頌，其字數並無直接關係。漢譯佛典中，多處提及偈頌的定義及種類，然各經所說不一，除了以上所引經論之外，茲將所見之各家說法大略整理於後，以供參考〔註160〕：

1、《順正理論》卷四十四謂，應頌與諷頌皆是以勝妙言辭，讚詠佛教義理。然應頌是隨述詠歎長行所說；諷頌之內容雖亦是讚詠，但並非重複長行所說，其句數或為二、三、四、五、六不等〔註161〕。

2、《大智度論》卷三十三謂，一切之偈皆稱祇夜，句之多寡不定，亦稱伽陀；有三句、五句、六句等〔註162〕。據此，則祇夜與伽陀皆無差別，同指諷詠之義。

3、《成實論》卷一謂，祇夜（偈）有伽陀、路伽兩種，路伽又分順煩惱、不順煩惱兩種；十二部經中的伽陀即屬不順煩惱之類〔註163〕。

4、南本《大般涅槃經》卷十四載，伽陀指修多羅（長行）及戒律以外，諸經

〔註159〕《大乘義章》一曰：「祇夜，此翻名為為重誦偈也，以偈重誦修多羅中所說法義，故名祇夜。」（見《大正》44‧470a）引文中之“修多羅”，是梵語音譯，係指佛經中以散文述說教義的部份，《大智度論》卷三十三即云：「諸經中直說者，名修多羅」（見《大正》25‧306c）。又《顯揚聖教論》卷六：「應頌者，謂諸經中，或於中間、或於最後，以頌重顯，及諸經中不了義說，是為應頌」（見《大正》31‧508c）；《瑜伽師地論》亦云：「應頌者，謂長行後宣說伽他，又略標所說不了義經」（見《大正》30‧753a）。

〔註160〕伽陀與偈頌之定義散見於《大正藏》中，此處僅舉數例，餘者省略不繁。

〔註161〕《阿毘達磨順正理論》卷四十四云：「言應頌者，謂以勝妙緝句言詞，隨述讚前契經所說，有說亦是不了義經。……言諷頌者，謂以勝妙緝句言詞，非隨述前而為讚詠，或二、三、四、五、六句等」（見《大正》29‧595a）。

〔註162〕《大智度論》卷三十三云：「諸經中偈名祇夜」（見《大正》25‧306c），又云：「一切偈名祇夜，六句、三句、五句，句多少不定，亦名祇夜，亦名伽陀」（同出處，307a）。

〔註163〕《成實論》卷一云：「祇夜名偈，偈有二種，一名伽陀，二名路伽；路伽有二種，一順煩惱，二不順煩惱。不順煩惱者，祇夜中說，是名伽陀」（見《大正》32‧245a）。

典中之四句偈〔註164〕。

5、《大毘婆沙論》卷一二六中，謂諸經中聯節句而諷頌彼彼所說者，稱爲伽陀〔註165〕。

6、《百論疏》卷上謂，偈有兩種，一種稱「通偈」，音譯即「首盧偈」（梵 sloka），爲梵文三十二音節所構成；另一種則稱「別偈」，由四言、五言、六言、七言所構成，皆以四句爲一偈〔註166〕。

7、《妙法蓮華經玄贊》卷二末謂，伽陀之文句極爲美麗〔註167〕。

8、《妙華蓮華經玄義》卷一下曰：「或四、五、六、七、八、九言偈，重頌世界陰入等事，是名祇夜」，又云：「或孤起偈，說世界陰入等事，是名伽陀」〔註168〕。

另外，根據《仁王護國般若波羅蜜多經疏》卷中一所載，偈頌之作用在於「偈者竭也，攝義竭盡」〔註169〕，故偈頌可說是將佛教義理（教義）收攝蘊含於較簡潔的文字中表現出來，並且力求竭盡其義。那麼，佛陀及其弟子們對於宇宙人生之看法，爲何不僅以長行出之，而要創作出數量頗豐的偈頌呢？《成實論》謂：「何故以偈頌修多羅？答曰：欲令義理堅固，如以繩貫華，次第堅固；又欲嚴飾言辭，令人喜樂，如以散華或持貫華，以爲莊嚴。又義入偈中，則要略亦解。或有眾生樂直言者；有樂偈說。又先直說法後以偈頌，則義明了，令信堅固。又義入偈中，則次第相著，亦可讚說。」〔註170〕，由上所引，則知偈頌的存在：一方面是爲了使經文未竟之處，義理更顯明晰，使人生信，且長行之後反複重頌，將會加深人們印象，使其信念更加堅定，再者，由於其言辭大多虔敬、莊嚴，讀頌時，亦使人有喜樂的心靈感受；

〔註164〕南本《大般涅槃經》云：「何等名爲伽陀經？除修多羅及諸戒律，其餘有說四句之偈，所謂『諸惡莫作，諸善奉行，自淨其意，是諸佛教』，是名伽陀」（見《大正》12·693c）。

〔註165〕《大毘婆沙論》卷一二六云：「伽陀云何？謂諸經中結句諷頌彼彼所說」（見《大正》27·660a）。

〔註166〕《百論疏》卷上之上云：「偈有二種，一者『通偈』，二者『別偈』。言別偈者，謂四言、五言、六言、七言，皆以四句而成，目之爲偈，謂別偈也。二者通偈，謂『首盧偈』，釋道安云，蓋是胡人數經法也，莫問長行與偈，但令三十二字滿，即便名偈，謂通偈也」（見《大正》42·238b）。

〔註167〕《妙法蓮華經玄贊》卷二末云：「梵云伽陀，此翻爲頌。頌者，美也、歌也。頌中文句極美麗，故歌頌之故，訛略云偈」（見《大正》34·684b）。

〔註168〕見《妙華蓮華經》卷一下（《大正》33·688b）。

〔註169〕見《仁王護國般若波羅蜜多經疏》卷中一（《大正》33·471b）。

〔註170〕見《成實論》卷一（《大正》32·244c）。

另一方面而言，亦是爲了因應眾生喜好長行或偈頌的不同需求〔註171〕。除此之外，以詩句的形式頌其教說，應亦有"利於記誦"一因素存在，故蔣維喬說：「印度文體，往往用三字句、四字句、五字句、六字句、七字句的韻語，以便記誦」〔註172〕。

在漢譯佛經的發展過程中，東漢爲翻譯期之雛形；而六朝可說是翻譯佛經最爲興盛、鼎沸的時期，所翻譯的數量高達六百餘部，佔現存佛經約三分之一。而在六朝的漢譯佛經中，我們發現經文中有偈頌形式的佛經非常廣泛；比對經、律、論三藏，由於並未發現各藏之間的偈頌形式或內容有何特異之處，且此經藏部分已佔五百餘部，相當於六朝漢譯佛經的五分之四，故擬針對三藏中最爲一般人重視的經藏作一番整理：由大正藏著手，將六朝漢譯"經藏"中，凡內含偈頌者，統計於表 14，共計有 273 部〔註173〕。各部佛經之中的偈頌數量多寡不均，但統合整體而言，其數量極爲龐博，若就時代上之意義而言，實值吾人深究。另外，在整理此表的過程中，亦將各部佛經中之偈頌句型予以分類，發現漢譯偈頌的類型，有多種型態，例如或三言偈頌、或四言偈頌、或五言偈頌、或六言偈頌、或七言偈頌、或八言偈頌、或九言偈頌等等，除了以上所舉的齊言偈頌之外，亦有雜言的偈頌型態，例如四、五、七言摻雜的偈頌形式；此外，句數之多寡並無一定規則，或三句、或四句、或百句、或千句等等，茲皆分門別類，將統計所得一併列於文後附錄，以供參考。再者，由於所統計的是以六朝時期爲主的漢譯偈頌，此點涉及佛經翻譯年代、流通年代之問題，故於附註欄中作一大略考據——以各經錄所載經名卷數或譯經記、譯經序，及相關學者們所發表之論說等交相比對、參考——以求此經是否可作爲研究範圍內之資料，此等亦一併說明於表中附註欄內。在整理此表的過程中，我們發覺偈頌漢譯之後，所採用的文體乃是以中國當時本有的詩歌形式作爲基礎，並據以發揮之，以符合所需，此點將於第二章述之，此處先不贅述。現先就表 14 中所列偈頌舉例說明於下。

後秦佛陀耶舍與竺佛念共譯之《長阿含經》，於卷一〈大本經〉中佛陀頌此偈：

比丘集法堂，講說賢聖論，如來處靜室，天耳盡聞知。

佛日光普照，分別法界〔註174〕義，亦知過去事，三佛〔註175〕般泥洹〔註

〔註171〕《妙法蓮華經玄義》卷六上云：「經以名味章句爲體，經無不然，故體一也。相二者：長行直說、有作偈讚頌兩種相別。何者？以人情喜樂不同，有好質言，有好美語故」（見《大正》33·752a）。

〔註172〕見蔣維喬《佛學綱要》，頁45，天華出版事業股份有限公司，民國 79 年 12 月，初版三刷。

〔註173〕此 273 部佛典，乃就《大正藏》收錄之東漢至魏晉南北朝經藏部份所統計；凡遇署名失譯者，即便經中有偈頌，亦未計入，以力求詳實。

〔註174〕「法界」乃指意識所緣對象的所有事物。據《華嚴經探玄記》卷十八記載，法界有許多種類，然一切終歸於一眞法界，即一切皆歸於諸佛眾生本源之清淨菩提心，故

176〕。

　　名號姓種族，受生分亦知，隨彼之處所，淨眼皆記之。

　　諸天大威力，容貌甚端嚴，亦來啓告我，三佛般泥洹。

　　記生名號姓，哀戀音盡知，無上天人尊，記於過去世。〔註177〕

　　此偈頌之前有"長行"，記載釋迦於舍衛國祇樹花林窟中，因靜坐中天耳清淨，聽聞其弟子們議論世尊的種種神通，故起身離座，前往弟子們所聚集的花林堂，欲藉此因緣予以開示正見〔註178〕。因其偈頌之文，乃是重複述說其長行之文，故此類偈頌，音譯稱爲祇夜，意譯稱爲重頌或應頌。再如西晉竺法護所譯《離垢施女經》，其中有一段文字記載佛陀向離垢施女開示如何常具足端正相，此段長行之後緊接的偈頌，重覆詠歎長行的內容與含意，故亦爲"祇夜"，茲將其錄之於下：

　　　　佛告離垢施：「菩薩有四事法，而常端正，何謂爲四？未曾瞋恚，離

　　於諍訟瑕穢之結；禮佛塔寺，信悅伏身；篤於莊嚴，建立禁戒，善言應人，

　　不以蔽礙；觀於法師，如奉世尊。是爲四。」佛時頌曰：

　　　　不造瞋恚向他人，捨於厭穢　　除垢。

　　　　常殊勝心念於道，當以恭敬掃佛寺。

　　　　奉修法禁護諸戒，而以善言應對人。

　　　　爲菩薩者不懷結，觀於法師如世尊。

　　　　以能習此妙法者，菩薩歡悅意勇猛。

　　　　因此端正睹者欣，無數百人共瞻察。〔註179〕

　　祇夜於經文中，在性質上雖是重複述說偈頌之前長行的內容，但除了以詩句形式吟詠前文，以收記誦之效外；有時亦會補充說明長行所未詳論之處。例如《長阿含經》卷一〈大本經〉中，於長行中記載佛陀向其弟子們介紹毗婆尸菩薩初生時的

　　　　法界可說是眾生之心法，一切現象皆是法界（眞如）緣起。

〔註175〕指法身佛、報身佛、應身佛。

〔註176〕「般泥洹」是梵語的音譯，係指煩惱滅盡，臻於智慧具足的覺悟之境，亦即超越生死的涅槃境界，佛教以此爲終極實踐目標。

〔註177〕此偈頌見《長阿含經》卷一，（《大正》1・1c）。

〔註178〕見《長阿含經》卷一：「如是我聞，一時佛在舍衛國祇樹花林窟，與大比丘眾千二百五十人俱。時諸比丘於乞食後，集花林堂，各共議言：『諸賢比丘，唯無上尊爲最奇特，神通遠達，威力弘大，乃知過去無數諸佛，入於涅槃，……又知彼佛劫數多少、名號姓字、所生種族、其所飲食、壽命脩短、所更苦樂……』爾時世尊在閑靜處，天耳清淨，聞諸比丘作如是議，即從座起，詣花林堂，就座而坐，爾時世尊知而故問……」（《大正》1.1b～c）以上是偈頌前的長行內容。

〔註179〕此偈頌見《離垢施女經》（《大正》12・94c）。

種種事行：

> 太子初生，父王槃頭召集相師及諸道術，令觀太子，知其吉凶。
>
> 　時諸相師，受命而觀，即前披衣，見有具相，占曰：「有此相者，當趣二處，必然無疑。若在家者，當爲轉輪聖王，王四天下，四兵具足，以正法治，無有偏枉，恩及天下，七寶自至……〔註180〕」

　　長行中言及“七寶”，然並未言明爲何，其後的偈頌（祇夜），除了重複諷詠長行之內容外，亦補充說明了“七寶”爲何物：

> 百福太子生，相師之所記，如典記所載，趣二處無疑。
>
> 若其樂家者，當爲轉輪王，七寶難可獲，爲王寶自至。
>
> 眞金千幅具，周匝金輞持，轉能飛遍行，故名爲天輪。
>
> 善調七牙住，高廣白如雪，能善飛虛空，名第二象寶。
>
> 馬行周天下，朝去暮還食，朱髦孔雀咽，名爲第三寶。
>
> 清淨琉璃珠，光照一由旬，照夜明如畫，名爲第四寶。
>
> 色聲香味觸，無有與等者，諸女中第一，名爲第五寶。
>
> 獻王琉璃寶，珠玉及眾珍，歡喜而貢奉，名爲第六寶。
>
> 如轉輪王念，軍眾速來去，健疾如王意，名爲第七寶。〔註181〕

以上所舉之偈頌，就嚴格意義而言，皆可說是“祇夜”。祇夜在佛經偈頌數量中的成分頗多，大抵而言，多以五言或七言的詩歌形式表現之。

　　偈頌除了上述所說之作用外，有時亦普遍應用於行文中應答之偈語，例如劉宋求那跋陀羅所譯《央掘魔羅經》，其卷二中記載央掘魔羅與諸位佛陀弟子以偈問答之景，今舉其中一例，以見一斑：

> 爾時央掘魔羅，以偈問言：
>
> 　如來稱歎汝，持律中第一。云何善持律，速說決所疑。
>
> 爾時優波離，以偈答言：
>
> 　一切惡莫作，諸善悉奉行，方便修淨心，是則善持律。
>
> 爾時央掘魔羅，復說偈言：
>
> 　壞法毀禁戒，非律惡比丘。應當奪六物〔註182〕，一切資生具。
>
> 　逼迫加罰黜，方便令調伏。梵行所應用，斯非破戒物。

〔註180〕見《長阿含經》卷一，（《大正》1‧4c）。

〔註181〕見《長阿含經》卷一，（《大正》1‧5a）。

〔註182〕「六物」係指僧尼於日常中不可或缺的生活資具，爲佛制所允許的私蓄之物。即指三衣（大衣、上衣、中衣）一缽、數布坐臥之具、飲水所用之漉水囊。

譬如大國王，所寶護身刀，若在屠膾舍，法應強奪取，

帝王所珍器，不應屬惡人……不解善持律，無知宜默然。〔註183〕

經中藉由一問一答，以許多偈頌交織出央掘魔羅與諸位尊者討論佛教教義之情景，此類偈頌因無重覆諷誦偈前長行之內容，故可說是“伽陀”一類。

偈頌大多是與長行相間，以述說佛教教義的；然佛典中亦有些經本完全以偈頌型態呈現，而無任何長行穿插其間，例如《法句經》〔註184〕、《佛五百弟子自說本起經》〔註185〕、《文殊師利發願經》〔註186〕、《佛所行讚》〔註187〕等，此等佛典之原典應是皆以長篇詩歌所呈現，譯者翻譯時，一方面需考量貼近其原貌，一方面需兼顧中國地區所能接受之型態，故雜糅入當時中國詩歌所通行的所有的形式予以譯之。試舉《文殊師利發願經》為例，此經乃是描述文殊師利菩薩發願行種種身語意善行之菩薩道，全經完全以偈頌唱詠，茲錄之於下：

身口意清淨，除滅諸垢穢。一心恭敬禮，十方三世佛〔註188〕。

普賢願力故，悉睹見諸佛。一一如來所，一切剎塵禮。

於一微塵中，見一切諸佛。菩薩眾圍遶，法界塵亦然。

以眾妙音聲，宣揚諸最勝。無量功德海，不可得窮盡。

以普賢行力，無上眾供具。供養於十方，三世一切佛。

以妙香華鬘，種種諸伎樂，一切妙莊嚴，普供養諸佛。

我以貪恚癡，造一切惡行，身口意不善，悔過悉除滅。

一切眾生福，諸聲聞〔註189〕緣覺〔註190〕，菩薩〔註191〕及諸佛，功德悉隨喜。

〔註183〕見《央掘魔羅經》卷二，(《大正》2・527a)。

〔註184〕《法句經》現收錄於《大正藏》第四冊中，署名為吳國維祇難等人所譯，此經共分為39品，皆以偈頌形式（四言、五言或六言）呈現。

〔註185〕《佛五百弟子自說本起經》為西晉竺法護所譯，現收錄於《大正藏》第四冊中，此經共30品，皆以偈頌型態（五言或七言）呈現。

〔註186〕《文殊師利發願經》為東晉佛陀跋陀羅所譯，現收錄於《大正藏》第十冊中，全經皆以五言偈頌呈現（共176句）。

〔註187〕《佛所行讚》現收錄於《大正藏》第四冊中，署名為北涼曇無讖所譯，全經皆以五言偈頌呈現（共9113句）。

〔註188〕「十方」即四方、上下之總稱，「三世」即過去世、現在世、未來世。小乘佛教主張一世一佛；大乘佛教則主張十方（空間上）有無數世界及諸佛眾生，並普現於三世（時間上）。

〔註189〕「聲聞」係指聽聞佛陀教法而證悟者。

〔註190〕「緣覺」係指觀十二因緣，體悟證道者。

〔註191〕「菩薩」係指上求無上菩提，下化一切眾生，修六度萬行，自利利他具足者。

十方一切佛，初成等正覺〔註192〕，我今悉勸請，轉無上法輪。

示現涅槃者，合掌恭敬請，住一切塵劫，安樂諸群生。

我所集功德，迴向〔註193〕施眾生，究竟菩薩行，逮無上菩提。

悉供養過去，現在十方佛，願未來世尊，速成菩提道。

普莊嚴十方，一切諸佛刹，如來坐道場，菩薩眾充滿。

令十方眾生，除滅諸煩惱，深解眞實義，常得安樂住。

……盡未來際劫，究竟菩薩行。〔註194〕

此經本漢譯後，以五言的偈頌形式書寫，共計176句，讀來朗朗上口，淺顯易明。此類偈頌亦可稱爲"伽陀"，因其形式全部皆以偈文頌出教義，且偈前無長行。再舉一例，以示"伽陀"：北涼曇無讖所譯《大方等大集經》之第一品〈瓔珞品〉，其中有段偈頌是讚嘆佛陀身行的，且其內容並未重覆闡釋偈前長行之內容，茲將此偈頌及其前之長行皆錄於下：

爾時他化自在天王與他化自在天子，於其界次階上見佛，以天香花、微妙伎樂而供養之，以偈讚佛：

如戒而住寂靜地，修集無上三昧定〔註195〕，

其智無礙無有邊，我禮畢竟解脫者。

大慈大悲微妙語，眞實能知道非道，

勇健精進力無勝，我今敬禮無能動。

常能修集三解脫〔註196〕，無能稱讚盡其德，

〔註192〕「正覺」廣義來說係指眞正之覺悟，又作「等正覺」，證悟一切諸法者，即如來之實智，故成佛又稱"成正覺"。若就狹義而言，「正覺」係指釋迦牟尼於菩提樹下金剛座上覺悟緣起法，證得解脫而言。

〔註193〕「迴向」係指以自己所修之種種善根功德，迴轉給眾生，以求自己與他人皆同趨菩提涅槃。

〔註194〕見《文殊師利發願經》（《大正》10‧878c～879c）。

〔註195〕「三昧」是梵語之音譯，又作三摩地，意譯是指"等持"、"正定"等，故《般舟三昧經》云：「有"三昧"，名"定意"，菩薩常當守習持……」（《大正》13‧898b）；《慧印三昧經》中有一段文字，以「方法學」上的"雙非"（形容一個對象時，不正面肯定其爲什麼什麼，僅一味否定其不是什麼什麼），來形容佛入三昧定之狀態：「不可見不可得，如虛空不可知，無所住不可得，無吾無作，亦無來亦無去，亦非住亦非止，亦非偶亦非不偶，亦非身，亦非憂亦非喜，亦非心亦非不隨心，亦非行所語，亦不有是語空，亦非著」（《大正》15‧460c）。大抵而言，「三昧」即指修行時，使心止於一處（或一境），不令其散亂，保持專一、寧靜、平和等之安詳狀態，此等狀態即是開悟眞理、達到如來境界。此偈頌所言「三昧定」，乃是指佛陀已證智慧，故常處正定之中。

〔註196〕指能得解脫而達涅槃之三種修行法門，即：空門（指明白一切法皆無自性，皆由因

　　　　烏雖不同金烏飛，亦能任力而遊翔。

　　　　我今如烏任力讚，唯願哀愍受微歎，

　　　　不種不收其果實，不讚如來無解脫。

　　　　憐愍爲葉智慧花，三昧爲鬚解脫敷，

　　　　菩薩蜂王食甘露，我今禮佛法蓮花。

　　　　大悲智慧光圓滿，能破眾生無明闇，

　　　　其戒清淨眾樂見，我今敬禮佛法月。

　　　　其心平等如虛空，香塗割刺心無二，

　　　　能淨無量眾生垢，我今敬禮佛法河。〔註197〕

以上所引之七言偈頌爲讚佛偈。佛典之中此類讚佛偈極多，《持心梵天所問經》中，亦記載持心梵天以偈讚佛，漢譯爲四言一百六十句，茲亦將其錄之於下；這些偈頌皆是欲藉詠歎如來之美好，升起人們心中精進的菩提：

　　　　其妙音聲，所在通達，威德流聞，聞于十方。

　　　　在所國土，見諸最勝，一切諮嗟〔註198〕，大聖之行。

　　　　我處異土，清淨無垢，其界無有，惡趣〔註199〕之名。

　　　　尋而捨離，如斯佛土，佛濟大哀，故來到此。

　　　　佛之聖慧，無有損耗，一切如來，皆悉平等。

　　　　來今往古，降伏志性，將護如是，諸佛國土。

　　　　恢設異行，一切清淨，嚴修至戒，常尊梵行〔註200〕。

　　　　……唯爲解說，佛之要道〔註201〕。

另外，由表14中，我們發現漢譯偈頌的形式，雖近於詩，但卻不囿於一般我們所理解的詩。因其句數少則三句，多則千句以上者所在皆有；且除了四言偈頌、五言偈頌、七言偈頌，乃至九言偈頌等齊言偈頌外，亦有雜言，即不規則形式的偈頌，例如姚秦竺佛念所譯《出曜經》，經文中記載佛陀勉勵弟子們晝夜皆當各自精勤，遂說

　　　緣和合所生）、無相門（指離一切差別相而得自在）、無願門（指若無願求，則不造作生死之業，亦無果報之苦），詳見《瑜伽師地論》卷七十四。

〔註197〕見《大方等大集經》卷一〈瓔珞品〉（《大正》13‧2a）。

〔註198〕「諮嗟」爲感歎稱讚之用語。

〔註199〕「趣」之梵語爲 gati，有導趣、往到之意。「惡趣」係指因惡業所感，而趣往之處所，一般以地獄道、惡鬼道、畜生道等三趣，爲三惡趣。

〔註200〕「梵行」之義有多種，《大方等大集經》〈不眴菩薩品〉以修行八正道爲梵行，《大般涅槃經》〈梵行品〉以修行慈、悲、喜、捨等四無量心爲梵行。大抵而言，梵行即受持諸戒之清淨行爲。

〔註201〕見西晉竺法護所譯《持心梵天所問經》卷一（《大正》15‧2b～3a）。

此偈：

> 比丘謹慎樂，放逸多憂愆。戀諍小至大，積惡如火焚。
>
> 恚怒隆盛，冷水揚沸，惡至罪牽，受報無窮。
>
> 晝夜當精勤，牢持於禁戒，為善友所敬，惡友所不念。〔註202〕

此偈頌五、四言夾雜，並且重覆偈前長行之內容，故於性質上而言，可說是"祇夜"。
再如西晉竺法護所譯《義足經》，記載佛陀入城，聞死者親屬啼哭悲淚，遂以偈頌向
諸弟子開示生死緣起法：

> 是身命甚短，減百年亦死。雖有過百年，老從何離死？
>
> 坐可亦生憂，有愛從得常。愛憎悉當別，見是莫樂家。
>
> 死海無所不漂，宿所貪愛有我。慧願觀諦計是，是無我我無是。
>
> 是世樂如見夢，有識寤亦何見。有貪世悉亦爾，轉識滅亦何見。
>
> 聞是彼悉已去，善亦惡今不見。悉捨世到何所，識神去但名在。……
>
> 不相貪如蓮華，生在水水不汙。尊及世亦爾行，所聞見如未生。
>
> 〔註203〕

此偈頌先五言、再六言，其內容並未重覆長行之內容，於性質上而言，可說是"伽
陀"。此類不規則的偈頌形式，於六朝漢譯偈頌中，其數量不少，上舉二例僅示概
況，詳細情形請參照表14，附註欄中皆有註明各類形式及其頁數，以供參考。

　　本文所針對的並非禪門偈頌，而是漢譯佛經偈頌，亦即中國早期的偈頌。大抵
而言，早期的漢譯偈頌，其內容主要是對佛之功德的讚頌，抑或對佛教義理的演繹；
鎖定六朝漢譯偈頌的探討，其意義在於：藉由溯源的探析，徹底地瞭解佛經初傳入
漢地時，經中大量的偈頌與六朝詩歌之間的關係，並期能勾勒出二者之間的關聯性
及其真實輪廓。偈頌的體裁頗接近於詩，故以二者之關連性作一研究、比較，或可
瞭解佛教與中國文學間之互浸與互動。下一章擬由漢譯偈頌的文學特色切入，析其
形式、內容、文字等方面之特點，以求進一步瞭解六朝的漢譯偈頌。

〔註202〕見《出曜經》卷七（《大正》4・647b）。
〔註203〕見《義足經》卷上（《大正》4・179a），共40句。

第三章　六朝漢譯佛典偈頌之文學特色

　　此章重點在於分析六朝漢譯偈頌的文學特色，分別由其"形式"、"內容"及
"文字"三大方面著手，探析漢譯偈頌於此方面所展現之面向。以此作為探勘
六朝漢譯偈頌與中土詩歌，彼此間是否有所濡染、借鑑、影響之立論基礎。

第一節　多變不拘的形式

　　六朝時期的漢譯佛典偈頌，由表 14 的統計中，我們可看到為數眾多的"量"，
單就藝術形式而言，其對六朝詩歌之發展，應是有一定程度的刺激及影響。茲將六
朝漢譯偈頌的藝術形式綜括為下列幾個層面。

一、開拓了中國文學表現形式──齊散結合的新型態

　　漢譯偈頌可概分為"祇夜"與"伽陀"；而祇夜之性質即是重複宣說長行所言
之教義，長行為散文，祇夜為韻文，二者可說是一整體，此種齊散結合〔註 1〕的形
式，於中國文學史上，可說是首開先例，不僅豐富了既有的文體結構，亦影響了後
代文學。若將漢譯偈頌視為一特殊的文學體現，則單就其近於詩歌形式此點而言，
其於六朝之詩歌史上，應具有一定的時代意義。此類齊散結合的形式，於六朝的漢

〔註 1〕佛典中，偈頌與長行結合的形式，我們稱之為"齊散結合"，因為據表 14 中，我們
　　　　可發現偈頌的齊言形式佔極大的比例，而雜言的形式，則不若齊言廣泛普遍，故以
　　　　偈頌的大多數為主，稱為齊言；至於長行，則純粹為散文。故稱此種偈頌與長行結
　　　　合的表現，為齊散結合的形式。此外，孫昌武《佛教與中國文學》頁 247 中（台灣
　　　　東華書局，民國 78 年 12 月初版），將偈頌與長行結合的形式，稱為「韻散結合的形
　　　　式」，似有不妥。因為普查各偈頌後，發現偈頌押韻者幾無，故我們仍稱此種形式為
　　　　"齊散結合"。

譯佛經中，數量非常眾多，茲舉二例於下，以見一斑。

姚秦鳩摩羅什所譯《妙法蓮華經》中，有一段經文述說舍利弗請求佛陀開示甚深微妙法之經過；經文中先以長行敘述其事，其後之偈頌複重宣其內容含意：

> 爾時舍利弗重白佛言：「世尊，唯願說之，唯願說之，今此會中，如我等比百千萬億，世世已曾從佛受化，如此人等必能敬信，長夜安隱多所饒益。」
>
> 爾時舍利弗欲重宣此義，而說偈言：
>
> 　無上兩足尊，願說第一法，我爲佛長子，唯垂分別說，
>
> 　是會無量眾，能敬信此法，佛已曾世世，教化如是等，
>
> 　皆一心合掌，欲聽受佛語，我等千二百，及餘求佛者，
>
> 　願爲此眾故，唯垂分別說，是等聞此法，則生大歡喜。〔註2〕

由上例可看到偈頌之內容，與長行之內容一致無二，偈頌等於是重宣長行的涵義；此外，長行部份是以散文出之，而偈頌部份就明顯地是採齊言的詩歌形式，但這種齊言的部份並未押韻，所以，它和真正的詩歌，似又不完全相同，以此之故，我們稱這種一段散文、一段齊言的形式，爲「齊散結合」。再例如西晉聶承遠所譯《超日明三昧經》中記載，有一長者，向佛陀請教應如何修行，方能得至道慧？得攝佛土？茲將其長行與偈頌，節錄於下：

> 「積何等行，得至道慧？施行何法，得攝佛土？」佛言：「有一法行，而應道意。何謂一？心性調柔，等向一切，是爲一。」佛時頌曰：心性常調柔，志意不麤獷，平等攝一切，乃應菩薩行。〔註3〕

此類重宣長行的偈頌於經藏中仍有許多，不詳列舉。總體來說，其齊言部份（偈頌）與散文部份（長行），可說是一整體，二者之間是相互配合的，偈頌不僅有作爲「重宣」之作用，亦是對長行之義，進行更進一層的補充，使長行之涵義，更顯婉轉深入。

二、跨越中國本土既有的文體結構──長篇齊言的展現

在中國詩歌中，無論是古體詩或近體詩，篇幅渝越百句者，並不多見〔註4〕。然漢譯偈頌中，長篇巨製、形式雄偉、且文學渲染性極爲濃烈的例子，卻有許多。

〔註2〕見鳩摩羅什譯《妙法蓮華經》卷一（《大正》9・6c～7a）。

〔註3〕見西晉聶承遠譯《超日明三昧經》卷上（《大正》15・535a～b）。

〔註4〕中國詩歌中，如〈孔雀東南飛〉或蔡琰〈悲憤詩〉那般渝越百句者，實不多見。〈離騷〉可說是長篇作品（373句），然《楚辭》的文體屬性一直都不十分明確，如果我們承認《楚辭》是詩，那麼〈離騷〉無異是我國罕見的長篇詩歌，但假如不將《楚辭》視爲詩，那麼在〈孔雀東南飛〉及蔡琰〈悲憤詩〉出現之前，我國的確看不到長篇的詩歌。

例如《法句經》〔註5〕、《佛五百弟子自說本起經》〔註6〕、《文殊師利發願經》〔註7〕、《佛所行讚》〔註8〕等經，全經皆以偈頌形式呈現，毫無長行穿雜其間，少則逾百句，多則近萬句。

再例如後漢支讖所譯《般舟三昧經》，其中有七言偈頌，長至 188 句〔註9〕；吳國支謙所譯《菩薩本業經》，亦有一首四言偈頌，句數多達 540 句〔註10〕；西晉竺法護所譯《漸備一切智德經》，其中有一首五言偈頌，長至 336 句〔註11〕；竺法護所譯另一佛典《度世品經》，更有長達 888 句的五言偈頌〔註12〕，而其《賢劫經》中，亦有三言偈頌，長達 1052 句〔註13〕；而東晉佛陀跋陀羅所譯《達摩多羅禪經》，亦有長達 644 句的五言偈頌〔註14〕；姚秦鳩摩羅什所譯《十住經》中，亦有五言偈頌 360 句〔註15〕；另外，北魏菩提流支所譯《入楞伽經》中，亦有長達 1858 句的五言偈頌〔註16〕。由以上所舉的例子中，我們可以看出各時代均有長篇偈頌的翻譯〔註17〕，無論其原典為何，然漢譯之後所呈現的偈頌，並不僅止於四句一頌的基本形式，無論偈頌為幾言，皆不乏篇幅較長的表現情形，若將此點置於當代的詩歌史上去考量，則其時代意義，頗令吾人重視。

每一時代的文學表現，有其共相，亦有其別相，然相互浸染的可能性，應是可以想見的。試想：漢譯偈頌雖是近似詩歌的另一種呈現，然其假借於中國詩歌形式卻又超越於中國詩歌之限制，無異顯示了文學的時代共相面與別相面；而漢譯偈頌中，多面向的藝術表現，亦顯示出其文學性。在中國文學史上，漢譯偈頌的闕如，

〔註5〕《法句經》現收錄於《大正藏》第四冊中，署名為吳國維祇難等人所譯，此經共分為 39 品，皆以偈頌形式（四言、五言或六言）呈現，共計 3100 句。

〔註6〕《佛五百弟子自說本起經》為西晉竺法護所譯，現收錄於《大正藏》第四冊中，此經共 30 品，皆以偈頌型態（五言或七言）呈現，共計 2032 句。

〔註7〕《文殊師利發願經》為東晉佛陀跋陀羅所譯，現收錄於《大正藏》第十冊中，全經皆以五言偈頌呈現，共計 176 句。

〔註8〕《佛所行讚》現收錄於《大正藏》第四冊中，署名為北涼曇無讖所譯，全經皆以五言偈頌呈現，共計 9113 句。

〔註9〕見《般舟三昧經》卷中（《大正》13・911b～912b）。

〔註10〕見《菩薩本業經》（《大正》10・447b～449b）。

〔註11〕見《漸備一切智德經》卷五（《大正》10・495a～497a）。

〔註12〕見《度世品經》卷六（《大正》10・653c～658c）。

〔註13〕見竺法護所譯《賢劫經》卷六（《大正》14・46a～50a）。

〔註14〕見《達摩多羅禪經》卷上（《大正》15・310c～314b）。

〔註15〕見《十住經》卷四（《大正》10・533a～535a）。

〔註16〕見《入楞伽經》卷九（《大正》16・565b～576a）。

〔註17〕以上所舉數例，僅是眾多長篇偈頌中的一隅，詳細情形可參閱表14，茲將東漢至六朝各偈頌形式及其所屬頁數，全列於附註欄中，以供參考。

實值吾人爲其添加扉頁。

三、修辭上描述技巧之運用與講求
──譬喻、象徵、排比、夸飾、寫實等

　　漢譯偈頌的藝術表現，亦可就其修辭方面來探究。雖然偈頌之內容，皆是闡述佛教對人生及宇宙萬象之看法，然其表現形式確是相應於印度民族深富想像力的特性：藉由各種不同修辭技巧的表現，於佛典中，我們可看到漢譯偈頌豐富的文學延展性及渲染力。畢竟，譯經者本於傳教的需求，除了沿用中國舊有之文體，以達傳教之效外，亦應用各種修辭技巧將原典中的意義，發揮殆盡，以求深入信徒心中。且中國早期譯經者，大多爲朝廷建寺院供奉，敕其譯經，而佛教初始時，亦是流傳於上層社會中（其後方上行下效，普及於民間），故譯者於譯經文句上之修辭講究，亦是可推測的。茲將漢譯偈頌中較廣泛採用的修辭表現，分爲五部份，概述於下。

（一）譬　喻

　　在佛典中，有許多譬喻性〔註18〕言辭，這些譬喻性言辭自是有其寓意。當佛陀向眾生說法時，爲求所說之事理能啓迪人心，達到教化眾生心靈之目的，逐將佛教對宇宙人生世象的看法，化爲生動的譬喻，藉由這些譬喻性的言辭或故事，引導人們明白世象的眞諦。故姚秦鳩摩羅什所譯《妙法蓮華經》，其卷二記載：「諸佛世尊，以種種因緣，譬喻言辭，方便說法，皆爲阿耨多羅三藐三菩提〔註19〕耶，是諸所說皆爲化菩薩故……諸有智者，以譬喻得解」〔註20〕。

　　例如《妙法蓮華經》中，佛陀爲向舍利弗說明如何度化眾生脫離三界〔註21〕苦宅的方便法門，逐以一火燒長者大宅的故事作爲譬喻。其偈頌如下：

〔註18〕據黃慶萱《修辭學》所言：「譬喻是一種『借彼喻此』的修辭法，凡二件或二件以上的事物中有類似之點，說話作文時運用『那』有類似點的事物來比方說明『這』件事物的，就叫譬喻。它的理論架構，是建立在心理學『類化作用』的基礎上──利用舊經驗引起新經驗。」（頁227，台北市：三民書局，民國81年9月，增定六版）。另可參王夢鷗《文學概論》第十四章〈譬喻的基本型〉（頁139，台北市：藝文印書館，民國78年8月三版）。

〔註19〕「阿耨多羅三藐三菩提」乃是梵語之音譯，又音譯爲菩提，意譯乃指「覺」、「智」、「道」。在佛教中，所謂菩提是指斷絕世間煩惱而成就涅槃的究竟智慧，故又譯作無上等正覺。

〔註20〕見《妙法蓮華經》卷二（《大正》9‧12b）。

〔註21〕「三界」是佛教用語，意指欲界、色界、無色界。三界乃眾生於生滅流轉中，依其境界所區分的分類，雖有優劣、苦樂的差別，但皆爲迷界，故佛陀說：「三界無安，猶如火宅，眾苦充滿，甚可怖畏」。

譬如長者，有一大宅，其宅久故，而復頓弊，堂舍高危，

柱根催朽，梁棟傾斜，……，有五百人，止住其中，……

其後舍宅，忽然火起，四面一時，其炎俱熾，棟梁椽柱，

爆聲震裂，……，是時宅主，在門外立，聞有人言，汝諸子等，

先因遊戲，來入此宅，稚小無知，歡娛樂著，長者聞已，

驚入火宅，方宜救濟，令無燒害，告喻諸子，說眾患難，……

諸子無知，雖聞父誨，由故樂著，嬉戲不已，是時長者，

而作是念，諸子如此，益我愁惱，今此舍宅，無一可樂，

而諸子等，耽湎嬉戲，不受我教，將爲火害，即便思惟，

設諸方便，告諸子等，我有種種，珍玩之具，妙寶好車，

羊車鹿車，大牛之車，今在門外，汝等出來，我爲汝等，

造作此車，隨意所樂，可以遊戲，諸子聞說，如此諸車，

即時奔競，馳走而出，到於空地，離諸苦難，……

告舍利弗，我亦如是，眾聖中尊，世間之父。一切眾生，

皆是吾子，深著世樂，無有慧心。三界無安，猶如火宅，

眾苦充滿，甚可怖畏，常有生老，病死憂患，如是等火，

熾然不息。如來已離，三界火宅，寂然閒居，安處林野，

今此三界，皆是我有，其中眾生，悉是吾子，而今此處，

多諸患難，唯我一人，能爲救護，雖復教詔，而不信受，

於諸欲染，貪著深故，以是方便，爲說三乘〔註22〕，令諸眾生，

知三界苦，開示演說，出世間道。……〔註23〕

　　此偈頌中，長者即喻佛陀；而長者的諸多孩子，乃是喻世間眾生；火宅則意謂三界之苦；長者之子於火宅中兀自耽溺於嬉戲，不聽受其父對他們的制止，乃是類化比擬沈溺於世間五欲財利的眾生們，總是對佛陀殷勤慈悲的教誨置之腦後，聽若罔聞。

　　長者爲救諸子脫離火海，遂生一方便計：向諸子們宣說門外有種種奇珍異寶及可供遊戲的羊車、鹿車、牛車等。諸子們歡喜其父所言，紛紛競奔而出火宅。此即譬喻佛陀爲救度眾生脫離如火宅之三界，遂以種種方便法門引導眾生，各依眾生根器引導其適合之修行法門，羊車即喻"聲聞乘"，鹿車即喻"辟支佛乘"，而牛車乃喻"大乘"（菩薩乘），車子的類別主要是比喻諸修行者度化眾生之心願的大小，

〔註22〕在《妙法蓮華經》中，「三乘」乃是指聲聞乘、緣覺乘（辟支佛乘）、菩薩乘（大乘佛教強調菩薩乘的度己度人）。

〔註23〕見《妙法蓮華經》卷二（《大正》9・13c～15a）。

故言：「初說三乘，引導眾生，然後但以大乘而度脫之」〔註24〕。再如西晉竺法護所譯《修行道地經》，以各種譬喻言辭說明修道者的證得神通：

> 譬如明鏡及虛空，霖雨已除日晴朗，
> 有淨眼人住高山，從上視下無不見，
> 又觀城郭及國邑。其修行者亦如是，
> 覩見世間及禽獸、地獄惡鬼眾生處。〔註25〕

此處將修行者證得天眼，悉見諸方三惡處的情形；以明眼人住於山頂，觀視山下城郭郡縣、聚落人民皆悉清楚的情形來譬喻之。再如其譬喻修行者證得天耳：

> 如夜眾庶皆眠寐，一人起上七重樓，
> 靜心而聽一切人，妓樂歌舞之音聲。
> 其修道者亦如是，天耳徹聞諸音聲。

此處說明證得天耳者，心本寂靜，一切諸音皆悉聽聞。好比夜闌人靜時，有一人獨上七重樓，秉息傾聽諸聲，則一切人語、或遠方妓樂歌舞聲，皆可聽到。

再如竺法所譯《正法華經》中，以一譬喻故事敷演出佛陀教化眾生的慈心。其譬喻故事，情節生動，結構井然，茲將之錄於下：

> 譬如長者，而有一子，興起如愚，亦不闇冥。自捨其父，
> 行詣他國，志於殊域，仁賢百千。於時長者，愁憂念之，
> 然後而聞，即自逆走，遊于十方；意常悒慼，父子隔別，
> 二三十年，與人戀訟，欲得其子。便詣異土，入于大城，
> 則於彼止，立於屋宅，具足嚴辦，五樂之欲，無數紫金，
> 及諸珍寶，奇異財業，明珠碧玉，象馬車乘，甚為眾多，
> ……………奴僕僮使，不可計數。嚴辦眾事，億千百類，
> 又得王意，威若國主，一城民庶，委敬自歸，諸郡種人，
> 遠皆戴仰。若干種業，因從求索，興造既多，不可計限。
> 勢富如是，啼哭淚出：「吾既朽老，志力衰變，心誨思想，
> 欲得見子，夙夜追念，情不去懷！聞子之問，意增煩惋，
> 捨我別來，二三十年：吾之所有，財業廣大，假當壽終，
> 無所委付」。計彼長者，其子愚濁，貧窮困厄，常求衣食，
> 遊諸郡縣，恒多思想，周旋汲汲，慕係齒口，征營馳邁，
> 栽自供活，或時有獲，或無所得，纏滯他鄉，亦懷悒慼，

〔註24〕同前揭書（《大正》9·13c）。
〔註25〕見《修行道地經》卷三（《大正》15·200b）。

志性褊促，……，到父所居，槃桓入出，復求衣食。

稍稍得進，至于家君，遙見勢富，極大長者，在於門前，

坐師子床，無數侍衛，眷屬圍繞；出入財產，及所施與，

若干人眾：營從立侍，或有計校；金銀珍寶，或合簿書，

…………，于時窮子，見之如此，倚住路側，觀所云爲，

自惟我身：何爲至此？斯將帝王，若王太子，得無爲之，

所牽逼迫，不如捨去，修己所務：思慮是已，尋欲逃逝，

世無敬貧，喜窮士者。是時長者，處師子座，遙見其子，

心密踊躍，尋遣侍者，追而止之，呼彼窮子，使還相見，

侍者受教，追及宣告，錄召令還。即怖僻地，心竊自惟：

得無被害？曷爲見執？何所求索？大富長者，見之起強〔註26〕，

憐傷斯子，爲下劣極，亦不覩信，彼是我父，又復懷疑，

不審財寶。其人〔註27〕慰喻，具解語之：「有紫磨金，積聚於此，

當以供仁，爲飲食具，典攝眾計，役業侍使。吾有眾寶，

蘊積腐敗，委在糞壤，不見飾用，子便多取，以爲質本〔註28〕，

蓄財殷廣，無散用者」其人聞告，如是教敕，則尋往詣，

奉宣施行。受長者教，不敢違命，即入家中，止頓正〔註29〕領。

爾時長者，遙從天窗，詳觀察之，知何所爲。雖是吾子，

下劣底極，唯曉計算、調御車耳。即從樓觀，來下到地，

便〔註30〕還去衣，垢污之服。則便往詣，到其子所，敕之促起，

修所當爲，則當與卿。……，以食相給，及床臥具，

騎乘所乏，於時復爲，娉索妻婦。敕黠長者，以此漸教，

子汝當應，分部之業。吾愛子故，心無所疑，漸漸稍令，

入在家中，貫作治生，所入難計：所空缺處，皆使盈溢；

步步所行，鞭杖加人：珍琦異寶，明珠流離〔註31〕，都皆收檢，

內于帑藏：一切所有，能悉計校，普悉思惟；財產利誼，

爲愚騃子，別作小庫，與父不同，在於外處。于時窮士，

〔註26〕注云：「起強＝僵仆」（《大正》9．82a）。
〔註27〕注云：「人＝父」（《大正》9．82a）。
〔註28〕注云：「質本＝資本」（《大正》9．82a）。
〔註29〕注云：「正＝整」（《大正》9．82a）。
〔註30〕注云：「便＝使」（《大正》9．82a）。
〔註31〕注云：「流離＝琉璃」（《大正》9．82a）。

心自念言：人無有此，如我庫者。時父即知，志性所念，
其人自謂：得無極勢。即便召還，而親親之，欲得許付，
所有財賄，而告知曰：「今我一切，無數財寶，生活資貨，
聚會大眾，在國王前、長者梵志、君子等類，使人告令，
遠近大小。今是我子，捨我逃走，在於他國，梁昌求食，
窮厄困極，今乃來歸。與之別離，二三十年，今至此國，
乃得相見。在於某城，而亡失之，於此求索，自然來至。
我之財物，無所乏少，今悉現在，於斯完具，一切皆以，
持用相與，卿當執御，父之基業。」其人尋歡，得未曾有：
「我本貧窮，所在不詣。父時知余，爲下劣極，得諸帑藏，
今日乃安」。……〔註32〕

此偈頌以極爲生動的譬喻故事呈現，通篇四言，文字白話，使人易曉。故事中說明
有一長者，財多勢大，然其子幼稚無識，捨父流浪於各處，經歷二、三十年，飽受
飢餓病纏。長者日夜憂子，縈掛於懷，遂外出尋求，後因倦疲，遂止於一城，造立
宅邸，極盡華麗。其子流浪至此，見房宅雄偉，以爲長者乃國王，未識長者乃其父。
長者識出窮子，呼人喚之，然其子以爲富者欲加害他，反而益加畏懼。長者遂心生
一計，以主僕身份雇用之，其子果然心生歡喜，留於宅邸服務。日復一日，長者漸
次爲其子添購各項所需，使其漸習，待其心量廣大，不若往昔愚騃，再將實情告知，
並將財富皆付與之。此時長者子，方明己之愚昧。文中之長者乃譬喻佛陀；而長者
之子，乃喻愚癡眾生；而廣大無盡的財物，乃喻"大乘"；分次給予其子之財富，
則喻"小乘"〔註33〕。

　　"譬喻"言辭或故事，於漢譯偈頌中，實爲繁多，以上僅爲冰山一角，然亦可
藉以見其概況。

（二）象　徵

　　在漢譯偈頌中，有時亦會「使用具體的意象以表達抽象的觀念」〔註34〕。例如
《大方廣佛華嚴經》中，爲將大乘佛教中"諸佛菩薩悉遍於一切"的理念廣宣於眾
生，遂將此一抽象的概念，以"微塵"、"毛孔"來呈現：

〔註32〕見《正法華經》卷三（《大正》9‧81b～82b）。
〔註33〕前揭書，卷三云：「大雄導師，教化我等，觀見下劣，樂喜小乘，度脫我輩，使得安
　　　　穩，並復授決，當成佛道。」（《大正》9‧82b）。
〔註34〕見黃慶萱《修辭學》頁337。

　　△佛身充滿諸法界，普現一切眾生前，

　　　應受化器悉充滿，佛故處此菩提樹。

　　　一切佛剎微塵等，爾所佛坐一毛孔，

　　　皆有無量菩薩眾，各為具說普賢行。

　　　無量剎海處一毛，悉坐菩提蓮華座，

　　　遍滿一切諸法界，一切毛孔自在現。〔註35〕

　　△悉見十方一切佛，清淨身行功德海，

　　　能於一一微塵中，普皆示現一切剎。

　　　一切十方佛世界，無量微塵諸劫數，

　　　常見普賢真佛子，無量三昧方便行。〔註36〕

　　△於一微塵中，無量佛說法，隨眾生心相，演說於妙義。〔註37〕

　　△十方微塵數，尚可得計量，一毛孔光明，不可得窮盡，

　　　各見有佛身，以三十二相，八十好莊嚴，轉無上法輪，

　　　或見佛種種，為眾而說法。或見在兜率，教化於諸天，

　　　或見從兜率，來下處胞胎，……變化一切身，週遍諸世界。〔註38〕

　　　於彼一一毛道中，有不可說淨佛剎，

　　　以不可說莊嚴具，莊嚴彼彼諸佛剎。

　　　於彼一一毛道中，演出名身不可說，

　　　於彼一一諸名身，廣宣無量諸佛名。〔註39〕

"微塵"、"毛孔"皆為細小的象徵，而"遍於一切"的概念確是含有無量廣大的意涵，二者之間豈非南轅北轍？然佛家將此二種相反的意象結合為一，卻巧妙地說明了"諸佛菩薩悉遍於一切"的抽象觀念——於兜率天，有佛於此教化諸天；於道場上，有佛善轉法輪，度化眾生；於一微塵、毛孔中，亦有諸佛演說妙義，如此豈非將佛週遍於世界的概念敷演而出？——此種美學上的表現，亦若《莊子》書中所云："道"在螻蟻，亦在稊稗〔註40〕。

　　另外，"蓮花"在佛教中為一清淨無染的代表，常於佛典中用來象徵佛法的圓

〔註35〕見東晉佛馱跋陀羅所譯《大方廣佛華嚴經》，卷三（《大正》9‧408a）。

〔註36〕前揭書，卷三（《大正》9‧408c）。

〔註37〕前揭書，卷廿六（《大正》9‧570c）。

〔註38〕前揭書，卷廿七（《大正》9‧571b）。

〔註39〕前揭書，卷廿九（《大正》9‧587a）。

〔註40〕見黃錦鋐註釋《新譯莊子讀本》〈知北遊〉，頁256，台北市：三民，民國83年3月，12版。

滿，或讚歎身語意的清淨無垢〔註41〕，例如西晉竺法護所譯《海龍王經》中，有偈頌言：

> 清淨之人無塵埃，講說經法無數千，
>
> 譬如蓮華無著水，不猗世法亦如是。〔註42〕

此處雖是以蓮花來"譬喻"修行清淨者；然亦是將蓮花於佛教中的"象徵意象"加以結合運用。

（三）排　比

　　漢譯偈頌中，用結構相同的句法，反覆描述出同一性質、範圍的意象，使句法"結構相似"的呈現出堆疊之美，此即「排比」〔註43〕。例如《長阿含經》中，佛陀以一偈頌描述「十二因緣」，其中有言：

> 如是思惟已，觸由六入生：觸本由何緣，因何而有觸？
>
> 如是思惟已，觸由六入生：六入本何緣，因何有六入？
>
> 如是思惟已，六入名色生：名色本何緣，因何有名色？
>
> 如是思惟已，名色從識生：識本由何緣，因何而有識？
>
> 如是思惟已，知識從行生：行本由何緣，因何而有行？……
>
> 若觸永滅者，則亦無有受：若受永滅者，則亦無有愛。
>
> 若愛永滅者，則亦無有取：若取永滅者，則亦無有有。
>
> 若有永滅者，則亦無有生：若生永滅者，無老病苦陰。〔註44〕

此偈頌既應用了「排比」的句法，亦應用了「類疊」、「層遞」的修辭技巧，使整首偈頌讀來朗朗上口，不但具有音韻上的美感，亦利於記誦。另外，《妙法蓮華經》〈普門品〉中，亦有一偈頌充分展現了排比的句型，茲擷取其中一段於下：

> 或漂流巨海，龍魚諸鬼難，念彼觀音力，波浪不能沒。
>
> 或在須彌峰，爲人所推墮，念彼觀音力，如日虛空住。
>
> 或被惡人逐，墮落金剛山，念彼觀音力，不能損一毛。
>
> 或值怨賊繞，各執刀加害，念彼觀音力，咸即起慈心。
>
> 或遭王難苦，臨刑欲壽終，念彼觀音力，刀尋斷斷壞。
>
> 或囚禁枷鎖，手足被杻械，念彼觀音力，釋然得解脫。〔註45〕

〔註41〕見郭乃彰《印度佛教蓮花紋飾之探討》頁4，佛光出版，民國79年9月初版。

〔註42〕見《海龍王經》卷二（《大正》15‧142b）。

〔註43〕見黃慶萱《修辭學》頁469：「用結構相似的句法，接二連三地表現出同範圍同性質的意象，叫做排比」。

〔註44〕見後秦佛陀耶舍共竺佛念所譯《長阿含經》卷一（《大正》1‧7c～8a）。

此段偈頌主要是說明觀音菩薩耳根通圓，聞聲皆予相救的悲心願行。偈頌中連用五個"或"字、五個"念彼觀音力"，以排比的修辭技巧，予人迴環雜沓、氣勢雄闊之感。再如《大方廣佛華嚴經》中，亦有許多運用排比技巧的偈頌，例如：

> 於彼一一毛孔中，出生異色不可說；
>
> 於彼一一異色中，放妙光明不可說；
>
> 於彼一一光明中，出寶蓮華不可說；
>
> 於彼一一寶蓮華，各有寶葉不可說；
>
> 於彼一一寶蓮葉，有微妙色不可說；
>
> 於彼一一妙色中，出生蓮華不可說；
>
> 於彼一一蓮華中，各放光明不可說；
>
> 於彼一一光明中，出生淨月不可說；
>
> 於彼一一諸月中，復出淨月不可說；
>
> 於彼一一淨月中，出淨光明不可說；
>
> 於彼一一光明中，出不可說明淨日；
>
> 於彼一一諸日中，出不可說淨妙色；
>
> 於彼一一妙色中，出不可說淨光明；
>
> 於彼淨妙光明中，出不可說師子座；
>
> 不可言說莊嚴具，出不可說淨光明；
>
> 於彼一一光明中，出不可說異妙色；
>
> 於彼一一妙色中，出不可說明淨寶；
>
> 於彼一一明淨寶，出不可說不可說。〔註46〕

此偈頌以排比句型，構築出佛教中"不可言說"、"不可思議"的境界。其基本句型概為：連以"於彼一一□□中，□□□□不可說"為第一循環，再以"於彼一一□□中，出不可說□□□"為第二循環續之。這種迴還反沓的結構，呈顯出修辭上的堆疊之美。

除了以上所引偈頌，佛典中尚有許多運用排比修辭技巧的偈頌，加以此類偈頌多以長篇出之，故亦予人迴環雜沓、氣勢雄闊之感。

（四）夸　飾

在佛典中，誇張鋪陳的描述手法，屢見不鮮。此點不僅是宗教上為求吸引信徒

〔註45〕見姚秦鳩摩羅什所譯《妙法蓮華經》卷七（《大正》9・57c～58a）。

〔註46〕見東晉佛馱跋陀羅所譯《大方廣佛華嚴經》，卷廿九（《大正》9・587a）。

之需求所致，亦是大乘佛典中特有的藝術特色。大乘佛典中，有許多美麗的長篇偈頌，既重鋪陳、堆疊，亦深富夸飾的表現手法。例如北周闍那耶舍所譯《大乘同性經》中，描述佛陀說法時，大地與江海皆為之震動，一切世間穢暗面皆充滿無量清淨的金光，大地之間綻放出無量百千的蓮花，精妙莊嚴的圍繞於其四周：

> 世間希有今是何？顯現如是大世尊？
>
> 驚怪未曾有斯法，今於此事生疑惑。
>
> 震動大地并巨海，或有安住淨世界。
>
> 開敷清淨金光網，除滅世間一切闇。
>
> 蓮華百千無有邊，復有雜花妙寶樹。……〔註47〕

此偈頌的夸飾技巧顯而易見，然其大地震動、巨海搖盪、普綻蓮花、世間皆大放光明的景象，亦予人美麗奇異之感。

再如西晉竺法護所譯《普曜經》中，以偈頌描述菩薩威神之力，舉象如扔石般輕而易舉：

> 手執大白象，已死身至重，擲棄於城外，離塹極大遠。……〔註48〕

此是描述調達（人名）為顯示其奇技，乃以右手牽象頭、左手持象鼻，捏殺大象於頃刻之間；時菩薩來到，因見象身肥大，臭爛普熏城內，遂發慈悲心以右手接擲置於城外。此種描述，可見出佛典中的"夸飾"筆法。又如《大方廣佛華嚴經》〈入法界品〉中：

> 一一毛孔中，普現最勝海；佛處如來座，菩薩眾圍遶。
>
> 一一毛孔中，無量諸佛海；道場處華座，轉淨妙法輪。
>
> 一一毛孔中，一切剎塵等；最勝跏趺坐，演說普賢行。〔註49〕

此偈頌展現出如來遍於一切的意境，故由一細微的毛孔中，能普現出無量無盡的海、能普現出諸菩薩圍繞如來聆聽妙法的場面、能普現出一切山河世界。就蘊含意義而言，此種描述演示了佛法的廣大殊妙；就修辭技巧而言，夸飾的筆法烘托出奇異宏偉的畫面，使此世界圖像既具神話色彩，亦透顯出深妙的意趣。

（五）寫　實

漢譯偈頌除了上述的表現手法外，尚有許多採寫實雕縷的畫面，使偈頌呈現栩栩如生之圖貌。例如，大乘佛教所構築的彼岸世界圖像，便是極盡彩繪描摹之能事，

〔註47〕見《大乘同性經》卷下（《大正》16・647c）。

〔註48〕見西晉竺法護所譯《普曜經》卷三（《大正》3・501a）。

〔註49〕見東晉佛馱跋陀羅《大方廣佛華嚴經》卷四十五（《大正》9・683c）。

試看北周闍那耶舍所譯《大乘同性經》中所云：

> 大山及諸河，須彌海悉無；以琉璃爲地，清淨平如掌。
>
> 諸寶雜色樹，精妙普樂見。……………………
>
> 多種雜寶座，有諸菩薩坐，威光如百日，眾相莊嚴身。
>
> 無量諸池邊，周匝摩尼寶，八分功德水，清淨盈滿中。
>
> 百千種蓮華，莊嚴陂池鼇，廣大如車輪，展轉倍於前。
>
> 復有堅牢座，一切寶所成，百千億千天，天眾悉端嚴，
>
> 奏諸微妙音，讚歎及歌詠，如來神力故，出此眾妙聲。〔註50〕

文中以琉璃爲大地，以金沙鋪撒於深廣水池，而水池中化出無數種美麗的蓮花，群樹上結滿了奇珍異寶，空氣之中飄散著美妙而悅耳的音樂，使人彷若於眼前見著仙境般。再如《妙法蓮華經》中，以偈頌描寫一長者擁有的華麗寶車，亦以寫實筆法勾勒出寶車之美：

> 以眾寶物，造諸大車，莊校嚴飾，周匝欄楯，四面懸鈴，
>
> 金繩交絡，眞珠羅網，張施其上，金華諸瓔，處處垂下，
>
> 眾綵雜飾，周匝圍繞。〔註51〕

此偈頌以工筆刻畫的描繪技巧，將寶車四周懸掛鈴鐺，隨風清搖之模樣，及種種綵帶圍繞周邊、珍珠羅網裝飾於車頂的景象，皆細緻入微地刻畫出來，呈現出色彩斑斕的美麗畫面。

此外，漢譯偈頌中，亦有許多描畫人物面貌及身姿的圖像，使人讀之彷若實見其人般。所描畫之對象，有人間之女人，亦有佛、菩薩、天人等。例如《佛所行讚》中，以偈頌將宮女淫惑太子的模樣，以極寫實的手法，刻畫而出：

> 太子入園林，眾女來奉迎，並生希遇想，競媚進幽誠，
>
> 各競伎姿態，供侍隨所宜，或有執手足，或遍摩其身，
>
> 或復對言笑，或現憂感容，規以悅太子，令生愛樂心。
>
> ………………歌舞或言笑，揚眉露白齒，美目相眴睞，
>
> 輕衣現素身，妖搖而徐步，…………………………
>
> 太子在園林，圍繞亦如是。或爲整衣服；或爲洗手足；
>
> 或以香塗身；或以華嚴飾；或爲貫瓔珞；或有扶抱身；
>
> 或爲安枕席；或傾身密語；或世俗調戲；或說眾欲事；
>
> 或作諸欲形；規以動其心。〔註52〕

〔註50〕見《大乘同性經》卷下（《大正》16‧647a〜b）。

〔註51〕見姚秦鳩摩羅什所譯《妙法蓮華經》（《大正》9‧14c）。

此處以白描而露骨的文字，呈現出眾宮女的競展媚態，其"或遍摩其身"、"輕衣現素身"、"或有扶抱身"、"或為安枕席"、"或說眾欲事"、"或作諸欲形"等，可說是極盡肉慾寫實之畫面。另外，偈頌中亦有許多描摹佛陀容貌身形的篇章，茲舉竺法護所譯《離垢施女經》中之讚佛偈為例，以見一斑：

> 頭髮紺青色，淨好而右旋，如水百葉蓮，猶月滿盛明。
> 白毛眉中迴，猶如雪之光。勝眼如青蓮，若蜂中之王。
> 人中尊師子，脣像若赤朱。眉睫甚細妙，平正而善姝。
> 廣長舌覆面，乃至於髮際；其教清和悅，充可智者意。
> 其聲如鐘鼓，箜篌笳笛聲，其音和且雅，猶如琴瑟箏，
> 哀鸞真陀樂，⋯⋯⋯⋯⋯⋯言辭無慢恣，形體甚奇妙。
> ⋯⋯⋯⋯⋯⋯勝臂過於膝。其掌正且均，手指纖長好。
> 巍巍身堅固，寶容若紫金。佛體顯如日，遠現悉聞音。
> 毛軟亦紺色，一一生上（一作右）旋。⋯⋯⋯⋯⋯⋯⋯
> 而膝平薄好。安平足如畫，於下生相輪。⋯⋯〔註53〕

偈頌中，細緻詳實地描繪出佛陀容貌、音聲、乃至肉體各局部，可說是極為入微的寫實筆法。

四、結構自由不拘一式

由表14總括而言，東漢至六朝的漢譯偈頌，於形式結構上是多變而無規律的。例如，有三言所組成的偈頌，亦有由四言、五言、六言、七言、八言、九言等所組成的偈頌，而除了齊言偈頌之外，雜言的偈頌形式亦所在多有〔註54〕。是知漢譯偈頌於句數上並無一定規則可循，少則二句，多則上千句；且奇偶數皆有，例如同樣是四言偈頌，有時是四句〔註55〕（偶數句），有時為九句〔註56〕（奇數句）。

但大抵而言，以五言偈頌為數最多，由東漢至南北朝皆有。例如東漢安世高所譯《五陰譬喻經》，即有五言偈頌28句者〔註57〕；東漢支讖所譯《般舟三昧經》，

〔註52〕見《佛所行讚》單行本，卷一〈離欲品〉，頁21～22。
〔註53〕見《離垢施女經》（《大正》12‧90c～91a）。
〔註54〕請參見文後附錄表14。
〔註55〕例如姚秦佛陀耶舍所譯《虛空藏菩薩經》中，有四句為一首的四言偈頌：「四聖義諦，智者應觀，若解了者，能離生死。」（《大正》13‧654b）。
〔註56〕例如孫吳支謙所譯《義足經》中，有九句為一首的四言偈頌：「不用是寶，取可自給。最後說偈，意遠欲樂。家母大王，身羸老年；念欲報母，與金錢干，令得自供。」（《大正》4‧175c）。
〔註57〕見《五陰譬喻經》（《大正》2‧501b～c）。

亦有五言偈頌 24 句三首〔註 58〕；東漢支曜所譯《成具光明經》，亦有五言偈頌多首，如 12 句、16 句、24 句、40 句〔註 59〕等；孫吳支謙所譯《慧印三昧經》亦有五言偈頌 120 句〔註 60〕；西晉竺法護所譯《持心梵天所問經》，亦有五言偈頌 320 句〔註 61〕；東晉佛陀跋陀羅所譯《文殊師利發願經》，全經皆以五言偈頌呈現，共 176 句〔註 62〕，而其《達摩多羅禪經》，亦大多徑以五言偈頌呈現，長行穿插者極少，例如第八品即有五言偈頌 644 句〔註 63〕；而北方姚秦鳩摩羅什所譯之《大莊嚴論經》，書中凡偈頌幾乎皆以五言呈現，數目極多〔註 64〕；而《大正藏》中署名北涼曇無讖所譯之《佛所行讚》，全經亦皆以五言偈頌呈現，多達九千多句〔註 65〕；北魏菩提流支所譯《入楞伽經》，經中偈頌亦皆五言，各種句數皆有〔註 66〕；及至劉宋求那跋陀羅所譯《楞伽阿跋多羅寶經》亦有五言偈頌 363 句〔註 67〕，其所譯《雜阿含經》中，亦極多五言偈頌〔註 68〕。

　　七言偈頌之數量亦不少，例如東漢支讖所譯《般舟三昧經》，即有多首七言偈頌，其句數亦不一，有 8 句者，亦有 12 句、22 句、24 句、32 句等，乃至 188 句之長偈頌亦有〔註 69〕；而孫吳支謙所譯《太子瑞應本起經》亦有七言偈頌 66 句〔註 70〕；西晉竺法護所譯諸經中亦多有首七言偈頌〔註 71〕。此時期的七言偈頌，有短小如四句者，亦有篇幅冗長逾百句者，其敘述說理亦侃侃而出，文學表現上顯示出一定程

〔註 58〕見《般舟三昧經》（《大正》13・910b～c；917c）。按：以分號隔開表示不連頁，以下同之，不再贅述。
〔註 59〕見《成具光明經》（《大正》15・458a；456b；455b；454c）。
〔註 60〕見《慧印三昧經》（《大正》15・462a～c）。
〔註 61〕見《持心梵天所問經》（《大正》15・22a～23c）。
〔註 62〕見《文殊師利發願經》（《大正》10・878c～879c）。
〔註 63〕見《達摩多羅禪經》（《大正》15・310c～314b）。
〔註 64〕參見表 14 中該經附註。
〔註 65〕《佛所行讚》於梁代《出三藏記集》卷二中，並未登錄為曇無讖所譯，《房錄》卷九始錄此經為曇無讖譯。故鎌田茂雄認為此經非曇無讖所譯（《中國佛教通史》第三卷頁 40）。另，小野玄妙謂此經非曇無讖所譯，而是東晉至劉宋時代的寶雲（A.D.376～449）所譯：「此五卷本確為寶雲所譯，觀其翻譯與文章，亦與寶雲相稱」（《佛教經典總論》頁 85）。有關此經偈頌詳細情形，可參閱表 14 該經附註。
〔註 66〕參見表 14 中該經附註。
〔註 67〕見《楞伽阿跋多羅寶經》（《大正》16・480c～482b）。
〔註 68〕參見表 14 中該經附註。
〔註 69〕見《般舟三昧經》（《大正》13・900c～919b）。亦可參見表 14 中該經附註。
〔註 70〕見《太子瑞應本起經》卷上（《大正》3・477b～c）。
〔註 71〕例如《生經》卷一至卷三（《大正》3・71a～90c）；《離垢施女經》（《大正》12・94c～96a）；《修行道地經》卷一至卷七（《大正》15・182a～230b）。此外，不及備載者，請參見表 14 中該經附註。

度的成熟，例如：

> 其心清淨行無穢，神通無極大變化，
>
> 已過諸礙超眾智，光明除冥去垢塵，
>
> 智慧無量心普解，佛天中天鵾鴨音，
>
> 一切外道莫能動，何緣而笑出妙光，
>
> 願正真覺爲解說，慈愍一切眾生尊，
>
> 若有聞佛柔濡音，解釋達聖化俗行。
>
> 世尊所感非唐舉，眾聖導師不妄笑，
>
> 今者誰當在決中，世雄願爲解此意，
>
> 今日誰住道德堅，誰當逮得興妙行，
>
> 誰今受得深法藏，無上道德眾所歸，
>
> 今日誰當愍世間，誰當奉受是法教，
>
> 誰堅立於佛智慧，世尊願爲解說之。〔註72〕

這首偈頌的內容，乃是佛弟子阿難讚歎佛陀身行，並請問其爲何而微笑的緣由，可說是首「讚佛偈」。雖然在內容上是歌頌佛教，並偏重於說理，與中國詩歌重抒情的特色有所區隔；然就遣辭用語上觀之，字裡行間皆蘊含佛教思想，於吟誦上亦音韻自然，無詰屈聱牙之感，是知其在文學表現上已具一定的成熟度。

在中國詩歌裡，漢魏六朝的詩，都是古詩的體製。古詩於句式上，是無一定長短的，大都視內容決定長短，且無嚴格的平仄規定，用韻上亦較近體詩爲自由，只求聲調自然、音韻和諧即可。若就此點來看，漢譯偈頌不講求平仄、字數、韻腳的特點，與古詩確實有其相近處；然漢譯偈頌中動輒百句以上，篇幅巨長的形式特色〔註73〕，確是中國詩歌形式上不常見之景象。

外國譯經僧至中國翻譯佛典時，爲求使所譯經典深入人心，達到傳教的目的，在翻譯"伽陀"或"祇夜"時，必會以當時已普遍流行於中國的詩歌形式，去詮釋、翻譯所持原典中（或所默誦經文中）詩歌之部分，由此看來，中國五、七言詩歌的流行，似應在東漢以前即已存在，因東漢所譯佛典中已有許多五言、七言的偈頌形式。

〔註72〕見東漢支讖所譯《般舟三昧經》卷中（《大正》13·911a～b）。

〔註73〕漢譯偈頌中之言數、句數，我們皆整理於表14各經附註欄中。由表中，我們可得知漢譯偈頌結構實爲自由，短小體制者亦有；百句以上的偈頌篇幅，亦所在多有。

第二節　豐富多端的內容

　　漢魏六朝的漢譯偈頌，於形式上而言，幾近於"詩"，然由於體製上與傳統中國詩歌的定義有其差異性，故在中國詩歌史上，並未將之納入詩歌的範疇。但偈頌在翻譯原典中，本就是詩歌的體製〔註74〕，故翻譯時，方會就地取材，以中國現有的詩歌形式套用之，故漢譯偈頌與中國詩歌間的關連性，有其微妙相通處，亦有其絕然相異面。不可諱言地，漢譯偈頌獨特的描述方式與內容，對中國詩歌之影響，無論是形式上、內容上，確有其一定程度的刺激與啓發；例如東晉慧遠法師、謝靈運等於詩歌中普遍將佛理交織其間的作法，乃至唐代寒山、拾得「以偈爲詩」的創作手法，這些都是不容忽視的現實面。另外，漢譯偈頌於內容上敘事說理的典型特色，亦是中國詩歌中普遍缺乏的面向，二者之間於時間上出現的孰先孰後，亦是值得我們探討的重點，此點擬於第五章再行探究，此先不贅。

　　故若將漢譯偈頌視爲一種特殊體製的"詩體"，與中國詩歌所呈現的內容相比較，則漢魏六朝偈頌的內容，實是當時中國詩歌中前所未見的。業師李立信先生在其論文〈論偈頌對我國詩歌所產生之影響——以孔雀東南飛爲例〉中，曾將漢代偈頌之內容分類爲：說理、勵志、告誡、敘事等四種類型〔註75〕；茲依李師所劃分之類型，將六朝偈頌的內容，亦概括爲此四個部份，另外，在整理六朝偈頌之過程中，擬再增"讚頌"、"宣誓"二部份，現依序說明此六部份於下。

一、說　理

　　六朝漢譯偈頌中，議論說理性可說是一典型，畢竟，佛典主要是將佛教的思想觀念，具體明確地述說而出，使人們能清楚地依此教義，融入日常生活中，洗滌染愛爲本的人生。故不獨六朝漢譯偈頌的說理性強，即便唐代漢譯偈頌亦如是。

　　說理型的六朝漢譯偈頌，主要是將佛教對宇宙人生的看法，具體、直接的闡釋出來，將教義蘊含於偈頌的字裡行間，藉由韻文的流順悠揚，達到以少字收攝眾義的目的。此外，「說理」性偈頌又可概分爲二部份：1. 純說佛理 2.一般說理。所謂「純說佛理」者，係指偈頌中，所陳述的內容，主要在於說明佛教義理，故其"說

〔註74〕慧皎《高僧傳・鳩摩羅什傳》記載，鳩摩羅什曾云：「天竺國俗，甚重文製，其宮商體韻，以入弦爲善。凡覲國王，必有讚德。見佛之儀，以歌歎爲貴，經中偈頌，皆其式也。」（頁53）由上得知偈頌是可"入弦"歌唱，著重於音韻精妙，具有"宮商"之美的詩歌體製。

〔註75〕此論文收錄於中國古典文學研究會主編之《文學與佛學關係》頁47～73，台北市：台灣學生，民國83年7月，初版。

理”氣氛特爲濃厚；而「一般佛理」者，係指偈頌中，將佛理藉由日常化例子托出，雖亦屬說理，然較無「純說佛理」者那般盡是佛學名相。茲說明於下。

（一）純說佛理：

此種例子，於佛典偈頌中，不勝枚舉。例如：

> 一切有爲法〔註76〕，如夢幻泡影，如露亦如電，應作如是觀〔註77〕。

此偈頌以夢幻、閃電、朝露等，譬喻世間一切皆爲有爲法，以昭告世人“人生無常”，“緣起性空”的道理。再如《修行道地經》中，以「五陰」〔註78〕說明“無常”：

> 五陰常屬空，依倚行羸弱，因緣而合成，展轉相恃怙，
>
> 起滅無有常，興衰如浮雲，身心想念怙，如是悉敗壞〔註79〕。

此偈頌說明人之身心乃是由“五陰”和合而成，故五陰乃是人之所以成立的“條件”，此即佛教所說的“因緣和合”。而一旦這些條件（五陰）改變，身心亦隨之變化，故云「起滅無有常，興衰如浮雲」。再如《諸法無行經》中，有一說理偈頌，甚富禪意：

> 貪欲是涅槃，恚癡亦如是，如此三事中，有無量佛道。
>
> 若有人分別，貪欲瞋恚癡，是人去佛遠，譬如天與地。
>
> 菩提與貪欲，是一而非二，皆入一法門，平等無有異。
>
> 凡夫聞怖畏，去佛道甚遠；貪欲不生滅，不能令心惱。
>
> 若人有“我”心，及有得見者，是人爲貪欲，將入於地獄。
>
> 貪欲之實性，即是佛法性；佛法之實性，亦是貪欲性。
>
> 是二法一相，所謂是無相。若能如是知，則爲世間導。
>
> 若有人分別，是持戒毀戒，以持戒狂故，輕蔑於他人，
>
> 是人無菩提，亦無有佛法。……〔註80〕

此偈頌前有長行，爲佛陀所敘述之故事，甚令人莞爾。故事內容說明有一比丘名喜根，「不壞威儀、不捨世法」，於眾人前說法時，並不稱讚「少欲知足、細行、獨處」

〔註76〕據《俱舍論》卷五記載，「有爲法」爲佛教用語，泛指由因緣和合所造作之現象。佛教的世界觀，認爲萬有皆是相互聯繫、依存的，此即“緣起法”，亦即佛教所謂的“因緣造作”，而因緣的特徵，即是生滅變化，瞬息萬變。

〔註77〕見姚秦鳩摩羅什所譯《金剛般若波羅蜜經》（《大正》8‧752b）。

〔註78〕「五陰」爲佛教名相，又作「五蘊」、「五聚」。佛教將一切有爲法，大別爲五種類別，即：色蘊、受蘊、想蘊、行蘊、識蘊，認爲一切有爲法皆爲此五蘊暫時和合，故皆非實體，如《般若波羅蜜多心經》所云：「五蘊皆空」。

〔註79〕見西晉竺法護所譯《修行道地經》卷六（《大正》15‧220a）。

〔註80〕見姚秦鳩摩羅什所譯《諸法無行經》卷下（《大正》15‧759c）。

者，但教眾人"諸法實相"〔註81〕，並說「一切法性，即貪欲之性；貪欲性即是諸法性；瞋恚性即是諸法性；愚癡性即是諸法性」〔註82〕。而有另一比丘名勝意，此比丘持守禁戒，善護細行。某日，勝意比丘入一聚落乞食，誤至喜根比丘弟子家。勝意比丘入室敷座而坐後，遂向居士稱讚少欲知足、善護細行、遠眾獨處之好，又於居士前述說喜根法師過失，認為喜根但以邪見教化眾生，是雜行者。此時，居士問勝意比丘：「大德，您知道"貪欲"為何"法"嗎？」勝意言：「我知道貪欲是煩惱。」又問：「大德，"煩惱"在內？在外？」又答：「不在內，亦不在外。」居士又問：「若果貪欲不在內、不在外，不在東西南北、上下十方，即表示為"無生"，若為無生，為何還分別是"垢"是"淨"？」此時勝意比丘從座離去，並謂人：「喜根法師以妄語法，多惑眾人」。佛陀藉此故事，開導眾生應學"音聲法門"，若不學音聲法門，則「於聖道音聲則喜，於凡夫音聲則礙；……於樂音聲則喜，於苦音聲則礙；……於出家音聲則喜，於在家音聲則礙；……於出世間音聲則喜，於世間音聲則礙」〔註83〕。並說明「婬欲非障礙；瞋恚非障礙；愚癡非障礙；一切法非障礙」〔註84〕，而勝意比丘執著於分別障礙，並輕蔑異於己者，自貴而賤人，乃是背離佛法。上引偈頌即喜根比丘於眾僧前所頌，說明諸法實相亦皆無相〔註85〕，是一而非二的道理，勸人莫執著於排斥貪欲瞋恚癡，否則又落入另一種執著；應於諸法之中，體悟一切皆是菩提道法因緣。

（二）一般說理：

　　一般說理者，常將佛理展現於較生活化的例子中，例如北涼釋道龔所譯《寶梁經》，其中有偈頌云：

> 心求利養，口言知足。邪命求利，常無快樂；
>
> 其心多姦，欺誑一切，如此之心，都不清淨。〔註86〕

引文中說明奸邪求利者，其心不安，常無清淨之樂。再如《修行道地經》中，有偈

〔註81〕諸法，乃世間與出世間之一切萬法；實相，乃真實之體相、平等不變之理。《大智度論》卷十八認為，究竟之諸法實相即「般若波羅密」，亦即達於言語道斷、心行處滅。詳參《佛光大辭典》第七冊，頁6305〈諸法實相〉一條。

〔註82〕上引之文，皆見《諸法無行經》卷下（《大正》15‧759a）。

〔註83〕前揭書（《大正》15‧759b～c）。

〔註84〕前揭書（《大正》15‧759c）。

〔註85〕諸法無相乃指一切現象界（一切萬法）皆是因緣假和合而生，實無固定不滅之相，既無任何固定之相存在，即無自性可言，僅有剎那生滅之不斷相續狀態而已。

〔註86〕見北涼釋道龔所譯《寶梁經》，此經即《大寶積經》中44號《寶梁聚會》。（《大正》11‧641b）。

頌敘述心口合一之人，人天皆喜：

　　　　其語常柔和，順從言可人。言行而相副，心身不傷人。

　　　　譬如好花樹，成實亦甘美。〔註87〕

此偈頌說明心行合一者，語言柔順不違心，身所不欲、不加於人，言念皆善，彷若好樹之花色鮮麗，果實亦美。再如《大薩遮尼乾子所說經》，有偈頌云：

　　　　自妻不生足，好婬他婦女，是人無慚愧，常被世訶責。

　　　　現在未來世，受苦及打縛，捨身生地獄，受苦無常樂。〔註88〕

此偈頌主要說明一婆羅門，多於淫欲、常侵他人妻，現在及未來，皆將為一切人天所責，墮生地獄〔註89〕，藉以勸誡世人，勿行此事。再如《正法念處經》中，有偈頌云：

　　　　若人心柔軟，悲心自莊嚴，為一切所護，眾人所稱歎，

　　　　如是柔軟心，諸根常悅預，此正見善人，去涅槃不遠。

　　　　若悲心莊嚴，則為人中天。若人無悲心，是則常貧窮。〔註90〕

佛教常欲人心性調柔，常懷悲慈心，利益眾生，若能如此，則一切諸佛菩薩乃至天人，皆共護持。心性慈柔者，其諸根常愉悅，悲心願行，亦使其外貌身行，呈顯莊嚴。

二、勵　志

　　六朝漢譯偈頌中，勵志類型的偈頌亦很多。大抵而言，佛典主要是記載佛陀所說的教理或其弟子所闡釋的教義，故偈頌中侃侃說理者有之；而砥勵嘉勉，宣說佛法殊妙，以勵修行者信心者，亦所在多有。例如：

　　　　布施得豪富，緣是則果報。持戒生天上，緣是則果報〔註91〕。

此偈頌以"富有"、"生天"的果報，勉勵眾生廣行"布施"、"持戒"的善妙功德。再如《中阿含經》中：

　　　　觀此福之報，妙善多饒益。比丘我在昔，七年修慈心，

　　　　七反成敗劫，不來還此世。世間敗壞時，生於晃昱天，

　　　　世間轉成時，生於梵天中。在梵為大梵，千生自在天，……

　　　　財穀具足滿，成就七寶珍，因此大福祐，所生得自在。

〔註87〕見西晉竺法護所譯《修行道地經》卷二（《大正》15・193c）。
〔註88〕見元魏菩提流支所譯《大薩遮尼乾子所說經》卷五（《大正》9・340a）。
〔註89〕偈頌前長行所言，見前揭書，頁同。
〔註90〕見元魏瞿曇般若流支所譯《正法念處經》卷六十一（《大正》17・360b～c）。
〔註91〕見西晉竺法護所譯《須真天子經》卷一（《大正》15・99c）。

　　　　諸佛御於世，彼佛之所説，知此甚奇特，見神通不少，

　　　　誰知而不信，如是生於冥。是故當自爲，欲求大福祐，

　　　　當恭敬於法，常念佛法律。〔註92〕

此偈頌是佛陀向眾比丘說明「是何業果、爲何業報，令我今日有大如意足？」〔註93〕
的緣由，勉勵眾弟子們當精勤學佛，植種種善根，必得妙善福祐。

　　再如姚秦鳩摩羅什所譯《大寶積經》之《富樓那會》，其中有偈頌云：

　　　　菩薩以上妙，供養上智塔，花香及幡蓋，以求上智慧

　　　　以此功德緣，受身常端正，饒財多寶珍，眷屬具成就，

　　　　必定於菩提，常安住於法，在在所生處，更得轉高增，

　　　　諸王所恭敬，天龍神常念，一切諸眾生，亦皆共恭敬。

　　　　若人供養佛，現在若滅後，所生得供養，常在無難處。〔註94〕

此偈頌說明若以香花、幡蓋等，敬心供養諸佛塔寺，則能因此因緣，具足一切功德：
所生相好、饒財多寶、常住於法、天人護祐、爲眾所欽。再如北涼曇無讖所譯《大
方等大集經》中：

　　　　若有眾生無量世，親近善友聽正法，

　　　　聞已即得大福德，常受妙樂如先佛，

　　　　一切諸魔不得短，諸根調伏行樂處，

　　　　能以方便壞四魔，如法而住行佛界。

　　　　若行如是菩提道，即得菩提爲人說，

　　　　能渡眾生生死海，能破一切大邪見，

　　　　即得無上相好等，成就十力四無畏，

　　　　能知眾生煩惱行，能壞一切諸有道。……〔註95〕

此偈頌旨在勉勵眾生多親近善知識（善友），聽聞正法，薰習無上菩提心；若能如是
修行，則六根調伏，煩惱斷滅，成就佛道。並勉勵眾生若能將菩提之道廣爲人說，
度脫眾生脫離生死苦海，則能成就無上莊嚴相好等。

三、勸　誡

　　相較於「勵志」型的漢譯偈頌而言，「勸誡」型的漢譯偈頌，除了仍闡釋"善有

〔註92〕見東晉瞿曇僧伽提婆《中阿含經》卷34〈大品福經〉（《大正》1．646b～c）。

〔註93〕同前揭書（《大正》1．646b）。

〔註94〕見姚秦鳩摩羅什所譯《大寶積經》之《富樓那會》（又稱《菩薩藏經》）卷77（《大正》
　　　　11．442c～443a）。

〔註95〕見北涼曇無讖所譯《大方等大集經》卷九〈海慧菩薩品〉（《大正》13．55b）。

善報"之因果論外，主要是以"惡有惡報"爲描述重點。例如《出曜經》中：

> 比丘謹慎樂，放逸多憂愆，戀諍小至大，積惡入火焚。
>
> 恚怒隆盛，冷水揚沸，惡至罪牢，受報無窮。
>
> 晝夜當精勤，牢持於禁戒，爲善友所念，惡友所不念。〔註96〕

此偈頌乃是佛陀勉勵督促比丘們，修行應精勤，並謹慎持戒，切勿貪於放逸，積累種種惡行，否則一旦因緣成熟，所受業報無窮。再如東晉法顯所譯《大般泥洹經》中：

> 若無放逸，是處不死。若其放逸，是爲死徑。
>
> 無放逸者，得不死處；若放逸者，常處生死。〔註97〕

此偈頌旨在勸誡修行者應時時謹戒"放逸"將導致的惡果；若能身語意常隨佛法、身心勿放逸，則能度越生死大海，而至涅槃。

再如元魏瞿曇般若流支所譯《正法念處經》，其中有偈頌云：

> 暴風鳥急飛，其行甚速疾；一切眾生命，速疾過於此。
>
> 風行或迴旋，鳥去時有返；命根既壞已，則無有還期。
>
> 以業速盡故，速到於死時，必定離天處，愚者不覺知。
>
> 大力不可遮，極惡憎眾生，死王甚勇健，必定須臾至。
>
> 天多行放逸，爲樂之所誑，不覺必當得，無量大苦惱。
>
> 一切法無常，畢定當破壞，諸有法如是，是最可怖畏。……
>
> 無量境界樂，此樂皆無常，本作業盡故，必當歸磨滅。〔註98〕

此偈頌是說明一切天眾，皆有福報業盡之時，當其往生天界前所修之善業消磨殆盡時，則命根殞滅，出離天界，其速疾於暴風鳥急飛。然諸天（天人）大多因天界種種美好享樂，而忘卻修行善業，猶如愚者不覺知。故佛陀勸誡道：「無量境界樂，此樂皆無常，本作業盡故，必當歸磨滅。」即是此意。

四、敘　事

佛典，主要是書寫、傳遞佛陀對世間眾生離苦得樂的諸種言行教化，而其中的偈頌亦是發揮、延續此一目的。在六朝漢譯偈頌中，可以得知，佛陀或其弟子宣傳教義時，並不祇以說教述理的方式開導眾生，亦有將教義化爲敘事性色彩，如故事畫面般引人入勝的例子；故於六朝偈頌中，以譬喻烘托出教理，以敘

〔註96〕見姚秦竺佛念所譯《出曜經》卷七（《大正》4．647b）。
〔註97〕見《大般泥洹經》卷五〈鳥喻品〉（《大正》12．889c）。
〔註98〕見《正法念處經》卷五十六（《大正》17．330c～331a）。

事述說佛教宇宙人生觀或佛陀一生事蹟的例子，實為眾多。敘事性的偈頌，大多是以長篇展現，藝術技巧上以鋪敘的手法，娓娓流瀉出生動畫面，佛典中此類型的偈頌，琳瑯滿目，茲舉《佛所行讚》為例，此經皆以五言偈頌述說佛陀由出生至涅槃的種種事蹟，共計 9113 句，茲擷取經中〈離欲品〉的一部份文字於下，以見一斑：

太子入園林，眾女來奉迎，並生希遇想，競媚進幽誠，
各競伎姿態，供侍隨所宜，或有執手足，或遍摩其身，
或復對言笑，或現憂感容，規以悅太子，令生愛樂心。
眾女見太子，光顏狀天身，不假諸飾好，素體踰莊嚴，
一切皆瞻仰，謂月天子來，種種設方便，不動菩薩心，
更互相顧視，報愧寂無言。有婆羅門子，名曰優陀夷，
謂諸婇女言，汝等悉端正，聰明多技術，色力亦不常，
兼解諸世間，隱祕隨欲方，容色世稀有，狀如王女形，
天見捨妃后，神仙為之傾，如何人王子，不能感其情？
今此王太子，持心雖堅固，清淨德純備，不勝女人力。
古昔孫陀利，能壞大仙人，令習於愛欲，以足蹈其頂，
常苦行瞿曇，亦為天后壞，勝渠仙人子，習欲隨淙流。
毘尸婆梵仙，修道十千歲，深著於天后，一日頓破壞。
如彼諸美女，力勝諸梵行，況汝等技術，不能感王子，
當更勤方便，勿令絕王嗣。女人性雖賤，尊榮隨勝天，
何不盡其術，令彼生染心？爾時婇女眾，慶聞優陀說，
增其踊悅心，如鞭策良馬，往到太子前，各進種種術，
歌舞或言笑，揚眉露白齒，美目相眄睞，輕衣現素身，
妖搖而徐步，詐親漸習近，情欲實其心，兼奉大王旨，
慢形媟隱陋，忘其慚愧情。太子心堅固，傲然不改容，
猶如大龍象，群象眾圍遶，不能亂其心，處眾若閒居。
猶如天帝釋，諸天女圍繞；太子在園林，圍繞亦如是。
或為整衣服；或為洗手足；或以香塗身；或以華嚴飾；
或為貫瓔珞；或有扶抱身；或為安枕席；或傾身密語；
或世俗調戲；或說眾欲事；或作諸欲形；規以動其心。
菩薩心清淨，堅固難可轉，聞諸婇女說，不憂亦不喜，
倍生厭思惟，嘆此為奇怪，使知諸女人，欲心盛如是，
不知少壯色，俄頃老死壞，哀哉此大惑，愚癡覆其心，

> 當思老病死，晝夜勤勗勵，鋒刃臨其頸，如何猶嬉戲，
> 見他老病死，不知自觀察？是則泥木人，當有何心慮！
> 如空野雙樹，華葉俱茂盛，一已被斬伐，第二不知怖，
> 此等諸人輩，無心亦如是。爾時優陀夷，來至太子所，
> 見宴默禪思，心無五欲想，即白太子言，大王先見敕，
> 爲子作良友，今當奉誠言，朋友有三種，能除不饒益，
> 成人饒益事，遭難不遺棄，……〔註99〕

此偈頌以敘事手法，描述佛陀未出家前，身爲宮中太子，其父王爲使其斷絕出家意念，遂派遣諸位容貌姣好、身姿妖嬈的婇女，隨侍左右，欲令太子沈迷歡愛，傳承子嗣。偈頌中，以順敘法將諸位婇女媚惑太子的種種言行，平鋪直敘的歌詠而出，用字白描而琢鍊，場景描摹細緻，眼前彷若展開一幅眾婇女爭先以美貌身段蠱惑太子心靈的生動畫面。而太子的不爲所動，又與此畫面形成一強烈對比。故此偈頌雖是闡釋佛陀深觀世間苦樂，欲出家學道的主旨，然因故事結構完整，且語言豐富，辭采遒麗，情節跌宕起伏，富高度戲劇化，而使此偈頌成爲一優秀的藝術作品。在六朝時，名士們幾乎人人共讀《佛所行讚》〔註100〕。陳寅恪亦譽爲"梵語佛教文學中第一作品"。

再如竺法護所譯《佛五百弟子自說本起經》，全經皆以偈頌形式呈現，敘事性甚爲濃厚，主要在敘述佛陀弟子修道證道之過程。茲舉其中〈迦耶品〉以示：

> 昔爲賣香者，既獲香賣之。有一童女人，來到香肆上，
> 容貌端正好，見彼趣我所，適捉與調戲，欲意察著之，
> 身亦不犯觸，亦不與合會，唯但執其臂，爲嬈他女人，
> 用是過惡故，壽中墮地獄。來得還人身，右臂自然枯，
> 如是五百世，所生處皆然，右臂常枯槁，苦痛甚不便，
> 仁者識念是，作罪薄少耳，獲殃甚眾多，善惡不可離。
> 值見等正覺，捨家爲沙門，已得阿羅漢，清涼入滅度。
> 仁者吾於是，有神足自在，於今一右臂，不如左臂便。

〔註99〕見《佛所行讚》單行本，〈離欲品〉第四，頁21～23，覺苑出版，民國73年。此經於《房錄》卷九、《內典錄》卷三、《開元錄》卷四，皆載此經爲馬鳴撰作，曇無讖譯，而現所見最早經錄《祐錄》，其卷二之曇無讖譯經目錄中，並未載此經，故有學者認爲此經非曇無讖譯，例如鎌田茂雄等，而小野玄妙亦就此經譯語，認爲此經應爲劉宋寶雲所譯。

〔註100〕梁啓超〈印度與中國文化親屬之關係〉（轉引自劉大杰《中國文學發展史》頁228，台北：華正，民國80年7月版）。

假使有男子，喜犯他人者，壽中墮地獄，苦痛甚酷毒。〔註101〕

再如竺法護所譯《正法華經》中記載，佛陀向弟子敘述於往古時，有一大通眾慧如來，成佛及轉法輪的過程，其偈頌云：

> 昔有大通，眾慧導師，適坐道場，於佛樹下，其佛定處，
> 具十中劫，尚未得成，究竟道誼。諸天龍神，阿須倫等，
> 普發精進，供養最勝，雨諸天華，紛紛如降，用散等覺，
> 人中之導。於虛空中，暢發雷震，而以進貢。上尊大聖，
> 最勝在彼，行甚勤苦，所行久長，成無上道，專精思惟，
> 於十中劫，乃成正覺，大通眾慧。諸天人民，億百千
> 一切眾生，歡喜踊躍。彼佛本有，諸子十六，皆順稟受，
> 人中道化，眾庶之類，億百千，眷屬圍繞，造兩足尊，
> 前稽首禮，師長聖尊，懃勤啟諫：「願說經典，勇猛師子，
> 講未聞者，飽滿我等，及世人民。」十六荒域，及此世界，
> 久遠空墟，大聖乃興；梵天宮殿，恒然大明，現眾瑞應，
> 悉分別說。〔註102〕

此偈頌描述"大通眾慧如來"於往昔未成佛時，坐於樹下，體不傾倚，亦無雜念，歷經多劫，身亦不搖，然仍未成正覺。及至滿十中劫，終於成佛；時諸梵天皆普雨香花，散於佛身，虛空之中，亦有眾伎作種種樂音，宛如雷震。此大通如來未出家前，為一國太子，有十六子，此十六王子，聽聞其父成就正覺，皆棄國求道，奔赴其前，欲請轉輪；國中諸眷屬亦皆環繞其旁，勸請說法；而一切梵天宮殿，亦因大通眾慧如來成道之故，普現光明暉曜。

再如《妙法蓮華經》中，彌勒菩薩向文殊菩薩說道：

> 我住於此，見聞若斯，及千億事，如是眾多，今當略說：
> 我見彼土，恒沙菩薩，種種因緣，而求佛道，或有行施，
> 金銀珊瑚、眞珠摩尼、車渠馬瑙、金剛諸珍、奴婢車乘，
> 寶飾輦輿，歡喜布施，迴向佛道，願得是乘，三界第一，
> 諸佛所歎。或有菩薩，駟馬寶車，欄楯華蓋，軒飾布施。
> 復見菩薩，身肉手足，及妻子施，求無上道。又見菩薩，
> 頭目身體，欣樂施與，求佛智慧。文殊師利，我見諸王，
> 往詣佛所，問無上道，便捨樂土，宮殿臣妾，剃除鬚髮，

〔註101〕見西晉竺法護所譯《佛五百弟子自說本起經》〈迦耶品〉（《大正》4‧195a～b）。
〔註102〕見西晉竺法護所譯《正法華經》卷四（《大正》9‧93a）。

而被法服。或見菩薩，而作比丘，獨處閑靜，樂誦經典。

又見菩薩，勇猛精進，入於深山，思惟佛道。又見離欲，

常處空閑，深修禪定，得五神通。又見菩薩，安禪合掌，

以千萬偈，讚諸法王。……〔註103〕

此偈頌淺白流暢，將眾生虔誠供養佛陀、修行佛法等種種情形鋪陳而出，與上三首皆可說是典型的敘事性偈頌。

五、讚　頌

六朝漢譯偈頌中，有許多偈頌專門著重於讚歎佛陀偉大莊嚴的身行或歌頌佛法廣度眾生的，其形式大多是先以長行敘述，再以偈頌重複敷演；因其偈頌前多以"而讚曰"、"而頌曰"作為引子，故概稱此類偈頌為"讚頌型"，亦可稱此類偈頌為"讚佛偈"。例如竺法護所譯《海龍王經》中：

身相三十二，天人所恭敬，無善神奉宗，稽首人中上。

光如百葉華，猶若月盛明，清淨德超異，稽首施安隱。

顏容殊妙好，百福功德相，德慧度無極，稽首於導師。

施與調順上，積於清淨戒，忍辱力最勝，稽首世之上。

過於精進力，禪定思清淨，智慧如虛空，稽首以自歸。

行慈以等心，修哀攝眾生，喜心導御眾，常護度彼岸。

妙音如哀鸞，所說踰梵聲，其響甚柔軟，願以稽首禮。

降伏於魔怨，其力無等倫，遵修願道法，三處所奉持。

淨除於三垢，講說三脫門，其名聞三千，是故稽首禮。……

我嗟歎導師，於德度無極，所以諸嗟福，願後如世尊。〔註104〕

此首五言偈頌通篇讚佛，說明佛具足三十二莊嚴相，為天人所共欽。每四句一組，前三句皆讚歎佛之諸德，第四句則表明向佛的心聲。再如北涼曇無讖所譯《金光明經》中：

如來之身，金色微妙，其明照耀，如金山王，

身淨柔軟，如金蓮華。無量妙相，以自莊嚴，

隨形之好，光飾其體，淨絜無比，如紫金山。

圓足無垢，如淨滿月，其音清徹，妙如梵聲，

師子吼聲，大雷震聲。六種清淨，微妙音聲，

〔註103〕見姚秦鳩摩羅什所譯《妙法蓮華經》卷一（《大正》9・3a）。

〔註104〕見西晉竺法護所譯《海龍王經》卷四（《大正》15・152b～c）。

迦陵頻伽，孔雀之聲，清淨無垢，威德具足，

百福相好，莊嚴其身，光明遠照，……〔註105〕

此首四言偈頌，亦是以種種讚歎之詞歌詠佛陀身行：佛陀金身晃耀；身淨柔軟；妙相莊嚴；音聲清澈如梵聲；轉輪說法時，普被一切，聲震如雷。其中的「迦陵頻伽」是印度傳說中居於天界的好聲鳥，此偈頌便以此種具有美妙音聲且會演說佛法的迦陵頻伽鳥來形容佛陀。又，梁代曼陀羅仙共僧伽婆羅所譯《大乘寶雲經》，亦有讚佛偈：

託生林苑世奇特，清淨無污無等等，

願禮虛空等相故，我等故來到此國。

於道樹下成等覺，破碎一切眾魔怨，

願禮無比具威神，我等故來到此國。

眾中轉于妙法輪，說法如幻水中月，

願禮微妙如意樹，我等故來到此國。

了知世間如夢等，種種色像如火輪，

願禮不動福慧聚，我等故來到此國。

於無量劫修雙行，福慧成滿由大悲，

願禮清淨滿月面，我等故來到此國。

無量人天菩薩眾，恭敬供養稽首禮，

願禮除暗踰日光，我等故來到此國。

累劫苦行獲法珍，慈悲不吝施群品，

願禮自利利他者，我等故來到此國。

心淨寂滅慈悲薰，塵勞不污如蓮華，

願禮無量功德聚，我等故來到此國。

無為本性非生滅，神通道力現三相，

願禮自在不思議，我等故來到此國。

分明相好莊嚴身，救護世間所歸仰，

願禮寶樹無量枝，我等並齎供養具。〔註106〕

此首七言偈頌，亦是讚歎佛陀身行具足種種殊妙功德，並表明讚歎者皈依佛陀的心志。此偈頌運用排比技巧，四句一組，每隔二句即托出「願禮□□□□□，我等故來到此國」，亦即願禮"虛空等相故"、"無比具威神"、"不動福慧聚"、"清淨滿月面"等諸德之佛陀，是以來至此；末句「我等並齎供養具」雖字辭不同，然意

〔註105〕見《金光明經》卷四〈讚佛品〉第十八（《大正》16・356c～357a）。

〔註106〕見《大乘寶雲經》卷一（《大正》16・243a～b）。

思亦皆等同。

六、宣　誓

　　六朝漢譯偈頌中，有些偈頌的內容是以"第一人稱"表現出對佛法的信心，藉由宣誓的波瀾壯闊，以引發信徒對佛教信仰的堅定與護持，例如前面所舉的《大乘寶雲經》中的讚佛偈，亦可說是讚佛兼宣誓的偈頌類型。再如：

　　　　我今歸依於如來，淨身口意無上智，

　　　　能示魔界八正道，施闇眾生大光明，

　　　　具足大力無能勝，等視一切如子想，

　　　　其心平等如虛空，故我稽首大商主。……

　　　　佛是眾生慈父母，我今棄捨諸魔業，

　　　　我能請召諸眾生，為其發起菩提心，

　　　　願為我說無上道，具足何等得菩提？

　　　　我今獻奉妙香華，為眾生故供養佛，

　　　　親近善友善思惟，至心聽受如法住。〔註107〕

此首七言偈頌，起首即以第一人稱宣誓皈依佛前的心志，其後則說明佛陀的種種功德，故亦有讚佛的濃厚色彩。其內容是敘述佛顯神力，震攝魔眾，魔眾見之皆生信心，皈依於佛前，並宣誓種種棄魔從道的心志。

　　再如西晉竺法護所譯《大寶積經》卷九：

　　　　是諸佛道法，猶等如虛空，意覺若如幻，眾生不可盡，

　　　　所願誓吉祥，戒禁成清淨，諸仁且聽是，我所欲誓願，

　　　　合集諸仁君，所壽之有限，諸重尊聖王，一切皆盡見，

　　　　計是諸佛名，與我一壽等，成佛名樓由，比丘眾如是，

　　　　其王太子感，故宣是言辭，諸天立虛空，舉聲歎頌曰，

　　　　如今清淨人，所願必當成，因以眾生故，會成所要誓。〔註108〕

此首七言偈頌，以第一人稱的口吻，呈現出誓願堅定、所願必當成的氣勢，鼓舞眾生修習佛法的信心與決心；此亦是佛教鼓勵眾生"發願"成就種種善行的目的。最後，再舉一例以示：

　　　　世尊我目觀，如來之所行，又若以尊修，志慕求佛慧，

〔註107〕見北涼曇無讖所譯《大方等大集經》卷十九〈寶幢分第九魔苦品第一〉（《大正》13·
　　　　131a～b）。

〔註108〕見《大寶積經》卷九（《大正》11·52b～c）。

> 古世之所行，所施無所冀。我當學斯教，布慧諸所有；
>
> 亦爲受斯經，然從法王得，數數每講說，當報導師恩。
>
> 平等以時節，與此經典俱，供進飲食饌，奉持佛道故。
>
> 唯聲聞不任，將順斯典誥，我當護正法，調御於來世，
>
> 爲垂見慰撫，決斷諸天疑，吾身當久如，得成若能仁。〔註109〕

此首五言偈頌，乃是天帝太子翟或於佛前之宣說：誓學佛教「所施無所冀」的精神，布施一切所有；並受持如來經典，廣爲他人講說；盡此一切所行，護持正法，直至成佛（能仁）。以"第一人稱"表現出對佛法的信心，宣誓如斯者，於佛典偈頌中，尚有許多，此不再贅。

第三節　白話典雅的文字

綜觀六朝漢譯偈頌，我們可發現這些偈頌於遣辭用字上，大別而言，有幾個特色，茲將其概分成 1.白話通俗 2.莊嚴典雅 3.異域色彩。現略說明於下。

一、白話通俗

六朝漢譯偈頌皆顯通俗、白話，此點較六朝詩歌普遍所呈現的華美雕琢特色，有其絕大差異。試看《長阿含經》中有一偈頌，描述佛陀欲滅度時，其弟子阿難向佛陀請示滅度之後，該如何舉行葬法：

> 阿難從坐起，長跪白世尊，如來滅度後，當以何法葬？
>
> 阿難汝且默，思惟汝所行，國內諸清信，自當樂爲之。
>
> 阿難三請已，佛說轉輪葬。欲葬如來身，疊裏內棺槨，
>
> 四衢起塔廟，爲利益眾生，諸有禮敬者，皆獲無量福。〔註110〕

此偈頌皆以白話文字描述，意旨淺顯明晰，用詞平淡未飾；然白話通俗之中透顯宗教情感的虔敬莊嚴，此亦可說是漢譯偈頌的普遍特色。另外，用詞多傾向於警醒、鞭策，亦可說是一特色，例如《正法念處經》中：

> 黠慧離惡口，正語喜樂行，如是美語人，則近涅槃住。
>
> 常說善妙語，捨離垢惡語；垢惡語污人，能令到地獄。
>
> 垢語所污人，彼人則無善，惡如師子蛇，彼不得生天。
>
> 一切善語人，能善安慰他，諸世間所愛，後世則生天。〔註111〕

〔註109〕見西晉竺法護所譯《持心梵天所問經》卷四（《大正》15・32a～b）。

〔註110〕見姚秦佛陀耶舍共竺佛念所譯《長阿含經》卷三〈遊行經〉（《大正》1・20b）。

以「正語」、「垢語」的果報，警醒世人善護口業。遣辭用字如同白話，使人明白其所說含意，亦收宗教傳教之效。而說理勸誡性的內容，亦使字裡行間皆帶有警策意味。

二、莊嚴典雅

六朝偈頌的文字特色，大抵而言皆是白話通俗，此一特色應是與傳教需求有關，即藉由白話的大眾通俗性，使教義能普及人心。然必須說明的是，用語雖通俗卻非流於俚俗，此乃因宗教感情的虔敬充分反映於字面，使文字意境莊嚴典雅，即便是遒勁流麗如《佛所行讚》者，其文字亦不流於華靡雕琢，試看是經〈瓶沙王詣太子品〉：

太子辭王師，及正法大臣，冒浪濟恆河，路由靈鷲巖，

藏根於五山，特秀峙中亭，林木花果茂，流泉溫良分，

入彼五山城，寂靜猶昇天。國人見太子，容德深且明，

少年身光澤，無比丈夫形，悉起奇特想，如見自在幢，

橫行爲止足，隨後者速馳，先進悉迴顧，瞻目視無厭，

四體諸相好，隨見目不移，恭敬來奉迎，合掌禮問訊，

咸皆大歡喜，隨宜而供養。瞻仰尊勝顏，俯愧種種形，

政素輕躁儀，寂默加肅敬；結恨心永解，慈和情頓增。

士女公私業，一時悉休廢，敬形宗其德，隨觀盡忘歸。

眉間白毫相，脩廣紺青目，舉體金光曜，清淨網縵手，

雖爲出家形，有應聖王相。王舍城士女，長幼悉不安：

"此人尚出家，我等何俗歡？"爾時瓶沙王，處於高觀上，

見彼諸士女，惶惶異常儀，敕召一外人，備問何因緣？

恭跪王樓下，具白所見聞：「昔聞釋氏種，殊特殊勝子，

神慧超世表，應王領八方：今出家在此，眾人悉奉迎。」

王聞心驚喜，形留神以馳：敕使者速還，伺候進趣宜。

奉教密隨從，瞻察所施爲："澄靜端目視，庠步顯眞儀，

入里行乞食，爲諸乞士光：斂形心不亂，好惡靡不安，

精粗隨所得，持■歸閑林，食訖漱清流，樂靜安白山。

青林別高崖，丹華殖期間，孔雀等眾鳥，翻飛而亂鳴。

法服助鮮明，如日照扶桑。"使見安住彼，次第具上聞，

王聞心馳敬，即敕嚴駕行，天冠配花服，師子王遊步，

〔註111〕見元魏瞿曇般若流支所譯《正法念處經》卷一（《大正》17‧5c）。

　　　　簡擇諸宿重，安靜審諦士，導從百千眾，雲騰昇白山。

　　　　見菩薩嚴儀，寂靜諸情根，端坐山巖室，如月麗青天，

　　　　妙色淨端嚴，猶若法化身，虔心肅然發，恭步漸親近。〔註112〕

此偈頌是記載佛陀出家證道後，行腳至瓶沙王國境內，國中百姓見到本為釋迦族太子的佛陀，容德莊嚴，甚於常人；心生歡喜，盡皆恭敬奉迎，隨宜供養。而宮中士女，亦皆馳往親見，心生敬仰，陶然忘返。此時瓶沙王於皇城高樓上，目睹宮中諸士女儀態不若常，心生疑寶，遂召一人問其所由，其人盡答所聞，說明佛陀遊行至此城內，百姓、士女盡皆奉迎的過程。瓶沙王聞後欣喜，即敕使者前往觀察佛陀所為。使者觀後，向王盡答佛陀之一切言行。瓶沙王聞後心敬益昔，遂率眾馳道，嚴駕至佛陀修行暫憩之處問安。全偈純如白話，語句通俗流暢，感情虔敬莊重，使行文中環繞著莊嚴典雅的氣息。

　　　　再如《離垢施女經》中，有一偈頌讚歎菩薩常於世間冥晦處點燃燈火，照亮眾生心靈；並於亂世中護持佛典，講說經法，使佛法長流，廣慈無量眾生；並常以珍寶香華供養佛寺，使之清淨莊嚴：

　　　　常施以燈火，清淨之光明；最後窮冥世，而護於經典；

　　　　為放逸眾人，而講說經法；以奇珍之寶，而供養塔寺。

　　　　菩薩由是故，演放其光明，照曜無央數，億千諸佛土。

　　　　眾人得蒙暉，希致於大安，則便發志求，無上之佛道。〔註113〕

此偈頌純以白話鋪陳出菩薩利益眾生的四事，用語淺顯白描，然對菩薩的崇敬與讚歎的情感，亦於文字鋪陳中自然流露，使此偈頌帶有莊重意味。

　　　　再如《大莊嚴論經》中，敘述佛陀於過去世中曾為一國王，名曰尸毘，精勤苦行，為證佛道。時有二位天神，名帝釋及毘首羯磨，為測試尸毘王之心是否如菩薩般憐憫慈愛眾生，遂設一計，各自變化為鷹、鴿，喬裝鴿子為老鷹所逐，並飛入尸毘王腋下躲避。其後，尸毘王為救鴿子，遂割身肉餵食老鷹，以護鴿命。當其時，天地皆為之震動，虛空之中，天女散花，清香四溢，萬戶之中，音籟齊鳴：

　　　　諸山及大海，一切皆震動，樹木及大海，涌沒不自停，

　　　　猶如恐怖者，戰掉不自寧。諸天作音樂，空中雨香花，

　　　　鐘鼓等眾音，同時俱發聲。天人音樂等，一切皆作唱，

　　　　眾生皆擾動，大海亦出聲。天雨細末香，悉皆滿諸道，

　　　　花於虛空中，遲速下不同。虛空諸天女，散花滿地中，

〔註112〕見《佛所行讚》單行本，頁65～67，覺苑出版，民國73年。

〔註113〕見西晉竺法護所譯《離垢施女經》（《大正》12‧94b）。

若干種綵色，金寶校飾衣，從天如雨墜，天衣諸縷，

相觸而出聲。諸人屋舍中，寶器自發出，莊嚴於舍宅，

自然出聲音，猶如天伎樂。諸方無雲翳，四面皆清明，

微風吹香氣，河流靜無聲。夜叉渴仰法，增長倍慶仰，

不久成正覺，歌詠而讚譽，內心極歡喜。諸勝乾闥婆，

歌頌作音樂，美音輕重聲，讚歎出是言，不久得成佛，

度於誓願海，速疾到吉處，果願已成就，憶念度脫我。〔註114〕

此偈頌以敘事的手法，描述天地萬物皆爲尸毘王捨身救鴿之舉所感動，語詞中極盡夸飾，鋪陳種種奇異美麗的意象，以烘托尸毘王之菩薩行爲；然佛教特有的"天女散花"、"天人音樂"等意象，於修辭學上雖屬夸飾之筆觸，然其於宗教上所象徵的典雅莊嚴意義，亦使此偈頌於語詞上的諸多彩飾予人虔敬之感，而未流於華靡雕琢。

三、異域色彩

若將六朝偈頌視爲是六朝文學的一環，則六朝偈頌中大量的佛教專有語詞，可說是六朝文學中一大文字特色，因這些專有名詞如：菩薩、師子、佛、須彌、天帝釋、梵天、道場、十方、三千、般若、因緣、五蘊、菩提、法界、六度等等，皆非中土本有名詞，有的是音譯，有的是意譯，然皆使漢譯偈頌顯出其特有的異域色彩。例如《雜阿含經》中有一偈頌：

今此閻浮提，多有珍寶飾，施與良福田，果報自然得。

以此施功德，不求天帝釋，梵王及人主，世界諸妙樂，

如是等果報，我悉不用受，以是施功德，疾得成佛道。〔註115〕

引文中凡屬佛教語詞者，茲皆以網點標示（以下同之），則可看出此偈頌雖如詩句般朗朗上口，然佛教思想及其專有詞語交織其間，使漢譯偈頌在中土的文學環境抑或思想氛圍中，格外顯得突出與新奇。再看北本《大般涅槃經》中：

有爲之法，其性無常；

生以不住，寂滅爲樂。〔註116〕

引文中的"有爲法"、"無常"、"不住"、"寂滅"諸名詞，皆爲佛教用語。再如《文殊師利問經》中：

若人思惟菩薩心，我知彼有諸功德，

〔註114〕見姚秦鳩摩羅什所譯《大莊嚴論經》卷十二（《大正》4‧323b～c）。

〔註115〕見劉宋求那跋陀羅所譯《雜阿含經》卷廿五（《大正》2‧181a～b）。

〔註116〕見北涼曇無讖所譯《大般涅槃經》卷二（《大正》12‧375a）。

其數無量不可極，堪得**清淨佛法身**，

不入**惡趣**受諸苦，具足成就**佛智慧**。〔註117〕

另外，經文美麗如文學的《妙法蓮華經》，其偈頌：

我聞是**法音**，得所未曾有，心懷大歡喜，疑網皆已除。

昔來蒙**佛教**，不失於**大乘**，**佛音**甚希有，能除**眾生**惱。

我已得**漏盡**，聞亦除憂惱，我處於山谷，或在樹林下，

若坐若**經行**，常思惟是事，嗚呼深自責，云何而自欺？

我等亦**佛子**，同入**無漏法**，不能於未來，演說**無上道**。

金色三十二，**十力**諸解脫，同共一法中，而不得此事，

八十種妙好，**十八不共法**，如是等**功德**，而我皆以失。

我獨**經行**時，見**佛**在大眾，名聞滿十方，廣饒益**眾生**。

自惟思此利，我爲自欺誑，我常於日夜，每思惟是事，

欲以問**世尊**，爲失爲不失？我常見**世尊**，稱讚諸**菩薩**，

以是於日夜，籌量如此事。今聞**佛音**聲，隨宜而說法，

無漏難思議，令眾至**道場**，我本著邪見，爲諸**梵志**師，

世尊知我心，拔邪說**涅槃**，我悉除邪見，於**空法**得證。

爾時心自謂，得至於**滅度**，而今乃自覺，非是實**滅度**，

若得作**佛**時，具三十二相，**天人夜叉**眾，**龍神**等恭敬，

是時乃可謂，永盡滅無餘。**佛**於大眾中，說我當作**佛**，

聞如是**法音**，疑悔悉已除。初聞**佛**所說，心中大驚疑，

將非**魔**作**佛**，煩惱我心耶，**佛**以種種緣，譬喻巧言說，

其心安如海，我聞疑網斷。**佛**說**過去世**，無量**滅度佛**，

安住方便中，亦皆說是**法**，**現在未來佛**，其數無有量，

亦以諸方便，演說如是**法**，如今者**世尊**，從生及**出家**，

得道轉法輪，亦以方便說。**世尊說實道**，**波旬**無此事，

以是我定知，非是**魔**作**佛**，我墮疑網故，謂是**魔**所爲，

聞**佛**柔軟音，深遠甚微妙，演暢**清淨法**，我心大歡喜，

疑悔永已盡，安住**實智**中，我定當作**佛**，爲**天人**所敬，

轉無上法輪，教化諸**菩薩**。〔註118〕

不獨以上所引偈頌，行文中充滿諸多佛教名相；大抵而言，漢譯偈頌多充斥許多佛

〔註117〕見梁代僧伽婆羅所譯《文殊師利問經》卷下（《大正》14‧506c）。

〔註118〕見姚秦鳩摩羅什所譯《妙法蓮華經》卷二〈譬喻品〉第三（《大正》9‧10c～11b）。

教專有名詞，使得漢譯偈頌自身瀰漫著一股異域色彩，異於一般中土文學。而如斯異域色彩，亦影響了六朝詩歌，使東晉至南北朝，出現了佛教名相盈溢詩篇的"佛理詩"，此容後再述（見第四章第三節），此先不贅。

綜上所論，漢譯偈頌本就是以宣揚佛理為主要目的，而六朝偈頌亦不例外，由以上陸續所引的偈頌，我們已清楚看到偈頌中無論是純說理者，或夾敘夾議者，抑或如敘事長詩般的類型，皆時時將佛教思想、詞彙流露於字裡行間，或因此種特色，故六朝偈頌白話通俗的大眾化中，亦帶有莊嚴典雅的意境。而另一方面，由於這些詞彙本是中土未有的——如以上所舉的"菩薩"、"涅槃"、"法輪"等——故使偈頌本身充滿了異域風味；故若就六朝社會盛行佛教一事及文學中融合佛教思維方式、詩歌中演繹佛理而言，則亦說明了此種帶有外來思想、異域風味的漢譯偈頌，於當時應是受到人們認同及重視的。

第四章　六朝詩歌之佛教文學特色

　　本章重點在於探揭六朝詩歌中的佛教文學特色，擬由形式與內容兩大方面，擷取要者概括之。所謂"佛教文學"，依日人加地哲定所說：「只有將自己對教理的心得、體驗及信仰化爲文學的作品而諷詠、讚歎，方可說是眞正的佛教俗文學」〔註1〕，他並認爲佛典中的譬喻、說話，並非純粹的佛教文學：「僅是使教理平易可讀的一個補充說明方法而已，目的在於理解教理，而不屬於文學的世界。」〔註2〕可知加地先生主張的佛教文學是屬於狹義面的，並不包括佛典文學。此外，蔣述卓先生則認爲：「佛教文學可以是佛經文學與崇佛文學的總和。」〔註3〕而崇佛文學即：「指文人學士以及僧人爲表現崇佛、頌佛、宣教、護教而創作的文學作品。它不包括佛經文學，在內涵上要比佛教文學窄。」〔註4〕蔣氏所說的佛教文學，相對於加定先生，則屬於廣義的。我們於此章中，則汲取上述學者關於佛教文學的意見，並加以擴充爲更廣義，以求盡釋六朝詩歌之佛教文學特色：凡是六朝詩歌中，受有佛教影響者，皆可說於作品中，或多或少地體現了佛教文學特色。故本章並非廣泛性地陳述六朝詩歌的文學特色，僅是針對六朝詩歌中帶有佛教色彩者，擇要作一探討。首節擬先由時代背景切入，以說明詩歌的外緣因素；後二節則分別說明詩歌於形式、風格及內容上染有佛教因子的文學特色。

〔註1〕見日人加地哲定著，劉衛星譯《中國佛教文學》自序，佛光出版社，民國82年7月初版，頁10～11。

〔註2〕前揭書，頁9。

〔註3〕見蔣述卓〈南朝崇佛文學略論〉，頁576，載於香港中文大學中國語言文學系主編《魏晉南北朝文學論集》，臺北：文史哲出版社，民國83年11月出版。

〔註4〕前揭書，同頁。

第一節　詩中浸染佛教色彩的緣由
——名人釋子共入一流的社會風氣

　　魏晉時期，玄學興盛，朝野間瀰漫著談玄說道的清談風氣，東晉南遷之後，玄談風氣益盛，劉惔、許詢、孫綽、殷仲文、桓玄等皆善此道〔註5〕，「文變染乎世情」〔註6〕，時代風氣崇尚玄風，相應於詩歌表現上，即是玄言詩的興起，故劉勰云：「江左篇製，溺乎玄風」〔註7〕，又云：

　　　　自中朝貴玄，江左稱盛，因談餘氣，流成文體。是以世極迍邅，而辭

　　意夷泰，詩必柱下之旨歸，賦乃漆園之義疏。〔註8〕

這說明了東晉（江左時期）當時，朝野間好談《老》、《莊》、《易》三玄，這股清談潮流，反映在文學中，表現於詩歌文體中，遂成了"辭意夷泰"的玄言詩。

　　而同魏晉玄學相呼應的，是佛教的《般若》學說〔註9〕，這二者之間，在當時可說是聲氣相通，相互浸染〔註10〕，此亦是因當時的僧侶、士大夫們，彼此來往的關係密切，談玄釋佛，成爲一種時代風氣〔註11〕。劉宋何尚之〈答宋文帝讚揚佛教

〔註5〕見《晉書》本傳。

〔註6〕見劉勰著，周振甫注《文心雕龍注釋》〈時序〉篇，頁816，台北：里仁書局，民國73年。

〔註7〕同前揭書，〈明詩〉篇，頁84。

〔註8〕同前揭書，〈時序〉篇，頁816。

〔註9〕般若重「性空」義。由於當時僧人對「空」義的理解不一，遂衍生發展出「六家七宗」，它們對於「性空」的理解，乃是援引老莊玄學的思維路向，對般若性空學說的名相，展開各自的詮釋、理論。

〔註10〕見郭朋《中國佛教史》頁38～39：「所謂《般若》學說，就是由《般若》類經典所宣揚的『一切皆空』的學說；……這一思想，同魏晉玄學，可以說是親密的近鄰、好友，它們之間，很容易聲氣相通。」台北市：文津，民國82，初版。

〔註11〕見唐翼明《魏晉清談》，頁117：「《世說新語‧文學》記錄東晉清談資料共四十五條（二一條至六五條），其中涉及清談內容的三十二條。在這三十二條中，與佛經佛理有關的就有十二條（二三、三〇、三五、三七、四〇、四三、四四、四五、五〇、五四、五九、六四）之多，佔百分之三七點五。東晉談佛之盛，於此可以想見。……從佛理一面看，是佛理需要藉清談來傳播，尤其要藉清談才能打進貴族學術圈；從清談一面看，是清談可以接受佛理，且需要佛理作爲自己的新鮮血液。……佛教要求發展，要得到貴族知識份子的承認，只有藉中國固有的學術來詮釋，並藉當時流行的方式來傳播。因此在當時佛經闡說中大量採用一種所謂『格義』的方法，即用中國原有經典中的的精義與典故來比配佛經中的道理，以便於中國信徒的理解與接受。」又，同書頁288：「佛理由名僧帶入清談，逐漸成爲清談中重要話題，非佛徒的清談家也逐漸對佛理產生濃厚的興趣，這是東晉清談中一個非常重要的方面。這個方面的凸顯亦是始於咸康至永和間。其時名僧中的確出了不少的清談高手，這些人不僅精通佛典，也熟悉外典、熟悉玄學，無論談佛談玄，都能談得頭頭是道。而

事〉，即曾描繪出東晉時名士與名僧交遊往來的盛況：

> 渡江以來，則王導、周顗，宰輔之冠蓋；王濛、謝尚，人倫之羽儀；
> 郗超、王坦、王恭、王謐，或號絕倫，或稱獨步，詔氣貞情，又爲物表；
> 郭文、謝敷、戴逵等，皆置心天人之際，抗身煙霞之間；亡高祖兄弟，以
> 清識軌世；王元琳昆季，以才華冠朝。其餘范汪、孫綽、張玄、殷覬，略
> 數十人，靡非時俊。又炳論所列諸沙門等，帛、曇、遠者，其下輩也，所
> 與比對，則庾元規。自遠已上，護、蘭諸公，皆將亞跡黃中，或不測人也
> 〔註12〕。

此說明了東晉時玄佛合流，名士們除了游心於玄學之外，亦以習佛爲尚，僧侶與名
士之交遊繁密，乃爲當世風氣所趨。而據慧皎《高僧傳》所載，當時的高僧，本身
內、外典皆精通，故與清談名士於語言思想上能有所銜接、接引；而高僧所呈現的
風格，與清談名士相比，亦不遜色〔註13〕，故僧人與名士的往來頻密，自有其箇中
跡象可尋。試看慧皎《高僧傳》〈義解〉篇所錄晉代名僧傳，除了敘述僧人一生大略
行事外，亦記載與其交遊往來的當世名士、詩人，如卷四〈支遁傳〉：

> 遁先經餘姚塢山中住，至於明辰猶還塢中。或問其意，答云：「謝安
> 在昔，數來見，輒移旬日，今觸情舉目，莫不興想。」後病甚，移還塢中，
> 以晉太和元年（公元366年）閏四月四日終于所住，春秋五十有三。……
> 郗超爲之序傳，袁宏爲之銘贊，周曇寶爲之作誄。孫綽〈道賢論〉以遁方
> 向子期，論云：「支遁、向秀雅尚〈莊〉〈老〉。二子異時，風好玄同矣。」……
> 〔註14〕

且借佛釋玄，借玄釋佛，左右逢源。」台北市：東大出版，民國81年。
〔註12〕見梁僧祐《弘明集》，頁511～512，台北市：新文豐，民國75年3月再版。
〔註13〕蒲慕州〈神仙與高僧——魏晉南北朝宗教心態試探〉：「許多高僧都是自幼就會機會
接觸經典、佛書，而《高僧傳》中描述這些高僧風格的文字，如：
支道林：幼有神理，聰明秀徹。
支孝龍：少以風姿見重。加復神采卓犖，高論適時。
竺僧度：雖少出孤微，而天姿秀發，至年十六，神情爽拔，卓爾異人。
釋慧遠：弱而好書，珪璋秀發。……
類似此種文字，其風貌與《世說新語》相去不遠，顯然不適合描述非知識階層出身
的人。當然，我們必須承認慧皎在編寫《高僧傳》時，在這些描述高僧風格的地方
很可能加上自己的贊美之辭，不能完全採信。但即使是他的手筆，我們仍然可以認
爲他之所以要加上這些消息，是反映出當時的一種心態，即高僧們的風格與清談名
士相比並不遜色。」見《漢學研究》8卷2期，總號16，民國79年12月，頁163
～164。
〔註14〕見慧皎《高僧傳》卷四義解篇〈支遁傳〉，頁163。

此可見當時士大夫與名僧支遁間，來往程度之密切，及彼此間匪淺的交情。又，《晉書·謝安傳》載：

> 謝安字安石，……寓居會稽，與王羲之及高陽許詢、桑門支遁遊處，出則漁弋山水，入則言詠屬文，無處世意〔註15〕。

由此可知，謝安、王羲之、許詢等當代名士與僧人間遊山玩水、往來酬酢的景象。再如柳宗元〈送文暢上人登五台遂游河朔序〉一文，亦云：

> 昔之桑門上首，好與賢士大夫游。晉宋有道林、道安、遠法師、休上人，其所與游，則謝安石、王逸少、習鑿齒、謝靈運、鮑照之徒，皆時之選〔註16〕。

此處明言東晉至劉宋時期，桑門中上首者，皆與名士相善。"桑門"即出家僧侶，上舉之士大夫皆爲當代一時之選，則知文人與僧侶交遊誠乃當日風氣。學者並認爲「東晉名僧與名士的交流開闢了中國歷史上文人與僧侶結交的傳統」〔註17〕。

東晉初期名士如謝安、劉惔、許詢、孫綽、郗超、殷浩、王羲之、袁宏等人，除了本身的玄學修養精深外，對於佛教內典知識的涵養，亦皆深諳〔註18〕。而出家僧人

〔註15〕見《新校本晉書附索引》卷79，頁2072，台北市：鼎文，民國69年8月三版。

〔註16〕見《柳河東集》第二冊，卷廿五，頁8，台北市：台灣中華，民國81年元月，二版二刷。

〔註17〕見孫昌武《中國文學中的維摩與觀音》，頁114～115，北京：高等教育出版社，1996年6月第一版。

〔註18〕此諸位清談名士，皆與名僧有所往來，談玄釋佛，爲這些名士的生活重心。茲舉幾例於下：徐震堮《世說新語校箋》，〈文學〉21條，頁115：「殷中軍爲庾公長史。下都，王丞相爲之集，桓公、王長史、王藍田、謝鎮西並在。丞相自起解帳帶麈尾，語殷曰：『身今日當與君共談析理。』既共清言，遂達三更。丞相與殷共相往反，其餘諸賢略無所關。既彼我相近，丞相乃歎曰：『向來語乃竟未知理源所歸。至於辭喻不相負，正始之音，正當爾耳。』……」另，〈文學〉23條，頁116：「殷中軍見佛經，云：『理應在阿堵上』。」此句話意謂玄理應可在佛經中見著。再如〈文學〉43條：「殷中軍讀《小品》，下二百籤，皆是精微，世之幽滯。嘗欲與支道林辯之，竟不得。今《小品》猶存。」殷中軍殷浩，《小品》乃指《道行經》，可知殷浩既善玄學清談，爲當世所推崇，其本身亦喜好研讀佛典，並認爲玄理可於佛理中應證。〈文學〉55條，頁129：「支道林、許、謝盛德共集王家（許詢、謝安、王濛），謝顧謂諸人：『今日可謂彥會。時既不可留，此集固亦難常，當共言詠，以寫其懷。』許便問主人：『有《莊子》不？』正得〈漁父〉一篇。……」此乃指僧人支道林與許詢、謝安、王濛諸人，共集一堂，游心於玄學。又〈文學〉36條，頁121：「因論《莊子·逍遙遊》，支作數千言，才藻新奇，花爛映發。王遂披襟解帶，留連不能已。」此指支道林申論〈逍遙遊〉意旨，爲王羲之深自欽服，歎服不已。再如〈文學〉30條，頁119：「有北來道人好才理，與林公相遇於瓦官寺，講《小品》。于時竺法深、孫興公悉共聽。」孫興公即孫綽，爲玄學家，且崇信佛法，常與僧人交遊。另外，〈文學〉85條，劉注引《續晉陽秋》云（頁143）：「至過江，佛理尤盛，故郭璞五言始會合道家之言而韻

精通玄學者，亦不在少數，例如支道林（支遁）、竺法深、支愍度、康僧淵、康法暢、竺法汰、于法開等名僧〔註19〕。這群名士與名僧的交遊，不僅推動了玄學化佛教的發展〔註20〕，亦使玄言詩的創作成爲一股風潮〔註21〕。故《宋書・謝靈運傳》云：

> 有晉中興，玄風獨振，爲學窮於柱下，博物止乎七篇。馳騁文辭，義單乎此。自建武暨乎義熙，歷載將百，雖綴響聯辭，波屬雲委，莫不寄言上德，託意玄珠，遒麗之辭，無聞焉爾〔註22〕。

引文中說明了晉朝渡江之後，“建武”（晉元帝年號）至“義熙”近百年之歲月，詩人們唯好作“寄言上德”、“辭意夷泰”的玄言詩作。百年來的創作，所存留的玄言詩篇應不在少數，然今日可看見的玄言詩卻不多，或因戰亂散迭，或因「理過其辭，淡乎寡味」〔註23〕而爲後人棄之不存。檢視逯欽立《先秦漢魏晉南北朝詩》中所錄東晉時期玄言詩，僅見盧諶、王胡之、郗超、張翼、許詢、孫綽、孫放、袁宏、桓玄等所作玄言詩，及謝安、王羲之等人所作一系列〈蘭亭詩〉〔註24〕。此批玄言詩人，不啻爲當代名士之流，且大多爲“玄釋融合”的名士。

我們對於“渡江之後”，「名人釋子共入一流」〔註25〕的社會風氣，已可由史

之，詢及太元孫綽轉相祖尚，又加以三世之辭，而《詩》《騷》之體盡矣。詢、綽並爲一時文宗，自此作者悉體之。」此處說明許詢、孫綽爲當時文壇宗主，東晉佛理尤盛，故許詢、孫綽除了祖尚道家之言於詩中，亦好以三世之辭（即佛家語）夾雜期間。

〔註19〕此諸僧人爲格義佛教時期僧人，所謂格義即以老莊玄理詮釋佛家義理，由此亦可知，當時名僧不僅研習佛典，亦深曉玄學，方能引玄釋佛。例如：同前揭書，〈文學〉32條，頁119：「《莊子・逍遙遊》，舊是難處，諸名賢所可鑽味，而不能拔理於郭、向之外。支道林在白馬寺中，將馮太常共與語，因及〈逍遙〉。支卓然標新理於二家之表，立異義於眾賢之外，皆是諸名賢尋味之所不得。後遂用理。」此引文乃說明支道林對於《莊子》（三玄之一）的領悟，深爲時賢敬重。又如慧皎《高僧傳》卷四〈康僧淵傳〉，頁151：「暢亦有才思，善爲往復，著〈人物〉、〈始義論〉等。暢常執塵尾行，每值名賓，輒清談盡日。」此處乃指僧人康法暢善於清談。

〔註20〕見孫昌武《中國文學中的維摩與觀音》，頁99：「佛說與玄學相滲透，名僧與名士相合流，從而推動了玄學化佛教的發展，而佛教教義又給玄學的清談提供了材料。」。

〔註21〕見盧明瑜〈六朝玄言詩小探〉，頁134：「清談日益盛行，而正始時代遠禍保身的目的已不存在，作爲學術探討的效用又逐漸消失，完全成爲豪門貴族與高僧隱士往來的娛樂後，玄理只表現於散文中，不再能夠滿足名士說理的欲求，於是更藉著酬贈、出遊、聚會間各種詩作談玄說理，玄言詩便由此大興。」載於《中國文學研究》第三輯，民國78年。

〔註22〕見《新校本宋書附索引》卷67，頁1778，台北市：鼎文，民國69年8月三版。

〔註23〕見鐘嶸著，徐達譯，《詩品》頁7，台北市：地球，民國83年第一版。

〔註24〕見逯欽立《先秦漢魏晉南北朝詩》中冊，頁882～933。

〔註25〕見湯用彤《漢魏兩晉南北朝佛教史》第七章〈兩晉際之名僧與名士〉，頁108：「夫《般若》理趣，同符《老》《莊》。而名僧風格，酷肖清流，宜佛教玄風，大振於華夏也。

籍及近人研究中得知；而此等社會風氣，亦促使了六朝詩歌中，出現了前所未有的佛教色彩。此時期詩歌中，浸染佛教色澤最濃郁者，莫過於"佛理詩"，此類詩歌的抒情意味較淡，說理性質瀰漫全篇，不啻是異於前代詩歌內容的新聲；其詩歌創作者有僧侶，亦有在家居士，我們將於此章第三節說明之。

另外，「莊老告退，而山水方滋」〔註26〕，劉宋時興起的山水詩，亦與當日"名人釋子共入一流"的風氣有關。欲探討山水詩與佛教間的密切關係，我們可由六朝佛教盛行、寺院林立、僧俗遨遊山林的種種助因中，探析二者間的脈絡。試看《世說新語》中記載：

> 康僧淵在豫章，去郭數十里立精舍，旁連嶺，帶長川，芳林列於軒庭，
> 清流激於堂宇。乃閒居研講，希心理味。〔註27〕

一幅美好的山林精舍〔註28〕圖，如斯展開在我們面前！既有連綿的山嶺環繞其旁，又有清流潺潺，激濺於屋堂外，座落於此芳林中的寺院，彷若世外桃源般，引人流連。再如《高僧傳》中，描述慧遠所居東林精舍：

> 遠創造精舍，洞盡山美，卻負香爐之峰，傍帶瀑布之壑，仍石疊基，
> 即松栽構，清泉環階，白雲滿室。復於寺內別置禪林，森樹煙凝，石筵苔
> 合。凡在瞻履，皆神清而氣肅焉〔註29〕。

寺院座落於山巒之中，青松植前，瀑布盈耳，清泉流階，白雲氤蘊，如此背山臨流的修行處，不啻亦是文人雅士們駐足之所。

唐人杜牧〈江南春〉云：「南朝四百八十寺，多少樓台煙雨中」〔註30〕，道盡了南朝時期，佛教寺院興建繁多的盛況；而楊衒之《洛陽伽藍記》中，更記載了北朝時期，洛陽京城中，許多寺院的光景，例如：

> 其中重巖復嶺，欹崟相屬；深溪洞壑，邐迤連接。高林巨樹，足使日
> 月蔽虧。懸葛垂蘿，能令風煙出入。崎嶇石路，似壅而通，崢嶸澗道，盤
> 紆復直。是以山情野興之士，游以忘歸〔註31〕。

西晉支孝龍與阮庾等世稱為八達。而東晉孫綽以七道人與七賢人相比擬，作《道賢論》。名人釋子共入一流。世風之變，可知矣」。

〔註26〕見劉勰著，周振甫注《文心雕龍注釋》〈明詩〉篇，頁85。

〔註27〕見徐震堮《世說新語校箋》〈棲逸〉第11條，頁360。

〔註28〕"精舍"即精鍊修行者之居舍，亦即寺院之別稱。印度最早的寺院，是建於中印度王舍城的竹林精舍，及舍衛城的祇園精舍；故中國僧人所居住的修行處，亦泛稱精舍。

〔註29〕見慧皎《高僧傳·釋慧遠傳》頁212。

〔註30〕見陳允吉校點《杜牧全集》頁29，上海古籍出版社，1997年10月第一版。

〔註31〕見楊衒之撰，張元濟校《洛陽伽藍記校注》卷二〈正始寺〉條，頁240，台北市：明文，民國69年1月初版（民國25年上海涵芬樓景印，明嘉隆間如隱堂刊本）。

此處是描摹正始寺座落於群峰麗水中的美麗風光。由上所引，可知佛教興盛後，佛寺的興建往往與山水之美結合爲一體。無論是北方，抑或水鄉澤國的江南，整個南北朝，佛寺興建的盛況，正與其時佛教的興隆成正比。而「爲求幽靜，宗教徒往往喜歡把寺廟建造在山的懷抱之中，或四面群峰列立，或三面環山一面臨水」〔註32〕，這些景致幽勝的山林寺院，在詩人與僧侶交遊往還的過程中，必或多或少爲詩人帶來對山水之美的審美趣味，從而創作出山水詩〔註33〕。例如〈遊石門詩・序〉一文中，便敘述了東晉隆安四年，僧俗間共遊廬山石門的情景：

> 釋法師以隆安四年仲春之月，因詠山水，遂杖錫而遊。於時交徒同趣三十餘人，咸拂衣晨征，悵然增興。雖林壑幽邃，而開塗競進；雖乘危履石，並以所悅爲安。……俄而太陽告夕，所存已往，乃悟幽人之玄覽，達恆物之大情，其爲神趣，豈山水而已哉！〔註34〕

當時僧俗間共遊山水，或爲普遍現象，而遊歷山水的感受，亦銜接溝通了對玄理、佛理的體認〔註35〕，故羅宗強先生言：

> 以玄對山水，和以審美的眼光對山水，這兩種態度之間也沒有一個截然的標誌，只不過側重點的變化而已。在側重點的變化中間，它往往是並存的。這一點在山水與佛教的關係中表現得更爲明顯。圍繞在慧遠周圍的名僧與名士，他們對於佛理的體認與對於山水的感受，就常常是同時進行的〔註36〕。

另外，孫昌武先生言：

> 儒家托身玄遠，遺棄世務，所以多雅好山水之徒。晉宋之際山水文學的勃興，是與佛教有關係的〔註37〕。

〔註32〕見蔣述卓《山水美與宗教》第二章〈宗教寺廟與山水美〉，頁33，台北縣：稻鄉，民國81年2月初版。

〔註33〕星雲大師編著《佛教・教用》〈佛教與文人〉亦云：「自古文人多雅士，文人一般性喜『雅、適、靜』，而佛教寺院大多建築在山林水邊，不但景致優美，而且環境清幽，尤其大部份僧侶又多能吟詩作詞，談古論今，所以文人大都喜愛與僧侶結交。」頁500，佛光山宗務委員會印行。

〔註34〕見逯欽立輯校《先秦漢魏晉南北朝詩》中冊，頁1086。

〔註35〕〈遊石門詩〉之內容即是表露出暢遊山水之際，所體會的玄理、佛理，茲錄其文於後：「感良辰之難再，情發於中，遂共詠之云爾：『超興非有本，理感興自生。忽聞石門遊，奇唱發幽情。褰賞思雲駕，望崖想曾城。馳步乘長岩，不覺質有輕。矯首登靈闕，眇若凌太清。端坐運虛論，轉彼玄中經。神仙同物化，未若兩俱冥』」。

〔註36〕見羅宗強《魏晉南北朝文學思想史》頁186～187，北京：中華書局，1996年10月第一版。

〔註37〕見孫昌武《佛教與中國文學》頁66～67，台北市：東華書局，民國78年12月初版。

以上論點，皆說明了：山水詩的興盛與佛教之間的關係。另外，亦說明了六朝詩歌中，之所以體現出佛教色彩，其緣由與當日名人釋子共入一流的社會風氣，是有極大關係的。

綜上所言，六朝詩人在創作中，於佛典多所借鑒，主要在於渡江之後，佛教勢力愈形壯大，文人雅士、詩人名士大多與僧侶有所往來、唱和，此僧俗交流的風潮中，所帶來的生活體驗、思維方式，無疑豐富了六朝詩歌的面貌，使詩歌於題材內容上，有其迥異於漢魏詩歌的拓展。

第二節　形式及風格上之創新

相較於兩漢詩歌，六朝詩歌於形式上似更爲豐富，更趨於精緻。於詩體形式上，除了以兩漢時已有的詩歌體裁爲基礎，作更成熟的展現；聲律說的興起，更是將詩文的韻律要求推上更高層次，爲中國近體詩的興起帶來了積極作用。爲說明六朝詩歌於形式、風格上所浸染的佛教色彩，茲將六朝詩歌於形式上的沿襲與創新，概分爲二點：1.詩歌篇幅、言數與偈頌形式的交互影響 2.佛經轉讀、梵唄與詩歌的律化。此外，詩歌風格上的創新，特舉永明詩風爲代表，將之列爲第3點：佛典翻譯取向與永明清麗白話詩風的關連性。現依序說明於下。

一、詩歌篇幅、言數與偈頌形式的交互影響

先秦詩歌中已有多種形式，例如《詩經》中的大量四言詩，及《楚辭》中四、五、六、七言皆有的形式展現〔註38〕。

及至兩漢，騷體式的詩歌，仍創作不歇，例如漢武帝的〈秋風辭〉、〈天馬歌〉〔註39〕；淮南王劉安的〈八公操〉〔註40〕；息夫躬的〈絕命辭〉〔註41〕；及張衡的

〔註38〕《楚辭》的文體屬性，並未明定爲“詩歌”；然“賦”的源頭之一爲《楚辭》，而朱光潛先生於《詩論》中云：「賦是一種大規模的描寫詩」（《詩論》頁240，台北市：德華，民國70年），而漢代典籍中提及《楚辭》，皆之稱爲「賦」。故若就文學上的血緣關係而言，《楚辭》本身亦是詩（詳參李師立信先生〈論賦的文體屬性〉，收於南京大學主辦之第四屆國際賦學學術研討會論文合集，民國87年10月）。《楚辭》中詩歌形式，以大排場祭神歌曲〈九歌〉爲例：其中的〈湘君〉可說是爲六言詩；〈國殤〉可說是七言詩；而〈少司命〉中，則五、七言夾雜。另外，屈原早期作品〈橘頌〉，形式近於《詩經》，多爲四言句。

〔註39〕見逯欽立輯校《先秦漢魏晉南北朝詩》上冊，頁94～95，〈秋風辭〉：「秋風起兮白雲飛，草木黃落兮鴈南歸，……少壯幾時兮奈老何。」，〈天馬歌〉：「太一貢兮天馬下，霑赤汗兮沫流赭……今安匹兮龍爲友。」木鐸出版社，民國72年9月初版。

〈四愁詩〉〔註42〕等。另外，漢詩中亦有三言詩，如歌謠中的〈元帝時童謠〉〔註43〕，及崔駰的〈三言詩〉〔註44〕，和郊廟歌辭中的〈練時日〉〔註45〕、〈華燁燁〉、〈五神〉、〈朝隴首〉、〈象載瑜〉及〈赤蛟〉等〔註46〕。總括而言，兩漢詩歌之形式，有騷體、三言體、四言體、六言體，亦有五言體、七言體、八言體、雜言體等各種類型〔註47〕。就漢詩整體而言，四言詩可說是由先秦時的全盛而漸趨式微；而五言詩，則於漢代得到大量的創作，言情、敘事的題材皆有。而一般認為漢代極少七言詩的看法，也是很不正確的〔註48〕。另外，漢代所翻譯的佛典偈頌，基本上是採用

〔註40〕同前揭書，頁98：「煌煌上天照下土兮，知我好道公來下兮，……悠悠將將天相保兮」。
〔註41〕同前揭書，頁116：「玄雲泱鬱將安歸兮，鷹隼橫屬鷺徘徊兮，……雄失據兮世我思」。
〔註42〕同前揭書，頁180～181：「我所思兮在太山，欲往從之梁父艱，……何為懷憂心煩惋」。
〔註43〕同前揭書，頁125：「井水溢，滅灶煙，灌玉堂，流金門」。
〔註44〕同前揭書，頁172：「屏九皋，詠典文，披五素，　三墳」。
〔註45〕同前揭書，頁147～148：「練時日，侯有望，……澹容與，獻嘉觴」。
〔註46〕同前揭書，此五篇見頁153～155。
〔註47〕三言詩者，已舉例如上。四言詩者，如傅毅〈迪志詩〉（同前揭書，頁172。以下所引出處同之），班固〈明堂詩〉、〈辟雍詩〉、〈靈臺詩〉（頁168～169），郊廟歌辭中的〈齊房〉、〈后皇〉（頁153），及雜歌謠辭中的〈閭君謠〉（頁227）。五言詩者，如雜歌謠辭中的〈漢末洛中童謠〉（頁226）、〈董逃歌〉（頁212），樂府古辭中的〈豔歌行〉、〈白頭吟〉、〈怨詩行〉（頁273～275），辛延年的〈羽林郎〉（頁198），宋子侯的〈董嬌饒〉（頁198～199），孔融的〈臨終詩〉（頁197），蔡邕的〈飲馬長城窟行〉、〈翠鳥詩〉（頁192～193），蔡琰的〈悲憤詩〉（頁199～201），張衡的〈同聲歌〉（頁178～179），及〈古詩十九首〉（頁329～336）。六言詩者，如梁鴻的〈五噫歌〉（頁166），孔融的〈六言詩〉三首（頁197），歌謠諺語的〈關中為游殷諺〉（頁249）。七言詩者，如崔駰的〈七言詩〉（頁171），漢靈帝的〈招商歌〉（頁182），琴曲歌辭中的〈水仙操〉（頁320），古詩中的〈李翊夫人碑歎〉（頁328）、〈古兩頭纖纖詩〉（頁344），及張衡的〈四愁詩〉（頁180～181）。八言詩者，如琴曲歌辭中的〈拘幽操〉（頁302）、〈別鶴操〉（頁305）。雜言詩者，如樂府古辭中的〈悲歌〉、〈前緩聲歌〉（頁282）、〈烏生〉（頁258～259）、〈東門行〉（頁269～270）、〈婦病行〉（頁270）、〈孤兒行〉（頁271），舞曲歌辭中的〈淮南王〉（頁277）等等。
〔註48〕參見李師立信先生的〈七言詩起源考〉一文，頁8：「《漢書》及《後漢書》的部份列傳中，都明確的提到漢人有七言詩之作，而《文選》李善注也曾引到部份漢人的七言詩。近代出土的漢代銅鏡，有一部份的鏡銘是七言的；漢代兒童讀物如《急就章》，《凡將篇》等，有大量的七言；漢代翻譯的漢語佛經中的偈頌，有相當數量是七言的無韻體；兩漢的歌謠，以七言為多，前後《漢書》所載幾近百則。可見漢代本有七言。」又，頁19：「歷來論到七言詩的起源，絕大部份的學者，都將焦點集中在全句為實字的純七言上頭。這正是他們之所以無法得到確切答案的主要障　。如前所云，漢人最早所謂的七言，顯然是指帶有兮字的騷體七言。這種騷體七言，最早出現於《楚辭》〈九歌〉。〈九歌〉中的〈國殤〉凡十八句，通篇為騷體七言，而且是每　都押韻的。這是目前我們所能看得到的，最早而且首尾完整的一首七言詩：……不論是純七言或偶爾雜入幾句雜言的七言詩，最早都是見於屈原的〈九歌〉，爾後的幾

當時詩壇流行的形式〔註49〕，而東漢時的漢譯偈頌已有許多完整且篇幅甚長的七言偈頌〔註50〕，若果東漢以前極少七言詩的體裁，那麼何以東漢時的佛典偈頌中，會出現那麼多的七言形式？可見七言詩於東漢譯經僧翻譯佛典時，似應已是一種普爲大眾應用的詩歌體製，故爲譯經者加以運用，以收傳教時普及人心之效。

　　降及魏晉六朝，五言詩更加興盛，此點一方面可由現存詩歌中，所大量展現的五言詩創作得知；另一方面，亦可由六朝漢譯偈頌中，大率皆以五言形式表現，探得其端倪〔註51〕。此外，詩歌於句數上，亦有長篇巨幅的呈現，如南北朝名作〈孔雀東南飛〉〔註52〕及〈木蘭詩〉。在此二篇之前，於中國詩歌中，要尋找如此長篇的敘事詩，實極罕見，幾乎除了先秦時的〈離騷〉及東漢時的〈悲憤詩〉之外，再無其餘。然自東漢以至六朝，漢譯偈頌往往有長篇巨製的形式，幾至不勝枚舉〔註53〕。那麼，這些長篇漢譯偈頌的出現，與中國的長篇敘事詩的成型，是否只是偶然的巧合？

　　〈孔雀東南飛〉在我國詩歌中，可謂爲最長篇的五言敘事詩〔註54〕，亦有學者將之稱爲「故事詩」〔註55〕。該詩本文前附有序，表明作品產生的年代是東漢建安

種七言形式，都是從〈九歌〉中的〈國殤〉和〈山鬼〉發展出來的」載於清華大學主辦《國科會人文計畫成果發表會》，民國85年。

〔註49〕佛典中的偈頌形式，絕係採用當時中土詩壇流行的形式，一方面藉以體現偈頌於原典中本是詩的體制，一方面藉由"流行形式"以收傳教之效。此論述於論文第三章第一節中已有說明。另外，表14的偈頌整理，亦是爲了考察偈頌的形式與中國詩歌形式的關連性，我們由表中可發現：每一時代的漢譯偈頌，其言數形式，絕無超出當代詩壇之言數形式，而其篇幅長短則不在其限，此亦可說是偈頌脫胎於中國詩歌形式，而又超越中國詩歌形式的展現。

〔註50〕見附錄表14，漢代所譯之佛典中，已有許多七言形式的偈頌，而篇幅甚長者所在多有。例如支讖所譯《般舟三昧經》中，七言偈頌者繁多，篇幅較長者，有64句、有88句，更有多達188句。而漢代佛典中七言偈頌的出現，無異說明了漢時七言詩亦爲詩壇流行趨勢。必須說明的是，所有的偈頌都不押韻，與一般詩歌並不完全相同；然偈頌的形式係借鑑於中土詩歌之形式，則爲確然之事。

〔註51〕漢魏六朝漢譯偈頌中，率多五言形式，可參見表14，附註欄中有統計說明。

〔註52〕將〈孔雀東南飛〉視爲南朝作品，係依據梁啓超及陸侃如之見，於下文將有說明。

〔註53〕參見表14。

〔註54〕此詩首見於梁代徐陵《玉臺新詠》卷一，題爲〈古詩無名人爲焦仲卿妻作〉，後人因此詩以「孔雀東南飛」爲首句，遂泛稱詩名爲〈孔雀東南飛〉。全文凡353句，計1765字。

〔註55〕胡適《白話文學史》上卷，第六章〈故事詩的起來〉，稱敘事詩爲故事詩，台北市：遠流，1986年10月第二版。邱燮友《中國歷代故事詩》（一）亦云：「故事詩（Epic）是屬於敘事詩的一種。詩的主題，從頭到尾，著重在鋪敘一個完整的故事；寫詩的人，只站在客觀的立場，用比較自由的詩律，描寫一些民間傳誦的故事，古代流傳下來的神話，或是一些傳奇的事實，這種以鋪敘故事爲主的詩歌，便可稱爲故事詩。因此，故事詩多半是些長篇的敘事詩。」（頁4）作者於此書中將中國歷代的詩歌，

時期，作者為當時的民間詩人，因感傷其事，發而為詩篇〔註56〕。然近人梁啟超先生疑此詩非出自東漢人手筆，將之視為六朝人所作，〈中國之美文及其歷史〉中云：

> 這首歌是好的，惟音節太諧協，和梁武帝〈河中之水〉、鮑照〈行路難〉那一類詩極相近，我很懷疑是六朝作品〔註57〕。

誠如梁氏所說，〈孔雀東南飛〉的藝術技巧極為成熟，不僅詩歌所塑造的藝術渲染力濃厚，使人讀之深感共鳴，音律亦鏗鏘諧和，有節奏感。梁氏於〈印度與中國文化之親屬關係〉一文中，更明言該詩不僅為六朝作品，且是深受佛教思想影響的六朝人作品：

> 我們古詩，從三百篇到漢魏的五言，大率情感主於溫柔敦厚，而資料都是現實的。像〈孔雀東南飛〉和〈木蘭詩〉一類的作品，都起自六朝，前此卻無有（〈孔雀東南飛〉向來都認為漢詩，但我疑心是六朝的，我別有考證）。《佛本行讚》現在譯成四本，原來只是一首詩。把佛一生事蹟添上許多詩的趣味，譜為長歌，在印度佛教史上力量之偉大，固不待言。譯成華文以後，也是風靡一時，六朝名士幾於人人共讀。那種熱烈的情感和豐富的想像力，輸入我們詩人的心靈中當不少。只怕〈孔雀東南飛〉一路的長篇敘事抒情詩，也間接受著影響罷〔註58〕。

《佛所行讚》為印度詩人馬鳴菩薩所造；收錄於《大正藏》中，為五卷本，署名為北涼曇無讖所譯，全經皆以五言偈頌讚頌佛陀一生之事蹟，計四萬多字，文辭猷麗明朗，有民謠風味。然因現存最早的經錄《出三藏記集》，其卷二並未登錄此經為曇無讖所譯〔註59〕，而隋《房錄》卷九始登錄此經為曇無讖翻譯，故鎌田茂雄先生認為此經非曇無讖所譯〔註60〕。另外，小野玄妙先生亦謂此經非曇無讖所譯，而是東晉至劉宋時代的寶雲（A.D.376～449）所譯，他以為：「此五卷本確為寶雲所譯，觀其翻譯與文章，亦與寶雲相稱。」〔註61〕若依此，視此經為劉宋時寶雲所譯，則此

做一整理，摘錄出 57 首故事詩，而其中〈孔雀東南飛〉亦羅列其中（頁 11）。台北：三民書局，民國 63 年 5 月四版。

〔註56〕其序文為：「漢末建安中，廬江府小吏焦仲卿妻劉氏，為仲卿母所遣。自誓不嫁，其家逼之，乃投水而死。仲卿聞之，亦自縊於庭樹。時人傷之，為詩云爾。」見逯欽立輯校《先秦漢魏晉南北朝詩》上冊，頁 283。

〔註57〕轉引自邱燮友《中國歷代故事詩》（一）頁 89。

〔註58〕見《飲冰室文集》第七冊，頁 42，台北市：中華書局，民國 61 年。

〔註59〕《出三藏記集》卷二皆記載東漢至劉宋時期各譯者所譯經目。茲將曇無讖所譯經目，整理於表 2-8，以備參考。

〔註60〕見鎌田茂雄《中國佛教通史》第三卷，頁 40，高雄：佛光出版社，民國 75 年。

〔註61〕見小野玄妙《佛教經典總論》，頁 85，新文豐出版社，民國 72 年元月初版。小野先

經應至劉宋時方得傳頌；但若據《歷代三寶記》、《開元釋教錄》所載，視此經爲北涼曇無讖所譯，則此經最早亦須至劉宋時方得傳頌，故無論此經爲上述何者所譯，此經須至劉宋時方得流傳，乃是可推斷的。那麼，其對〈孔雀東南飛〉作品的影響，亦不應早於劉宋。

陸侃如先生〈孔雀東南飛考證〉一文中，亦肯定《佛所行讚》及《佛本行經》對〈孔雀東南飛〉的催生：

> 假使沒有寶雲（《佛本行經》譯者）與無讖（《佛所行讚》譯者）的介紹〔註62〕，〈孔雀東南飛〉也許到現在還未出世呢？更不用說漢代了〔註63〕。

另外，陸侃如、馮沅君二氏合著之《中國詩史》，亦重申〈孔雀東南飛〉爲南朝人所作：

> 《焦仲卿妻》舊有序如下：……因此，一般人大都把它當作漢辭。然而懷疑的人也不是沒有。例如宋劉克莊《後村詩話》（前集卷一）說：『《焦仲卿妻》詩，六朝人所作也。』近來張爲騏在《孔雀東南飛時代袪疑》（述學社《國學月報》第二卷第十一期）及《孔雀東南飛年代的討論》（同上第十二期）裡，曾列舉"交廣市鮭珍"、"下官奉使命"、"足下躡絲履……纖纖作細步"、"初七及下九"、"六合正相應"、……等句子，說明篇中有許多建安以後的詞彙，所以我們可以相信它到了《玉台新詠》的時候，才有最後的寫定。那麼我們怎還能說它是漢代的樂章呢？我們至多只能承認它與《拂舞歌》的例子相同，而《拂舞歌》也只能說是晉代的舞曲。我們現在把它列入南朝《雜曲》中，也許不算太武斷吧〔註64〕。

在此引文中，陸、馮二氏認爲該詩中的許多詞彙皆屬東漢建安以後的用詞語彙，而將該詩列爲南朝作品。其後，胡適先生在《白話文學史》〈故事詩的起來中〉，否定

生比較《祐錄》卷二所載曇無讖譯經目錄，及寶雲譯經目錄，認爲曇無讖譯經目錄中並無《佛所行讚》一書，而寶雲譯經目錄中有《佛所行讚》一書，且僧祐注云：「一名《馬鳴菩薩讚》，或云《佛本行讚》。六合山寺出。」而未載曇無讖譯此經，再根據現存五卷本《佛所行讚》一書的翻譯體例、文筆等，認爲此經係劉宋翻譯名家寶雲所譯，而非北涼曇無讖所譯。

〔註62〕將《佛本行經》視爲寶雲譯，乃是自《開元錄》始；而《佛所行讚》視爲曇無讖譯，乃是自《房錄》始。然據最早經錄梁僧祐《祐錄》所載，《佛所行讚》是列爲寶雲所譯，而《佛本行經》則是僧祐已見，但經本已佚失譯者名，故將之列於〈新集續撰失譯雜經錄〉部份，其云：「新集所得，今並有其本，悉在經藏」（《祐錄》頁180）。但此二經皆爲梁代時可見，則爲可確定的。

〔註63〕見《國學月報》第三期，陸氏於論文中並根據"華山畿"、"青盧"、"龍子幡"等詩中用語，推斷此詩爲齊梁時人作品。轉引自邱燮友《中國歷代故事詩》（一）頁90。

〔註64〕見《中國詩史》頁207，山東大學出版社，1996年3月第一版。

梁、陸二氏的說法，仍主張該詩是東漢建安時期的民間歌謠。他認為：

> 我對佛教文學在中國文學上發生的絕大影響，是充分承認的。但我不
> 能相信〈孔雀東南飛〉是受了《佛本行讚》一類的書的影響以後的作品。
> 我以為〈孔雀東南飛〉之作，是在佛教盛行於中國以前。〔註65〕

胡氏於此文末尾的補記中，並認為漢樂府〈豔歌何嘗行〉首句「飛來雙白鵠，乃從西北來」，即是〈孔雀東南飛〉起首句「孔雀東南飛」之由來，並說：「『雙白鵠』已訛成『孔雀』了，但『東南飛』仍保存『從西北來』的原意」〔註66〕。

但李師立信先生之〈論偈頌對我國詩歌所產生之影響──以孔雀東南飛為例〉一文中，則認為：

> 我卻覺得「白鵠」只能變成「孔雀」，絕不可能訛成「孔雀」。因為「白
> 鵠」和「孔雀」字形上相去太遠，不可能訛誤到這種程度。所以白鵠不是
> 「訛成」孔雀，而是**作者有意用「孔雀」去取代「白鵠」**。……孔雀實為
> 南蠻所獻，非我國所固有。……孔雀一詞，或孔雀這種鳥，普遍的為一般
> 老百姓所知，應該是到了佛教傳入我國之後才有可能。因為**「孔雀」是佛
> 教經典中常提及之鳥類，或謂鳥即佛陀之化身，有宣示佛法之功用**，故被
> 視作神聖之物〔註67〕。

誠如李師所言，"白鵠"二字實無可能訛誤成"孔雀"；且〈孔雀東南飛〉本就是民歌，在民間傳唱時，即便是故意將"白鵠"傳改為"孔雀"，亦應是佛教傳入後之事。我們不敢說〈孔雀東南飛〉詩中絕對蘊含有佛家思想；但如《佛所行讚》或東漢以來之漢譯偈頌，所呈現的長篇五言形貌，單就"形式"的影響一層面而言，我們亦無法有力的否定這些長篇"近詩歌"形式的偈頌，未曾對〈孔雀東南飛〉的產生有所影響。

另外，我們試比較〈孔雀東南飛〉與《佛所行讚》二者之行文，可發現二者皆表現出濃厚的敘事性文學色彩，內容皆為一主題完整、結構性甚強的故事文學，形式皆為長篇的敘事體，且文辭著重鋪敘、堆疊。試看〈孔雀東南飛〉中描述女主角劉蘭芝欲離開夫家時，黎明即起，梳妝打扮，光可鑑人的美貌：

> 雞鳴外欲曙，新婦起嚴妝，著我繡袷裙，事事四五通。
> 足下躡絲履，頭上玳瑁光，腰若流紈素，耳著明月璫，

〔註65〕見《白話文學史》上卷，第六章〈故事詩的起來〉，頁93，台北市：遠流，1986年10月第二版。

〔註66〕同前揭書，頁103。

〔註67〕見《文學與佛學關係》頁51，台灣：學生書局，民國83初版。

指如削蔥根，口如含朱丹，纖纖作細步，精妙世無雙。〔註68〕

以一系列婦女服飾的裝束、行頭，烘托出劉蘭芝嚴粧的扮相，採順序筆法鋪敘而下。
再看《佛所行讚》〈生品〉中描述佛陀出生時的景象：

晃然後胎現，猶如日初昇。觀察極明耀，而不害眼根；

縱視而不耀，如觀空中月。自身光照耀，如日奪燈明，

菩薩真金身，普照亦如是。正真心不亂，安庠行七步，

足下安平趾，炳徹猶七星。〔註69〕

此處形容世尊出生時，猶如旭日初昇般，自身及周遭皆沐浴在光明之中；雖是一小
嬰兒，然因累世的勤修菩薩道，故甫一出生，即大放光明，照耀四方，而其所散發
的光彩，就如同初昇東陽般溫和，不若豔陽般傷人眼睛；亦如皎潔的月光般，柔和
瑩潤，直視而不耀眼。歷來的傳說，皆記載佛陀出生後，即自在安詳地行走七步，
每一步皆綻放出朵朵清蓮，此處的「安庠行七步」即此意。比較兩段文字，可發覺
二者皆採敘事鋪敘的手法，如"賦"的直截鋪采。文字亦皆流麗暢達、白話通俗。
再如〈父子相見品〉：

悉達阿羅陀，學道成而歸，內外轉相告，巨細馳出看，

門戶窗牖中，比肩而側目。見佛身相好，光明甚暉曜，

外著袈裟衣，身光內徹照，猶如日月輪，內外相映發，

觀者心悲喜，合掌涕流淚。見佛庠序步，斂形攝諸根，

妙身顯法儀，敬惜增悲歎：剃髮毀形好，身被染色衣，

堂堂儀雅容，束身視地行，應戴羽寶蓋，手攬飛龍轡，

如何冒游塵，執缽而行乞？藝足伏怨敵，貌足婇女歡，

華服冠天冠，黎民咸首陽，如何屈茂容，拘心制其形？〔註70〕

此處是描述佛陀（希達阿羅陀）證道之後回國之情景：男女老少，比肩側目於大街
小巷、門戶窗牖中，爭相竟睹其容貌。偈頌行文以種種白話通俗的形容詞讚歎佛陀
身行，以烘托出佛陀「堂堂儀雅容」。於修辭上而言，仍是採敘事鋪陳手法，讀誦起
來與民歌雅俗共賞的流暢白話特色，無分軒輊。

整部《佛所行讚》，漢譯之後，可說是將佛陀一生的事蹟，系統化地以近詩歌的
形式鋪陳出來，期間並不僅只是枯燥死板地宣揚宗教理念，而是將佛陀的生平概況，
濃縮為四萬多字的五言白話偈，穿插著由求道、受阻、調伏、轉法輪、死亡等種種

〔註68〕見逯欽立輯校《先秦漢魏晉南北朝詩》上冊，頁284。
〔註69〕見《佛所行讚》〈生品〉第一，頁2。
〔註70〕同前揭書，〈父子相見品〉第十九，頁129～130。

戲劇化張力，使文學的渲染力凸顯而出。另外，《佛所行讚》不僅將佛陀事蹟，由生至死予以交代，且每一段的主題性皆明確揭示，故雖是帶有宗教色彩的詩歌，但亦是一部聲文兼備的長篇敘事文學；反觀同時期的中國詩歌，除了蔡琰〈悲憤詩〉、〈孔雀東南飛〉及〈木蘭辭〉以外，再無長篇敘事詩歌。再者，由東漢至兩晉，於南北朝之前的漢譯偈頌中，已有許多兩三百句的長篇偈頌，而其時的中土詩歌，幾乎未有如此長的詩篇；故漢譯偈頌中廣泛出現的長篇形式，與中國長篇敘事詩的成型，其間之關係，實值我們深思。

綜上所論，中國詩歌的敘事性色彩向來不發達，且長篇的敘事詩更是闕如，那麼，在《佛所行讚》的漢譯本出現後，及其他漢譯佛典中常態性頻繁展現的長篇敘事性偈頌下〔註71〕，我們實很難否定在六朝興盛的佛教譯經事業氛圍中，這些大量的長篇敘事性偈頌，不曾對六朝文學、乃至社會，有絲毫的影響。

二、佛經轉讀、梵唄與詩歌的律化

作為近體詩的雛形，「永明詩體」於中國詩史上的價值自是不容泯滅的〔註72〕。永明詩體所著重的"四聲制韻"，將中國詩歌的音律之美推上更嚴謹精緻的趨向，促使唐代近體詩成型。

詩歌的基本特點，即是講求自然音調的和諧，故先秦兩漢詩歌即便無四聲清濁的嚴格限制，但音調的和諧亦是其所以為詩歌的特徵。降及魏、晉，聲韻之學漸興，例如魏李登《聲類》，呂靜《韻集》，皆是探討聲韻之學，《隋書·潘徽傳》即云：「李登《聲類》，呂靜《韻集》，始判清濁，才分宮羽」〔註73〕，"清"、"濁"、"宮"、"羽"的劃分，即是中國音韻之學的基礎。魏晉時，雖已有聲韻清濁的論調，但尚無"四聲"的觀念。直至劉宋、蕭齊時，佛經「轉讀」與「梵唄」之風氣漸炙，考文審音之風益盛，遂加速推動詩人們發展出"四聲"之說〔註74〕，將之運用於詩歌

〔註71〕六朝漢譯偈頌繁多，請參見表14。其中屬於敘事性之偈頌，除了《佛所行讚》之外，劉宋以前所譯者，我們仍可舉出許多，例如吳支謙《太子瑞應本起經》，西晉竺法護《德光太子經》、《鹿母經》、《普曜經》、《佛五百弟子自說本起經》、《寶髻菩薩所問經》、《寶網經》、《方等般泥洹經》等，姚秦鳩摩羅什《大莊嚴論經》、《十住經》、《菩薩藏經》、《華手經》等，竺佛念《菩薩從兜術天降神母胎說廣普經》、《菩薩瓔珞經》等，經中皆有許多長篇漢譯敘事偈頌。

〔註72〕見劉躍進《門閥士族與永明文學》頁103，北京：三聯書店，1996年3月第一版第一次印刷。

〔註73〕見《新校本隋書附索引》第二冊，頁1745，台北市：鼎文，民國76年5月第五版。

〔註74〕例如周顒著《四聲切韻》，沈約著《四聲譜》，《宋書·謝靈運傳》亦有其論聲韻之文；《高僧傳·慧叡傳》頁260，云：「陳郡謝靈運篤好佛理，殊俗之音，多所達解。乃諮叡以經中諸字，并眾音異旨，於是著《十四音訓敘》，條列梵、漢，昭然可了，使

的音律之美。

所謂"轉讀"即轉經、唱經、詠經之意，乃是以「一種正確的音調與節奏，去朗誦佛教的經文」〔註75〕，或因此種誦念經文的方法，其音調抑揚具節奏感，加以經文的配合，故使人聞之感動、喜悅〔註76〕。而"梵唄"乃是以歌唱的方式讚頌佛德，使人聞之心生歡喜、流連忘返〔註77〕，例如佛典中的"偈頌"即是可歌的〔註78〕。故《高僧傳・經師》云：

> 天竺方俗，凡是歌詠法言，皆稱爲唄。至於此土，詠經則稱爲轉讀，歌讚則號爲梵唄。昔諸天讚唄，皆以韻入弦管。

由上可知，在印度時，凡是歌詠佛法的，皆概稱爲"唄"，而唄是具備音韻之美，可以入之管弦以吟唱的。其後，佛法傳入中國後，同樣皆屬"歌詠法言"的儀式，被劃分爲"轉讀"與"梵唄"二類。佛教之所以有轉讀、梵唄，乃是爲加強傳教效果，藉此種「協諧鐘律，符靡宮商」〔註79〕的音調之美，感化民眾，拉近佛教與民眾的距離〔註80〕。而這種兼具聲文之美的傳教方式，在翻譯時，爲求漢語的單音節

文字有據焉」此皆說明了佛教所帶來的聲韻，對中土之聲韻的衝擊影響。另，陳寅恪亦云：「南齊武帝永明七年二月二十日竟陵王子良大集善聲沙門於京邸，造經唄新聲。實爲當時考文審音之一大事。在此略前之時，建康之審音文士及善聲沙門討論研求必以甚眾而且精。永明七年竟陵京邸之結集不過此新學說研求成績之發表耳。此四聲說之成立所以是值南齊永明之世，而周顒、沈約之徒，又適爲此新學說代表之人故也」（載《陳寅恪先生論文集》下冊，頁442，台北市：三人行，民國63年5月）。

〔註75〕見東初〈佛教對中國文化思想的影響〉頁122，載於張曼濤主編《佛教與中國文化》，台北市：大乘，民國67年4月初版。

〔註76〕見慧皎《高僧傳・釋僧饒傳》頁498：「饒常遶臺梵轉，以擬供養。行路聞者，莫不息駕踟蹰，彈指稱佛。」；同書〈釋智宗傳〉，頁500：「博學多聞，尤長轉讀，聲至清而爽快。若乃八關長夕，中宵之後，四眾低昂，睡蛇交至。宗則昇座一轉，梵響干雲，莫不開神暢體，豁然醒悟。」；又同書卷十三，頁508，〈經師〉篇末，慧皎論云：「轉讀之爲懿，貴在聲文兩得。若唯聲而不文，則道心無以得生；若唯文而不聲，則俗情無以得人。故經言，以微妙音歌歎佛德，斯之謂也。……故聽聲可以娛耳，聆語可以開襟。若然，可謂梵音深妙，令人樂聞者也」。

〔註77〕同前揭書，頁508：「夫音樂感動，自古而然。是以玄師梵唱，赤雁愛而不移；比丘流響，青鳥悅而忘著」。

〔註78〕見慧皎《高僧傳》〈鳩摩羅什傳〉，頁53：「天竺國俗，甚重文製，其宮商體韻，以入弦爲善。凡覲國俗，必有讚德，見佛之儀，以歌歎爲貴，經中偈頌，皆其式也」。

〔註79〕見慧皎《高僧傳》頁507，卷十三〈經師〉論云：「西方之贊也，則作偈以和聲。雖復歌讚爲殊，而並以協諧鐘律，符靡宮商，方乃奧妙」。

〔註80〕見釋永祥《佛教文學對中國小說的影響》頁139：「佛教自從魏朱士行首開講經風氣，晉道安制訂講經一定的儀式，講經制度日趨專業化。然傳統之講經乃專講解文義，隨文敷衍，這些虛玄的道理直接講出來，不易爲一般聽眾所接受，遂輔之以『聲徹

能將譯本中梵音或胡音傳譯得當，遂參考譯本中的拼音文字，發展出"反切"〔註81〕。反切盛行之後，聲音語調愈趨精密，永明時期的"四聲說"亦終告成立，故《南史·陸厥傳》云：

> 時盛爲文章，吳興沈約、陳郡謝朓、瑯琊王融以氣類相推轂，汝南周顒善識聲韻。約等文皆用宮商，將平、上、去、入四聲，以此制韻，有平頭、上尾、蜂腰、鶴膝。五字之中，音韻悉異，兩句之內，角徵不同，不可增減，世呼爲「永明體」。〔註82〕

綜上所述，可知詩歌所以有「四聲說」，是來自於佛經翻譯時拼音問題之影響，近人陳寅恪先生〈四聲三問〉一文，即申論此一觀點：

> 據天竺圍陀之聲明論，其所謂聲 svara 者，適與中國四聲之所謂聲者相類似。即指聲之高低言，英語所謂 pitch accent 者是也。圍陀聲明論依其聲之高低，分別爲三：一曰 udatta，二曰 svarita，三曰 anudatta。佛教輸入中國，其教徒轉讀經典時，此三聲之分別當亦隨之輸入。至當日佛教徒轉讀其經典所分別之三聲，是否即與中國之平上去三聲切合，今日固難詳知，然二者俱依聲之高下分爲三階則相同無疑也。中國語之入聲皆附有 k，p，t 等輔音之綴尾，可視爲一特殊種類，而最易與其他之聲分別。平上去則其聲響高低相互距離之間雖有分別，但應分別之爲若干數之聲，殊不易定。故中國文士依據及摹擬當日轉讀佛經之聲，分別定爲平上去之三聲。合入聲共計之，適成四聲。於是創爲四聲之說，並撰作聲譜，借轉讀

里許』、『開神暢體』、『道俗傾心』的轉讀讚唄，而『宣唱佛名，依文致禮』。」高雄縣：佛光，民國 79 年 3 月初版。

〔註81〕蔡惠明〈佛經對漢語的影響〉：「現代人遇到生字，不識讀音，就查字典，依照漢語拼音來認讀，可是古人不是這樣，對生字採取同音字互注讀法，沒有同音字只好用近音字，結果輾轉失誤或以訛傳訛，流弊很多。在佛經傳譯的轉讀中，受梵文拼音的啓發，創造了反切注音的方法，就是用二個字給第三個字注音。……宋鄭樵《通志·藝文略》載：『切韻之學起自西域。舊時所傳十四字貫一切音，文省而音博，謂之婆羅門書。』這裡所指『西域』是印度，『十四字』指梵文十四個字母，『切韻』指反切。說明反切的產生，源於佛經翻譯的梵文拼音。」見《香港佛教》，385 期，民國 81 年 6 月，頁 21～22。又，田哲益〈佛教對中國文學及藝術的貢獻〉：「佛教梵唄東來，講求佛經聲調。由於梵文的拼音——華嚴字母的翻譯，啓悟了中國文字的反切，曹魏時的孫炎，因而創了『反切』，以兩字音相切而成一音。……由反切產生四聲，南朝沈約撰『四聲譜』每一字分平上去入四聲，但言聲律之論。」見《中國語文》65 卷 3 期，總號 387，民國 78 年 9 月，頁 55。

〔註82〕見《新校本南史附索引》第二冊，頁 1195，台北：鼎文，民國 74 年 3 月第四版。

佛經之聲調，應用於中國之美化文。此四聲之說所由成立乃盛行。〔註83〕

此說明轉讀佛經與中國語音中四聲之關係。印度古代的聲明論即有三聲的分別，佛典轉讀過程中，必將注意到聲之高低分別；而中土國音中的"入聲"較易分別，其餘的"平、上、去"三聲則不易判定，故中國四聲中的"平、上、去"三聲，乃是摹擬轉讀佛經之三聲而成。另外，漢譯偈頌本就是可以歌唱的〔註84〕，其宮商體韻的音韻之美，使六朝僧人好「裁製新聲」以製作梵唄〔註85〕。無論是轉讀，抑或梵唄，這些因佛教傳入所帶進中土的"新聲"，無疑是為中國詩歌追求音韻之美的藝術訴求，開啓一扇新的視野，使早已蘊含在中國單音節文字中的四聲韻律，蛻變成型，從而豐富了詩歌的形式之美。

三、佛典翻譯取向與永明清麗白話詩風的關連性

佛經翻譯理論的具體呈現，始自東晉道安所提出的「五失本，三不易」〔註86〕之說，其譯經主張為「案本而傳，不令有損言遊字」〔註87〕，其所引趙政之言，即其譯經取向：

> 昔來出經者，多嫌胡言方質，而改適今俗，此政所不取。何者？傳胡為秦，以不閑方言，求知辭趣耳，何嫌文質？文質是時，幸勿易之，經之巧質，有自來矣。唯傳事不盡，乃譯人之咎耳。〔註88〕

由上所引，可知道安在佛經翻譯理論上是主張"直譯"〔註89〕。而同時期稍後的鳩摩羅什，則在譯經主張上，較傾向於"意譯"，慧皎《高僧傳·鳩摩羅什傳》記載：

> 初沙門僧叡，才識高明，常隨什傳寫。什每為叡論西方辭體，商略同異，云：「天竺國俗，甚重文製，其宮商體韻，以入弦為善。凡覲國王，必有贊德，見佛之儀，以歌歎為貴，經中偈頌，皆其式也。但改梵為秦，失其

〔註83〕見《陳寅恪先生論文集》下冊，頁441～442。

〔註84〕見慧皎《高僧傳》，〈鳩摩羅什傳〉，頁53：「天竺國俗，甚重文製，其宮商體韻，以入弦為善。凡覲國王，必有贊德，見佛之儀，以歌歎為貴，經中偈頌，皆其式也」。

〔註85〕見慧皎《高僧傳》，〈支曇籥傳〉，頁498：「支曇籥，……嘗夢天神授其聲法，覺因裁製新聲。梵響清靡，四飛卻轉。……所製六言梵唄，傳響於今」。

〔註86〕見《出三藏記集》卷八〈摩訶▨羅若波羅蜜經抄序〉，頁290。

〔註87〕前揭書，卷十〈毗婆沙序〉，頁382。

〔註88〕同前註。

〔註89〕佛經翻譯的"直譯"、"意譯"問題，可參考梁啓超〈翻譯文學與梵典〉（見《飲冰室文集》第十四冊）。將譯經概分為意譯與直譯，主要是憑藉所見佛典呈現的風格，大體概分為二；佛典翻譯時，牽涉的層面實廣，此二分法主要是就大方向而談，而不細究當時譯者的語系等問題，因為若言及語系問題，則又易流於語言學上的探究，亦將超出本論文範疇，故茲採用梁氏說，作為此節譯經取向上的劃分根據。

　　藻蔚，雖得大意，殊隔文體。有似嚼飯與人，非徒失味，乃令嘔穢也。」
〔註90〕

由鳩摩羅什與僧叡的言談中，可知羅什對於佛經翻譯是採意譯取向的，並且重視語言傳譯上的修辭問題，強調譯經時除了能“詳其義旨”〔註91〕外，亦能凸顯原典中文辭藻蔚的面向，使改梵爲秦時，能傳其藻蔚，將原典中的內容、文采，皆傳譯得當。總體而言，佛經翻譯的文質問題，主要是討論文辭與經義的關係問題；而由六朝時期佛經翻譯的發展來看，其基本走向是由“質”趨而“文”。

　　初期譯經僧大多是由外國沙門主譯，由於外國沙門熟諳漢語者少，所以譯文大多是「頗有不盡，志存義本，辭近樸質」〔註92〕。進入六朝之後，通曉梵漢的譯經僧增多，且當時的中國僧人及文人，亦參與了譯經工作，使佛經譯文愈形通暢明順，具有一定程度的文采美〔註93〕。隨著佛經翻譯的繼續發展，衍生而出佛經翻譯理論，基本上便是向著一條偏於“文”或“文質相應”的道路發展的。

　　六朝時期，佛教興盛，文人參與佛經的翻譯工作或接受佛教氛圍的薰陶，必然溝通了佛經翻譯文學與中國文學的關係，而與語言翻譯有關的文質問題，或亦滲透浸染了當時的中土文學。一般而言，我們總說佛典中的文句是平實白話而通俗的，但這是就整體面而論；事實上，若從佛典的譯經史上去考察，我們可發現隨著時代的進展，譯經文體上有著由質趨文或文質相應的發展趨勢，絕非由文趨質的發展情勢。例如後漢安世高、支讖所譯佛經，其文字大都較爲古樸、不加潤飾；西晉竺法護所譯佛經，則「雖不辯妙婉顯，而宏達欣暢」〔註94〕；及至鳩摩羅什時，其譯經已趨於「曲從方言，趣不乖本，即文之益，亦已過半」〔註95〕的講究文采之美。而至梁代時，梁武帝大興佛教，更設置譯經博士〔註96〕，參與譯經的中國僧人及文人必是有增無減。此一方面是將中國文學的體制、文風帶進佛經翻譯文學〔註97〕；一

〔註90〕見慧皎《高僧傳》頁53。
〔註91〕見《出三藏記集》卷八釋僧叡〈大品經序〉，頁292～293：「法師手執胡本，口宣秦言，……詳其義旨，審其文中，然後書之」。
〔註92〕見慧皎《高僧傳》〈維祇難傳〉，頁22。
〔註93〕例如西晉竺法護譯經時，得到善梵學的聶承遠父子相助；姚秦鳩摩羅什譯經時，幫助他的中國僧人，如道生、道融、僧肇、僧叡等，皆是才學高超者。東晉時，僧人慧嚴、慧觀及謝靈運，曾對北本《大般涅槃經》進行改譯，將原譯本中較爲粗鄙的文句潤色修飾，使文意更顯文雅。劉宋時的中國僧人寶雲，亦爲譯經能手。
〔註94〕見慧皎《高僧傳·竺法護傳》，頁24。
〔註95〕見《出三藏記集》卷八釋慧觀〈法華宗要序〉，頁306。
〔註96〕見《梁書·武帝紀》，台北市：世界，1986。
〔註97〕例如漢譯偈頌的形式，皆不脫中國固有詩體形式。

方面亦從譯經過程中，或閱讀佛典過程中，汲取佛典中文學描寫風格及諸多異於本土的遣詞造句。此雙向的溝通、融合，是否對永明詩體的詩風，有所影響？

　　永明體的重聲韻變化，乃是受到佛經的影響，已敘述於前一小節，此處主要是探析永明體詩歌風格與漢譯佛經間的關係。《顏氏家訓·文章》記載永明詩人沈約的文學主張：

　　　　文章當從三易：易見事，一也；易識字，二也；易讀誦，三也〔註98〕。

「易見事」即指文章隸事用典當以平易通曉爲主，讓人知道內容旨意是什麼；「易識字」即文章用語不艱澀難識；「易讀誦」即吟誦時需流暢自然、朗朗上口。此爲永明詩人代表沈約的文學主張，亦可說是他的詩歌主張，其中的「易識字」、「易讀誦」，皆可說是佛典文學的特色。試看沈約〈詠湖中雁詩〉：

　　　　白水滿春塘，旅雁每迴翔。唼流牽弱藻，斂翮帶餘霜。

　　　　群浮動清浪，單汎逐孤光。懸飛竟不下，亂起未成行。

　　　　刷羽同搖漾，一舉還故鄉。〔註99〕

此詩歌朗朗上口，幾乎全由白話提煉而成，讀來清麗流暢，亦符合詩人的詩歌主張。再如其〈別范安成〉：

　　　　生平少年日，分手易前期。及爾同衰暮，非復別離時。

　　　　勿言一樽酒，明日難重持。夢中不識路，何以慰相思？〔註100〕

此詩爲贈別詩，爲沈約與范岫暮年離別時所作，詩歌語句平淡自然，亦不離其文學主張。詩中的「夢中不識路，何以慰相思」是用《韓非子》的典故〔註101〕，意指分別之後，相見實難，即使夢中相見，恐亦關山阻隔，難識徑路。雖是用典，但卻不流於晦澀，正如《顏氏家訓·文章篇》所云：「邢子才常曰：『沈侯文章，用事不使人覺，若胸臆語也。』深以此服之。」〔註102〕。北齊邢邵（邢子才）、顏之推皆博學善屬文者，顏之推爲文要求更是以"典正"、"宏麗"〔註103〕爲主，他們對於永

〔註98〕見李振興等注譯《新譯顏氏家訓》〈文章〉篇第11條，頁192，台北市：三民，民國82年8月初版。

〔註99〕見逯欽立輯校《先秦漢魏晉南北朝詩》中冊，頁1646。

〔註100〕見王鎭遠《兩晉南北朝詩選》頁259，香港：中華書局，1998年5月再版。

〔註101〕前揭書：「《韓非子》載戰國時張敏與高惠友善，張敏想念高惠，常在夢中去尋訪，但都因中途迷路而回」。

〔註102〕見李振興等注譯《新譯顏氏家訓》〈文章〉篇第11條，頁192。

〔註103〕前揭書，〈文章〉篇第10條，頁191：「吾家世文章，甚爲典正，不從流俗……無鄭、衛之音故也。」又，第8條：「文章當以理致爲心腎，氣調爲筋骨，事義爲皮膚，華麗爲冠冕。」又，第3條：「自古執筆爲文者，何可勝言。然至於宏麗精華，不過數十篇耳。」凡此，皆說明顏之推的文學主張，是以文質相兼爲主的，既需內容

明詩人代表沈約的詩歌，皆給予極高的讚賞、評價，實乃因沈約詩歌的特色，清麗流暢、用典亦平實易曉，正如其自云的「三易」原則。另一個永明詩人翹楚爲謝脁，李白曾讚其：「蓬萊文章建安骨，中間小謝又清發」〔註104〕，"清發"即清麗俊逸，茲舉其詩於下：

> 芳洲有杜若，可以贈佳期。望望忽超遠，何由見所思。
>
> 行行未千里，山川已間之。離居方歲月，故人不在茲。
>
> 清風動簾夜，孤月照窗時，安得同攜手，酌酒賦新詩。〔註105〕

此爲懷念故友所作。詩歌基調爲惆悵哀傷，然語言清俊淺白，讀來流暢協調。再如其〈江上曲〉：

> 易陽春草出，踟躕日以暮。蓮葉尚田田，淇水不可渡。
>
> 願子淹桂舟，時同千里路。千里既相許，桂舟復容與。
>
> 江上可採菱，清歌共南楚。〔註106〕

此詩提煉口語者多，文字清麗、白話，有民歌朗朗上口的韻味。大體而言，永明詩風格清新，力圖展現詩歌用語淺顯流暢，擺落晉宋以來典正麗藻的詩風，使詩歌具有清新雋永的特色〔註107〕。齊梁之際，佛教興盛，且帝王崇尚佛教者多，直接帶動了朝野間崇佛風氣，故文人信佛者頗多，永明詩人中的沈約、蕭子良、王融、陸倕等皆棲心內典，信尚佛教，與僧侶亦多有往來〔註108〕。而其時的佛典翻譯文體不僅口語白話，亦文辭遒麗，和諧流暢，例如西晉竺法護所譯《普曜經》；東晉佛馱跋陀羅所譯《大方廣佛華嚴經》；姚秦鳩摩羅什所譯《大莊嚴論經》、《妙法法華經》；劉宋寶雲所譯《佛所行讚》及失譯經《佛所行經》等〔註109〕。若將此兩種文體擺放在

　　精當，亦求文字遒麗清暢。

〔註104〕見《全唐詩》第五冊，李白〈宣州謝朓樓餞別校書叔雲〉，頁1809，北京：中華書局，1996年1月第6次印刷。

〔註105〕見逯欽立輯校《先秦漢魏晉南北朝詩》中冊，謝朓〈懷故人詩〉，頁1429。

〔註106〕前揭書，頁1417。

〔註107〕劉躍進《門閥士族與永明文學》，頁101：「劉勰認爲，五言詩創作以當以"清麗居宗"。這種主張具有鮮明的時代特色，可以說是對永明詩歌藝術風格的最準確的概括。《南史》稱謝朓"文章清麗"，《文鏡秘府論》稱王融"清而麗"，沈約倡言"遒麗之辭"，這都說明，永明詩歌既不同於前代"麗而多氣"的鮑照，也有別於後來"清機自引"（陳祚明《采菽堂古詩選》）的何遜和"文體清拔有古氣"的吳均，而是清麗並舉，承前啓後」。

〔註108〕見《南史》本傳。

〔註109〕現行本《佛所行讚》作曇無讖譯，而《佛所行經》作寶雲譯。然日人小野玄妙《佛教經典總論》（頁85），認爲此乃錯誤的，因爲：於《祐錄》中，《佛所行讚》是列於寶雲譯經目錄中，而《佛本行經》則別列於失譯經中，可見僧祐時，《佛所行經》

當時的文化背景中去比較，我們或亦可說其時的佛經翻譯主張及其文學表現，對永明詩體清麗淺白、和諧流暢的詩風展現，有其一定程度的關連。

第三節　異於前代內容之新聲

　　六朝詩歌相較於兩漢詩歌，於題材內容上而言，有其迥異於兩漢詩歌的拓展。趙敏俐《漢代詩歌史論》，將漢詩劃分爲「歌詩」和「誦賦」兩大類；誦賦又細分成騷體賦和散體賦，而歌詩則細分爲騷體詩、樂府詩及文人五言詩〔註110〕。而依現存的漢詩，觀其內容題材表現，或爲宗廟祭祀詩，如〈郊祀歌〉〔註111〕、〈武德舞歌詩〉〔註112〕、〈論功歌詩〉〔註113〕等；或爲對政治黑暗、民不聊生的批判，如〈成帝時童謠〉、〈成帝時歌謠〉、〈王莽末天水童謠〉〔註114〕、〈戰城南〉〔註115〕、〈皇甫嵩歌〉〔註116〕、〈桓帝初城上烏童謠〉〔註117〕等；或爲對愛情的追求，如〈上邪〉〔註118〕、〈答秦嘉詩〉〔註119〕、〈飲馬長城窟行〉〔註120〕、〈羽林郎詩〉〔註121〕、〈白頭吟〉〔註122〕等；或爲感傷亂世、及時行樂的抒發，如〈怨詩行〉、〈滿歌行〉〔註123〕、古詩十九首中的〈驅車上東門〉、〈生年不滿百〉〔註124〕、〈西門行〉〔註125〕等；或爲對建功立業、實現政治理想的渴望，如〈大風歌〉〔註126〕、〈瓠子歌〉

　　　　已失譯人名，僅存經本；且《祐錄》中曇無讖譯經目錄裡，並無列舉《佛所行讚》，故不認爲曇無讖曾譯有此經。茲從小野先生論見。

〔註110〕見張松如主編，趙敏俐著《漢代詩歌史論》，頁 33，吉林教育出版社，1995 年 12 月第一版。
〔註111〕見逯欽立輯校《先秦漢魏晉南北朝詩》上冊，頁 147～154。
〔註112〕同前揭書，頁 167。
〔註113〕同前揭書，頁 169～170。
〔註114〕同前揭書，頁 126～127。
〔註115〕同前揭書，頁 157。
〔註116〕同前揭書，頁 213。
〔註117〕同前揭書，頁 219～220。
〔註118〕同前揭書，頁 160。
〔註119〕同前揭書，頁 188。
〔註120〕同前揭書，頁 192。
〔註121〕同前揭書，頁 198。
〔註122〕同前揭書，頁 274。
〔註123〕同前揭書，頁 275～276。
〔註124〕同前揭書，頁 332～333。
〔註125〕同前揭書，頁 269。
〔註126〕同前揭書，頁 87。

〔註127〕、〈霍將軍歌〉〔註128〕等。大抵而言，漢詩的內容表現，可概括爲對大漢帝國的歌頌、晦暗時政的諷諭、民間疾苦的揭發、權貴奢華的抨擊、棄家遠遊的孤寂、理想生活的希冀、男女相思的哀愁、及時行樂的頹放和懷才不遇的苦悶等等。這些題材表現，降及時局更加不穩定的魏晉六朝，我們仍可發現上述題材內容反映於詩歌之中；然除了上述詩歌內容的展現之外，六朝詩歌的題材內容，亦有超越漢詩內容格局之處〔註129〕，例如玄言詩、山水詩、佛理詩、宮體詩等的初試啼聲。

　　東漢時，佛教已傳入中國，由東漢至魏晉六朝，漢譯佛典的工作未曾稍輟，在第二章中，我們已說明此時期所譯佛典數量龐大，單就六朝所譯佛典而言，其數量已多達六百餘部〔註130〕。此時期佛教大盛，乃是歷史上不爭的事實，若以"文學社會學"的角度而言，此時期所瀰漫的崇佛風氣，實值吾人深入探討這股社會風潮對文學所發生的影響及改變。而由於本文所鎖定的是詩歌，故研討重心乃在於探究六朝詩歌中染有佛教因子的詩歌表現，如玄言詩、山水詩、佛理詩、永明詩、宮體詩等。而這些詩歌中，佛教色彩最濃郁者，莫過於"佛理詩"，故本節擬鎖定此一詩歌類型探討。至於永明詩風與佛教的關係，已於前一節中論述。而玄言詩及山水詩染有佛教色彩的傾向，亦於第一節中大略說明，此二者因與漢譯偈頌有關連，較契合下一章的主題，故留置下章說明；同樣，宮體詩與佛教、漢譯偈頌的關係，我們亦將其置於下一章節探討。現先說明六朝詩歌於內容上異於前代之新聲——佛理詩——於下。

一、吟詠佛理的先驅詩歌

　　六朝詩歌中帶有佛教思想者，殊不少見。由於下一小節，擬針對僧侶詩歌作探討，故此一小節僅針對僧侶之外的詩人表現作探討。

　　六朝詩人，信佛者多，由東晉所形成的「名人釋子共入一流」的社會風氣，造成方內詩人〔註131〕或棲心內典，或與僧侶酬唱，或吟詠佛理，此現象在前代可說尚無所見，而唐詩中許多涵蘊佛理於景物中的成熟作品，亦可謂是淵源於六朝詩歌中同類型者，故處於發跡期的六朝，其於開創詩歌類型的貢獻，實居功厥偉。那麼，

〔註127〕同前揭書，頁 93。
〔註128〕同前揭書，頁 314～315。
〔註129〕此處言「超越漢詩內容格局」並無任何褒貶義，純粹是就文學的發展角度上，詩歌題材的表現手段更爲多樣化而言。
〔註130〕此數目據《大正新修大藏經》所錄六朝佛典，作一統計。
〔註131〕此處所說之「方內詩人」，乃是對應於方外詩人而言。名稱係依高觀如《佛學講義》〈中國佛教文學〉，頁 478，新店：圓明，民國 81 年 10 月第一版第一刷。

六朝方內詩人所作與佛理相關之詩歌，究竟有哪些呢？茲擇其要者，概述於下。

　　東晉初年，一批與僧人支遁密切交往的玄言詩人，箇中亦有佛教信徒，如孫綽、許詢等，前人言其詩中多涵詠佛家「三世之辭」〔註132〕。然許詢存留的詩篇極少，其中以〈農里詩〉〔註133〕較可看出與玄理之關連，但無法窺其是否蘊含對佛理之領悟，故此不論之。而就孫綽現存詩作來看，其〈遊天台山賦〉〔註134〕可說是將其釋、道思想與山水描繪渾融為一，表現出歸隱求道的思想，試看其末段內容：

　　　　悟遣有之不盡，覺涉無之有間；泯色空以合跡，忽即有而得玄；

　　　　釋二名之同出，消一無於三幡，恣語樂以終日，等寂寞於不言。

　　　　渾萬象以觀冥，兀同體於自然。〔註135〕

引文中，既有玄理之申發，亦有佛理的流露，且皆徑以各自專有名詞入詩，例如"悟"、"覺"、"色空"、"有"、"無"、"同體"等，皆為佛教用語，而"合跡"、"得玄"、"觀冥"等皆屬玄談範疇，這些用語的輸入，亦使此篇作品的「說理性」於末段凸顯出來。此時期借佛釋玄、借玄釋佛的現象極為普遍，我們由此作品中，實可見證此現象。

　　而許、孫之前，亦有張翼（張君祖）〔註136〕作〈詠懷詩〉三首、〈贈沙門竺法頵〉三首、〈答庾僧淵詩〉〔註137〕等，及〈道樹經讚〉、〈三昧經讚〉〔註138〕等。其詩中亦是玄、佛合流，既鍾情於大乘、亦逍遙於老莊，例如其〈贈沙門竺法頵〉第三首：「萬物可逍遙，何必棲形影？勉尋大乘軌，練神超勇猛」〔註139〕，再如其〈答庾僧淵詩〉：「茫茫混成始，豁矣四天朗。……大慈濟群生，冥感如影響。蔚蔚沙彌

〔註132〕《世說新語》〈文學〉篇85條，劉注引《續晉陽秋》云（頁143）：「至過江，佛理尤盛，故郭璞五言始會合道家之言而韻之，詢及太元孫綽轉相祖尚，又加以三世之辭，而《詩》《騷》之體盡矣」。

〔註133〕見逯欽立《先秦漢魏晉南北朝詩》中冊，頁894。

〔註134〕劉熙載《藝概・賦概》頁122，曰：「詩為賦心，賦為詩體。……賦無非詩，詩不皆賦。」依此，則〈遊天台山賦〉亦可視為詩。

〔註135〕見《全上古三代秦漢三國六朝文》《全晉文》卷61。

〔註136〕《廣弘明集》卷三十，題為"陳張君祖"，將之視為陳代人。然逯欽立《先秦漢魏晉南北朝詩》中冊，頁891云：「《詩紀》云：按張君祖、庾僧淵諸詩，皆恬淡雅逸有晉風，歷選陳世無此作也。考高僧傳有康僧淵、竺法雅者，並在晉成帝時，疑即此人歟？《廣弘明集》云陳張君祖，既不能明，姑列於此。逯案：《法書要錄》，張君祖有名晉穆帝時。又按《世說新語》，庾僧淵與殷浩相善，則二人為同時人，故互有贈答之作。厄林馮解謂二人詩應列晉代是也。今改入晉編。」茲從逯氏所論述，將張君祖歸於晉代。

〔註137〕上引諸詩見逯欽立《先秦漢魏晉南北朝詩》中冊，頁891～894。

〔註138〕見《廣弘明集》卷三十（《大正》52・359b）。

〔註139〕見逯欽立《先秦漢魏晉南北朝詩》中冊，頁893。

眾，粲粲萬心仰。誰不欣大乘？兆定於玄曩。」〔註140〕皆是雜糅玄、佛。換言之，此時的佛理詩，與玄言詩的分界，尚不明顯，玄、佛並舉，可說是東晉初的佛理詩特色。

以玄理入詩，東晉初已盛；而以佛理入詩，雖亦可由東晉初詩歌中找尋出一絲蛛絲馬跡，然真正能將"佛理"藝術性地交融於詩歌中，則以晉末謝靈運的詩歌表現，較為後人推崇。

眾所公認，方內詩人中，成功地將佛理與詩歌結合為一，應首推東晉謝靈運〔註141〕。在宗教信仰上，他也篤信佛教〔註142〕，作有〈與諸道人辨宗論〉〔註143〕，並為慧遠的佛影窟制銘刻石，作〈佛影銘并序〉〔註144〕；也與名僧慧遠、慧叡、曇隆道人、法勗、僧維、慧驎、竺法綱、慧琳、法流等有所往來〔註145〕，此外，並與慧嚴、慧觀改譯《大般涅槃經》（世稱南本）。其詩作中往往滲入宗教感情，流露佛家意識，故白居易稱歎謝詩：「往往即事中，未能忘興諭」〔註146〕，此不但是其詩的典型架構，且亦為大多數宋齊山水詩人所仿效追隨〔註147〕。謝靈運本為永嘉太守，辭官之後，於故鄉始寧縣過著山居巖棲的生活，縱情山水之際，多與僧侶往來交流，並為禮佛而常往還禪堂，石壁精舍即其常驅之處，其詩〈石壁精舍還湖中作〉、〈石壁立招提精舍詩〉，皆與其禮佛的石壁精舍有關，乃是藉山水以興情悟理，與佛

〔註140〕前揭書，頁 893～894。

〔註141〕見張碧波、呂世瑋著〈中國古代文學家近佛原因初探〉：「謝靈運的出現是中國文學史上劃時代的大事，他不僅是山水詩的鼻祖，也是把佛教和文學成功的結合在一起的開拓者，……在謝靈運之前，佛教和文學仍是『兩股道上跑的車』，偶有『秋波』，亦因無恰當的契合點而難以真正通融。是謝靈運對大自然的觀照中，發現了佛教體驗和審美體驗的共性，並成功將統一於他內心的這兩種體驗表現在詩的文學形式之中。」載於《東北師大學報》，1988 年第三期。轉引自羅文玲《南朝詩歌與佛教關係之研究》，頁 26，私立東海大學中文研究所碩士論文，民國 85 年 5 月。

〔註142〕見何尚之〈答宋文帝贊揚佛教事〉：「謝靈運每云：『六經典文，本在濟俗為治耳，必求性靈真奧，豈得不以佛經為指南耶？』」，載於《弘明集》卷十一，頁 511。又，《高僧傳·慧叡傳》頁 260 云：「陳郡謝靈運篤好佛理，殊俗之音，多所達解。乃諮叡以經中諸字，并眾音異旨，……」。

〔註143〕見龔本棟釋義《廣弘明集》〈法義〉篇，頁 182，台北市：佛光，1998 年初版。

〔註144〕《廣弘明集》卷十五，〈佛德〉篇（見《大正》52·199b～c）。

〔註145〕見慧皎《高僧傳》卷六〈慧遠傳〉、卷七〈慧叡傳〉；《出三藏記集》卷十五〈慧遠法師傳〉；《全上古三代秦漢三國六朝文·全宋文》卷三十三〈曇隆法師誄〉（台北市：中華書局，1958 年）；《廣弘明集》〈與諸道人辨宗論〉；及《國學季刊》第三卷第一號湯用彤〈謝靈運事蹟年表〉，頁 25～27，民國 21 年 3 月。

〔註146〕見《白氏長慶集》卷七，轉引自葉慶炳《中國文學史》上冊，頁 217，台北市：台灣學生，民國 79 年 9 月二刷。

〔註147〕見葉慶炳《中國文學史》上冊，頁 218。

理的體會不無相關。試看其〈石壁精舍還湖中作〉，即爲其詩歌典型風格：

> 昏旦變氣候，山水含清暉。清暉能愉人，遊子憺忘歸。
>
> 出谷日尚蚤，入舟陽已微。林壑斂暝色，雲霞收夕霏。
>
> 芰荷迭映蔚，蒲稗相因依。披拂趨南徑，愉悅偃東扉。
>
> 慮澹物自輕，意愜理無違。寄言攝生客，試用此道推。〔註148〕

詩中藉山水以興情悟理，亦即白詩所云「往往即事中，未能忘興諭」，此可說是謝靈運於詩歌上的特殊貢獻——把佛教與詩歌結合——這在中國佛教史上及詩歌史上，都有其深遠影響。

現舉其〈石壁立招提精舍詩〉〔註149〕一詩於後：

> 四城有頓躓，三世無極已。浮歡〔註150〕昧眼前，沈照〔註151〕貫終始。
>
> 壯齡緩前期，頹年迫暮齒。揮霍夢幻頃，飄忽風電起〔註152〕。
>
> 良緣殆未謝，時逝不可俟。敬擬靈鷲山〔註153〕，尚想祇洹軌〔註154〕。
>
> 絕溜飛庭前，高林映窗裏。禪室栖空觀〔註155〕，講宇析妙理。

此詩前十二句，盡述詩人於學佛中所體會的心得，對於石壁精舍的風光描寫，唯以「絕溜飛庭前，高林映窗裏」二句述之，然短短二句已勾勒出精舍周遭美麗的景致，既有山泉流庭，亦有修竹映窗，可說是利於修行者"講析妙理"的清幽環境。另，詩中援引許多佛教名詞，例如"三世"、"靈鷲山"、"祇洹"、"禪室"等，雖是說理性較重，然因與其描述禪室的閑寂清淨，在心境上能有所銜接、相互輝映，故可謂是成功地將佛理與詩歌結合爲一。再如其〈登石室飯僧詩〉〔註156〕：

> 迎旭凌絕嶝，映泫歸澂浦。鑽燧斷山木，掩岸墐石戶。
>
> 結架非丹甍，藉田資宿莽。同遊息心客，曖然若可睹。

〔註148〕見沈德潛著，王純父箋注《古詩源箋注》頁 261～262，台北市：華正，民國 81 年 11 月版。

〔註149〕見逯欽立《先秦漢魏晉南北朝詩》中冊，頁 1165。

〔註150〕指世間的富貴榮華，皆爲佛教中的"有爲法"（即由因緣和合所造作的現象），故是無常的、虛假不實的。

〔註151〕應係指「觀照」，即指以智慧觀事、理諸法，使照見明了之意。

〔註152〕上四句說明「無常」。

〔註153〕靈鷲山位於中印度摩羯陀國首都王舍城的東北側，爲佛陀多次演說妙法處。

〔註154〕「祇洹精舍」亦爲佛陀多次說法之地

〔註155〕「空觀」爲佛家語。魏晉時，《般若》佛典傳入，其所宣揚的「性空」思想，因與當時清談的老莊學說頗能會通，故在當時相當盛行（見湯用彤《漢魏兩晉南北朝佛教史》頁 171）。又，據《大智度論》卷卅一云，所謂性空即指諸法皆是眾緣和合所升起，故其體性爲性空。

〔註156〕前揭書，頁 1164。

清宵颺浮煙，空林響法鼓。忘懷狎鷗鰷，攝生馴兕虎。

望嶺眷靈鷲，延心念淨土。若乘四等觀，永拔三界苦。

此詩前半段皆描述山林風光，後四句則逕援佛理入詩，說明自己希求解脫，永離三界火宅的心願。詩中仍多參差佛教名相，如"法鼓"、"靈鷲"、"淨土"、"四等觀"、"永拔三界苦"等，使詩歌充滿濃厚的佛教氣息。必須在此說明的是：謝靈運之前的詩歌創作，將佛教名相盈於詩篇者，幾乎未見，雖有的詩篇蘊含些許佛家思想，然逕以佛教名相入詩者，似應始於謝靈運。而形體近似詩歌的漢譯偈頌，其佛教名相的使用，則充斥字裡行間；謝靈運佛學造詣甚深，已如前一小節所述，其是否受到漢譯偈頌作法的影響，實值我們加以重視。

另外，謝靈運亦有讚頌一類的詩歌〔註157〕，如〈和范光祿祇洹像讚〉三首、〈維摩詰經中十譬讚〉八首、〈和從弟惠連無量壽頌〉〔註158〕等。茲舉〈和范光祿祇洹像讚〉三首〔註159〕爲例：

〈佛讚〉

惟此大覺，因心則靈。垢盡智照，數極慧明。

三達〔註160〕非我，一援群生。理阻心行，道絕形聲。

〈菩薩讚〉

若人仰宗，發性遺慮，以定養慧，和理斯附。

爰初四等〔註161〕，終然十住〔註162〕，涉求至矣，在外皆去。

〈緣覺聲聞〔註163〕合讚〉

〔註157〕清姚鼐《古文辭類篡·序》云：「讚頌類者亦詩頌之流」，故茲將收錄於《廣弘明集》中的佛教讚頌類作品，亦納入詩歌範圍討論。

〔註158〕以上所引謝靈運之讚頌，見《廣弘明集》卷15（《大正》52·200a～c）。

〔註159〕前揭書（《大正》52·200a）。

〔註160〕「三達」即天眼、宿命、漏盡。據陳義孝居士編《佛學常見詞彙》云：「天眼能知未來生死的因果；宿命能知過去的生死因果；漏盡是知道現在煩惱的根源而盡斷之。不但知道而且明瞭叫做明，不但明瞭而且通達，叫做三達，所以以上三事在羅漢只叫做三明，在佛卻叫做三達。」（頁64，淨心文教基金會印行，民國83年4月）。

〔註161〕「四等」即《增一阿含經·序品》所說的「慈、悲、喜、捨」四無量心。

〔註162〕「十住」又稱十地住，乃指菩薩修行時所歷經的階位。據《佛光大辭典》第六冊，頁5221云：「有關菩薩階位之位次、名義，諸經論所說不一，例如發心住、治地心住等之『十住』說，在古代原本涵蓋菩薩修行之全部階位，至後世則僅相當於『十地』以前三賢位之初位而已。」若依謝靈運〈菩薩讚〉文意脈絡而究，其"十住"應係指菩薩修行的全部階位，方可謂之「終然十住」。

〔註163〕佛教有「三乘」說，即指佛陀說法時，應眾生根機之鈍、中、利，而開示三種渡越生死到涅槃彼岸的法門，計有（1）聲聞乘（2）緣覺乘（3）菩薩乘。其中的聲聞乘係指聞佛聲教而得悟道者；緣覺乘係指觀"十二因緣"而覺悟眞諦者。詳見《佛

厭苦情多，兼物志少〔註164〕。如彼化城〔註165〕，權可得寶。

誘以涅槃，救爾生死。肇允三車〔註166〕，翻乘一道。

此三首作品，與漢譯偈頌中的“讚佛偈”極為相似。讚佛偈主要是讚歎歌頌佛菩薩清淨莊嚴的種種妙行，而謝靈運這三首作品，於內容上無疑是與之相應的：不但皆以“佛”、“菩薩”、“聲聞”、“緣覺”等名號稱謂為題，且佛教用語盈溢全篇、行文中亦引用的佛教典故潤色之，這在中國本土文學中，不啻是種新鮮嘗試，且亦是純然中國佛教文學的創舉。

此外，與謝靈運同時的范泰，亦有〈佛贊〉〔註167〕：

精粗事阻，始末理通，捨事就理，即朗祛蒙。

惟此靈覺，因心則崇，四等拯物，六度在躬。

明發儲寢，孰是化初，夕滅雙樹，豈還本無。

眇眇遠神，遙遙安如，願言來期，免茲淪滑。

此亦是歌頌讚歎佛陀妙行，與上所引之讚皆同。在中國文學中，雖於文體中早有讚頌一流，然如此洋溢宗教氣息，且主要在讚頌佛教者，於東晉以前，實未可尋見；而佛典自東漢翻譯以來，及至東晉，已有許多漢譯偈頌充斥於佛典中（請參見附錄表 14），其間屬於讚頌一流者，實不勝枚舉。那麼，我們似可由此現象脈絡中，發覺漢譯偈頌對中國詩人作品內容的影響。除了以上所引，晉末王齊之亦有〈念佛三昧四言詩〉〔註168〕：

妙用在幽，涉有覽無，神由昧徹，識以照麤，

積微自引，因功本虛，泯彼三觀，忘此毫餘。（其一）

空漢河始，理玄通微，融然忘適，乃廓靈暉，

心悠綿域，得不踐機，用之以沖，會之以希。（其二）……

慨自一生，夙之慧識，託崇淵人，庶藉冥力，

思轉豪功，在深在測，至哉之念，注心西極。

光大辭典》第一冊，頁593。

〔註164〕指此二乘但求自利，而不像菩薩乘般自利利他，願度一切眾生。

〔註165〕「化城」是指變化而成的城邑，係引用《法華經·化城喻品》之典故。其意係用以比喻聲聞、緣覺二乘所得的涅槃並非真實，乃是佛陀為使他們達至大乘佛果的方便假說，故下句曰「權可得寶」，即謂為使二乘能不退菩提心，故權宜之誘以小乘教法。

〔註166〕「三車」係出於《法華經·譬喻品》中火宅三車之典故。係指羊車（喻聲聞乘）、鹿車（喻緣覺乘）、牛車（喻菩薩乘）。

〔註167〕見《廣弘明集》卷15（《大正》52·199c）。

〔註168〕見《廣弘明集》卷30，〈念佛三昧〉（《大正》52·351c）。

此詩主要在歌詠"念佛三昧"〔註 169〕所帶來的法喜，說明在禪定之中，觀想佛德、稱念佛名，遠離一切煩惱雜染的融然忘適，並發願欲以此往歸西方淨土。詩中亦多援引佛教名相，如"三觀"、"注心西極"等，凡此，皆是佛教傳入，所帶來的文學變化，而與如此的文學變化最關聯者，莫過於形體近似於詩的漢譯偈頌。

及至南齊，方內詩人代表，首推沈約及王融，此二人皆爲永明體之創作詩人，然因其宗教信仰的關係，二者皆有表現佛教思想的詩篇，其中尤以沈約爲多。例如沈約的〈八關齋詩〉〔註 170〕，及〈瑞石像銘〉、〈釋迦文佛像銘〉、〈千佛頌〉、〈彌勒贊〉、〈棲禪精舍銘〉〔註 171〕等，其中〈釋迦文佛像銘〉、〈千佛頌〉、〈彌勒贊〉於內容表現上，實如漢譯偈頌。茲先引沈約〈八關齋詩〉於下：

> 因戒倦輪飄，習障從塵染。四衢道〔註 172〕難闢，八正〔註 173〕扉猶掩。
>
> 得理未易期，失路方知險。迷塗既以復，豁悟非無漸。

此詩是記載詩人於八關齋戒〔註 174〕中所感發的心得。說明自己因受戒後的身心自在，而厭棄輪迴流轉的業報，並深知一切愛惡習氣均是源自於塵世中所薰習而來。最後，勉勵自己既已能在學佛中找回迷失塵世的心靈，則開悟智慧亦必可期。詩中仍援引許多佛教名相，例如"戒"、"習障"、"塵染"、"四衢道"、"八正"、"悟"等。另外，再引沈約〈彌勒贊〉〔註 175〕以示：

> 乘教本一，法門不二，業基累明，功由基地，
>
> 眇眇長津，遙遙遐裔，道有常尊，神無恒器，
>
> 脫屣王家，來承寶位，慧日晨開，香雨霄墜，
>
> 藉感必從，憑緣斯至，曰我聖儲，儀天作貳，
>
> 尚相龍柯，瞻言思媚，鑴石圖微，雕金寫祕，
>
> 望極齊工，攀光等邃，超矣廢臻，融然理備，
>
> 敬勒玄蹤，式傳遐懿。

引文內容是稱歎彌勒菩薩種種妙行，並說明此贊是爲彌勒石像而作，希望將其懿行

〔註 169〕指以念佛爲觀想內容的一種禪定。

〔註 170〕見逯欽立《先秦漢魏晉南北朝詩》中冊，頁 1639。

〔註 171〕以上所引銘、贊，見《廣弘明集》卷 16（《大正》52·211c～213a）。

〔註 172〕「四衢道」指佛陀初轉法輪時，所開示的苦、集、滅、道四諦，爲佛教基本教義。

〔註 173〕「八正」係指八正道，係指八種求趣涅槃的正道：正見、正思惟、正語、正業、正命、正精進、正念、正定。

〔註 174〕八關齋戒乃佛陀爲在家弟子，所制訂的暫時出家的修行活動，參與者需赴僧團居住，學習出家人的生活。名爲"八關齋戒"亦即八種齋戒法。詳細資料，可參《佛光大辭典》第一冊，頁 317。

〔註 175〕見《廣弘明集》卷 16（《大正》52·212b）。

傳揚之。

另外，王融的詩歌中蘊含佛理者，如〈辨德門頌〉〔註176〕、〈棲玄寺聽講畢遊邸園共七韻應司徒教〉〔註177〕、〈法樂辭〉十二章〔註178〕、〈大慚愧門詩〉、〈努力門詩〉、〈迴向門詩〉〔註179〕等。茲引其〈法樂辭〉十二章中的〈本起〉、〈得道〉及〈學徒〉三章為例：

> 天長命自短，世促道悠悠。禪衢闢遠駕，愛海亂輕舟。
> 累塵曾未極，心樹豈能籌。情埃何用洗？正水有清流。〈本起〉
> 明心弘十力，寂慮安四禪。青禽承逸軌，文驪鏡重川。
> 鷲巖標遠勝，鹿野究清玄。不有希世寶，何以導蒙泉？〈得道〉
> 昔余輕歲月，茲也重光陰。閨中屏鉛黛，闕下挂纓簪。
> 禪悅兼芳旨，法丂忘清琴。一異非能辨，寵辱誰為心。〈學徒〉

〈法樂辭〉主要是將佛陀一生重要事蹟大略回顧，記述世尊自出生至出家證道的簡略過程，並表明自己追隨佛法的心志。所引三首，前二首即是敘述佛陀者，後一首則為詩人自述，說明未識佛法時的輕忽逸樂，及信受佛法之後，法喜充滿、寵辱皆忘的安適怡然。

另外，再引一首王融〈努力門詩〉以示：

> 豫北二山尚有移，河中一洲亦可為。
> 精誠必至霜塵下，意氣所感金石離。
> 有子合掌修名立，時王權髮美譽垂。
> 昔來勤心少騫墮，何不努力出憂危！
> 勝幡法鼓縈且擊，智師道眾紛以馳。
> 有生無我儼既列，無明有我孰能窺？

此詩氣勢磅礴，將詩人心中向道之心的堅定懇切直截抒出，與漢譯偈頌中的宣誓類型，頗有相通。詩中亦運用許多佛教名相，例如“法鼓”、“智師道眾”、“有生無我”等，使詩歌瀰漫著異域風味。

此外，有梁一代，可說是六朝中，佛教被帝王推廣得最為興盛的時代，上至帝王，下至群臣百姓，率皆禮佛。蕭梁一族由武帝起，即尊奉佛教，皇室所寫的佛理詩，即佔此一時期佛理詩的大半；上行下效的緣由下，亦帶動臣子們書寫佛理詩的

〔註176〕見《廣弘明集》卷 27（《大正》52‧306c）。
〔註177〕見《廣弘明集》卷 30（《大正》52‧352c）。
〔註178〕見《廣弘明集》卷 30（《大正》52‧352a～c）。
〔註179〕見逯欽立《先秦漢魏晉南北朝詩》中冊，頁 1399～1400。

風氣：一方面是將詩人自己的宗教體驗，行之於詩文，一方面亦是奉和君王作品，以明心志之同。茲將此時的方內詩人，羅列於下，如：梁武帝蕭衍〈十喻詩〉五首〔註180〕、〈遊鍾山大愛敬寺詩〉〔註181〕、〈和太子懺悔詩〉〔註182〕、〈覺意詩賜江革〉〔註183〕、〈述三教詩〉〔註184〕等；江淹〈吳中禮石佛詩〉〔註185〕等；昭明太子蕭統〈和武帝遊鍾山大愛敬寺詩〉、〈開善寺法會詩〉、〈同泰僧正講詩〉、〈鍾山解講詩〉、〈東齋聽講詩〉〔註186〕等；蕭子顯〈奉和昭明太子鍾山講解詩〉〔註187〕；梁簡文帝蕭綱之〈菩提樹頌〉〔註188〕、〈望同泰寺浮圖詩〉、〈蒙預懺直疏詩〉、〈蒙華林園戒詩〉、〈旦出興業寺講詩〉、〈十空詩〉六首〔註189〕、〈賦詠五陰識枝詩〉〔註190〕、〈和會三教詩〉〔註191〕及〈被幽述志詩〉〔註192〕等；王訓〈奉和望同泰寺浮圖詩〉〔註193〕；王臺卿〈奉和望同泰寺浮圖詩〉、〈奉和往虎窟山寺詩〉〔註194〕；劉孝綽〈賦詠百論捨罪福詩〉〔註195〕；劉孝儀〈和昭明太子鍾山講解詩〉〔註196〕；庾肩吾〈八關齋夜賦四城門更作四首〉〔註197〕、〈和太子重雲殿受戒詩〉、〈詠同泰寺浮圖詩〉〔註198〕等；王筠〈北寺寅上人房望遠岫望前池詩〉、〈奉和皇太子懺悔應詔詩〉、〈和皇太子懺悔詩〉〔註199〕等；梁宣帝〈迎舍利詩〉〔註200〕；庾信〈奉和闡弘二教應詔詩〉、〈奉和同泰寺浮圖詩〉、〈奉和法筵應詔詩〉〔註201〕等。茲舉梁武

〔註180〕見逯欽立《先秦漢魏晉南北朝詩》下冊，頁1532～1533。
〔註181〕前揭書，頁1531。
〔註182〕前揭書，頁1532。
〔註183〕前揭書，頁1538。
〔註184〕見《廣弘明集》卷30（《大正》52‧352c）。
〔註185〕見逯欽立《先秦漢魏晉南北朝詩》中冊，頁1566。
〔註186〕上五詩見逯欽立《先秦漢魏晉南北朝詩》中冊，頁1795～1798。
〔註187〕前揭書，頁1819。
〔註188〕見《廣弘明集》卷15（《大正》52‧204c）。
〔註189〕上十詩，見逯欽立《先秦漢魏晉南北朝詩》下冊，頁1935～1938。
〔註190〕前揭書，頁1962。
〔註191〕前揭書，頁1967。
〔註192〕前揭書，頁1979。
〔註193〕見《廣弘明集》卷30（《大正》52‧353a）。
〔註194〕此二詩見逯欽立《先秦漢魏晉南北朝詩》下冊，頁2088～2089。
〔註195〕前揭書，頁1840。
〔註196〕前揭書，頁1893。
〔註197〕見逯欽立《先秦漢魏晉南北朝詩》下冊，頁2005～2008。
〔註198〕以上二詩見逯欽立《先秦漢魏晉南北朝詩》下冊，頁1988～1989。
〔註199〕以上三詩見逯欽立《先秦漢魏晉南北朝詩》下冊，頁2013～2014。
〔註200〕前揭書，頁2104。
〔註201〕此三詩見前揭書，頁2362。

帝蕭衍〈十喻詩〉中的〈靈空詩〉〔註202〕爲例：

> 物情異所異，世心同所同。狀如薪遇火，亦似草行風。
>
> 迷惑三界裏，顛倒六趣中。五愛性洞遠，十相法靈沖。
>
> 皆從妄所妄，無非空對空。

「十喻」爲大乘經典中的十種譬喻，主要在藉由譬喻教示“諸法皆空”與“人身無常”的空觀思惟。十喻分別爲：（1）幻喻（2）焰喻（3）水中月喻（4）虛空喻（5）響喻（6）犍闥婆城喻（7）夢喻（8）影喻（9）鏡中像喻（10）化喻。梁武帝〈十喻詩〉五首僅以十喻中的幻喻、焰喻、虛空喻、犍闥婆城喻、夢喻爲喻。上所引之〈靈空詩〉即虛空喻〔註203〕，說明世間一切皆是無常無實體的，彷若木材遇火之後，再不見其貌，亦若草原上急馳而過的風般，稍縱即逝，這些皆是佛理所揭示的世象無常，然世人卻執著認爲一切皆有其實體，而忽視無常所昭示的妄象，遂迷惑流轉於三界六趣中。詩風說理性濃郁，亦引用許多佛教名詞入詩，如“迷惑三界”、“顛倒六趣”、“妄”、“空”等，誠爲典型的佛理詩。再引蕭衍〈述三教詩〉於下：

> 少時學周孔，弱冠窮六經。孝義連方冊，⋯⋯⋯⋯⋯⋯⋯
>
> 中復觀道書，有名與無名，妙術鏤金版，⋯⋯⋯⋯⋯⋯
>
> 晚年開釋卷，猶月映眾星。苦集始覺知，因果方昭明。
>
> 示教唯平等，至理歸無生。分別根難一，執著性易驚。
>
> 窮源無二聖，測善非三英。大椿徑億尺，小草裁云萌。
>
> 大雲降大雨，隨分各受榮。心相起異解，報應有殊形。
>
> 差別豈作意，深淺固物情。

此詩是梁武帝自述其思想的變化過程。說明其少時學儒家思想，中年又浸染道家思想，直至晚年方展佛典，薰受佛法，至此方覺佛法如夜空中的明月般，一切眾星皆難以蔽其光芒，並闡述其於佛理上的領會。詩中佛教名相紛陳，如“苦”、“集”、“因果”、“無生”、“執著”、“報應”等，佛教色彩實不言而喻。

而昭明太子蕭統，其於作品中，亦有多首蘊含佛理的詩歌，茲舉其〈東齋聽講詩〉〔註204〕爲例：

> 昔聞孔道貴，今觀釋花珍。至理乃悟寂，承稟實能仁。

〔註202〕見逯欽立《先秦漢魏晉南北朝詩》中冊，頁1533。

〔註203〕「虛空喻」是將諸法皆空的佛理以虛空（天空、太空）爲喻，說明遠視青空，彷若有實色，然一旦飛上青空，則又無所見其色，如同諸法視之以爲有，實則但有其名、而無實體的道理。

〔註204〕見逯欽立《先秦漢魏晉南北朝詩》下冊，頁1798。

　　　示教雖三徹，妙法信平均。信言一鄙俗，延情方慕眞。

　　　庶茲袪八倒，冀此遣六塵〔註205〕。……

此詩與武帝的〈述三教詩〉異曲同工，亦是說明少年貴孔道，而今慕釋教的心志。說明佛教的悟寂，實是一本慈悲，並非一片槁木死灰、萬籟具寂。並云佛法平等地廣被眾生，人人皆能信受成佛，祈願自己能藉由佛理消泯對於六塵的執著。詩中同樣亦援引佛教用語，如"悟寂"、"妙法"、"六塵"等。

　　茲再引簡文帝蕭綱〈十空詩〉中之〈如響〉〔註206〕爲例：

　　　疊嶂迴參差，連峰異相拒。遠聞如句詠，遙應成言語。

　　　竟無五聲實，誰謂八音所。空成顚倒群，徒迷塵縛侶。

　　　愍哉火宅中，茲心良可去。

簡文帝〈十空詩〉與梁武帝〈十喻詩〉一樣，皆是以大乘十喻入詩，此首〈如響〉即取自十喻中之"響喻"，說明深山幽谷中，所發出的言語之聲或吶喊之聲，將迴旋於空谷中，彷若有人與之相應和般，然彼方響起之聲音，實是己之回聲，而非眞有旁人與之對話，故諸法的不眞實性亦如空谷回聲般虛幻不實。

　　此外，庾肩吾〈八關齋夜賦四城門更作四首〉，是引用佛典中敍述釋迦遊四城門、體悟世間無常之典故，茲引其中的〈北城門沙門〉、〈南城門老〉以示：

　　　經行林樹下，求道志能堅。即有神通力，振錫遠乘煙。

　　　一登四弘誓，至道莫能先。不貪曠劫壽，無論延促年。〈北城門沙門〉

　　　盛年歌吹日，顧步惜容儀。一朝衰朽至，星星白髮垂。

　　　已傷萬事盡，復念九門枝。垂軒意何在，獨坐鏡如斯。〈南城門老〉

此二詩乃是將佛陀由四城門的典故鋪陳而出，以說明出家的殊勝功德（北城門沙門）及世間無常（南城門老）的道理。前一首敍述佛陀因見沙門清淨梵行而心生出家念頭；後一首則敍述佛陀因見人臨老時的諸多衰態貌，而感悟無常的眞諦，遂捨離王子身而出家證道。

　　最後，再引王筠〈和皇太子懺悔詩〉爲例：

　　　習惡歸禮懺，有過稱能改。聖德及群生，唱說信兼採。

　　　翹心蕩十惡，邀誠銷五罪。三縛解智門，六塵清法海。

　　　超然故無著，逍遙新有待。

〔註205〕「六塵」即六根（眼、耳、鼻、舌、身、意）所對應之外境。亦即色塵、聲塵、香
　　　　塵、味塵、觸塵、法塵。陳義孝居士編《佛學常見詞彙》頁 119 云：「塵者染污之
　　　　義，謂能染污人們清淨的心靈，使眞性不能顯發」。

〔註206〕見逯欽立《先秦漢魏晉南北朝詩》下冊，頁 1937。

此詩是將佛教中的禮懺帶進詩中，祈願將身心的惡習皆藉由佛前懺悔滌蕩盡淨，詩中鋪排許多佛教名相，如"習惡"、"禮懺"、"十惡"、"五罪"、"六塵"、"法海"等，使此詩的佛理色彩濃烈。

　　另外，南北朝時期，佛教皆興，而北朝佛教之興盛，並不亞於南朝〔註207〕，故北朝時之方內詩人創作，應亦不少，然檢校史籍，抒發佛理體悟者實少。例如盧思道〈從駕經大慈照寺詩〉〔註208〕雖收錄於《廣弘明集》，然主要是描寫遊歷佛寺的風光美景，與佛理的抒發較無密切關係。而無名氏所作〈三徒五苦辭〉、〈魔王歌章〉、〈第一欲界飛空之音〉、〈第二色界魔王之章〉、〈第三無色界魔王歌〉〔註209〕諸篇，其篇名有的與佛教名相有關，例如欲界、色界、無色界，然究其內容觀之，則釋道雜糅，並非純然蘊含佛家思想者。茲引無名氏〈三徒五苦辭〉中一首爲例，因其與佛教思想較爲相關：

　　　　人命以消盡，亦猶膏中火。四大〔註210〕暫相遇，五物〔註211〕權時假。

　　　　盛年當勤學，趣求存告我。福盡身神散，冥冥地獄下。

　　　　上聖畏是故，尋道度斯福。〔註212〕

此詩主要在說明人身乃是四大、五蘊的暫時和合，一旦這些因緣條件消失，則生命一如膏中火般燃燒殆盡。故盛年時應當勤學、修福，否則福盡身散時，將因業報所趨，而至地獄。大抵而言，可算是勸世歌一類的表現。

　　至於有陳一代，方內佛教詩人當以江總爲代表，於其詩作中，我們可發現其棲心佛教，欲隱山林的出世思想，例如〈入攝山棲霞寺詩〉〔註213〕、〈遊攝山棲霞寺詩〉〔註214〕、〈靜臥棲霞寺房望徐祭酒〉〔註215〕、〈庚寅年二月十二日遊虎丘山精舍〉〔註216〕、〈明慶寺詩〉〔註217〕、〈攝山棲霞寺山房夜坐簡徐祭酒周尚書并同遊

〔註207〕佛教傳入中國，其途徑主要是經由西域而絲路而長安，初期佛教傳播多是活動於北方，之後，再傳至南方，此方面資料可參考本文第一章第一節。北朝時期佛教興盛，可由《洛陽伽藍記》中所記載大興佛寺及當時諸多佛教石窟的開鑿，見其盛況。

〔註208〕見《廣弘明集》卷30（《大正》52・358b）。

〔註209〕以上諸詩見逯欽立《先秦漢魏晉南北朝詩》下冊，頁2440～2442。

〔註210〕「四大」係指地、水、火、風四種元素，佛教主張世界萬物及人身，均由此四大所構成。關於四大的性質，詳見《佛光大辭典》第二冊，頁1649。

〔註211〕應係指「五蘊」，即指人身由"色、受、想、行、識"假和合而成。

〔註212〕見逯欽立《先秦漢魏晉南北朝詩》下冊，頁2440。

〔註213〕見《廣弘明集》卷30（《大正》52・356b）。

〔註214〕見《廣弘明集》卷30（《大正》52・357a）。

〔註215〕同前註。

〔註216〕同前註。

〔註217〕見逯欽立《先秦漢魏晉南北朝詩》下冊，頁2582。

群彥詩〉、〈營涅槃懺還塗作詩〉、〈至德二年十一月十二日升德施山齋三宿決定罪福懺悔詩〉〔註218〕等，現舉其〈遊攝山棲霞寺詩〉為例：

　　靉霖時雨霽，清和孟夏肇。栖宿綠野中，登頓丹霞杪。
　　敬仰高人德，抗志塵物表。三空〔註219〕豁已悟，萬有一何小。
　　始終情所寄，冥期諒不少。荷衣步林泉，麥氣涼昏曉。
　　乘風面泠泠，候月臨皎皎。煙崖憩古石，雲路排征鳥。
　　披逕憐森沈，攀條惜杳裊。平生忘是非，朽謝豈矜矯。
　　五淨〔註220〕自此涉，七塵〔註221〕庶無擾。

此詩意境仿效謝靈運山水詩的風格〔註222〕，將佛理與山水風光交織融合，藉由山林的清幽雅靜，映襯出詩人之出世思想。詩中亦牽合佛教名相，如“三空”、“五淨”、“七塵”等，流露出此詩的佛教色彩。在孟夏的新雨過後，詩人漫步於山林綠野中，細細品嚐著黃昏微風中的沁涼空氣，冥想起那些出世之人的高超情懷，並體悟出萬物在佛教“性空”思想中的本然虛無。起首六句，將山林的空淨與佛理羅織而出，並不予人突兀之感，因為在自然之中，心靈與大化冥合的美感經驗，於中國歷代詩歌之中，皆有所發現。之後，又將筆觸伸向自然景色中，於末四句再度托出其心志之所向，說明其學佛之後的優游自在。可說是與謝詩「往往即事中，未能忘興諭」〔註223〕的詩風相同。茲再引其〈明慶寺詩〉為例：

　　十五詩書日，六十軒冕年。名山極歷覽，勝地殊留連。
　　幽崖聳絕壁，洞穴瀉飛泉。金河知證果，石室乃安禪。
　　夜梵聞三界，朝香徹九天〔註224〕。山階步皎月，澗戶聽涼蟬。

〔註218〕上三詩見前揭書，頁2584～2585。
〔註219〕《佛光大辭典》云「三空」有二種解釋：1、唯識家依遍、依、圓三性立三空之義。即（1）無性空（2）異性空（3）自性空　依所執而分空為三種。即（1）我空（2）法空（3）俱空。詳見其書第一冊，頁574。
〔註220〕「五淨」於佛教中，本指乳、酪、酥，及黃牛（牛在印度被尊為梵天的使者）未墮地的尿、糞。然於此應係指由信、進、念、定、慧等五根的修持，將感生於五淨居天。
〔註221〕「七塵」對仗「五淨」，應係佛教名相。然是否指“七情”（喜、怒、哀、樂、愛、惡、欲），則未敢確定。
〔註222〕此詩之前有序，明言：「禎明元年太歲丁未四月十九日癸亥，入攝山展慧布法師。憶謝靈運集，還故山入石壁中尋，曇隆道人有詩十一首韻，今此拙作，仍學康樂體。」見《廣弘明集》卷30（《大正》52・356c～357a）。
〔註223〕白居易〈讀謝靈運詩〉。
〔註224〕「九天」即九梵。乃佛教中“十八天處”之“九天”，係指修習四禪定所得果報之色界天（詳見《佛光大辭典》第一冊，頁351）。而所謂四禪定即是佛家用以治惑、

市朝霑草露，淮海作桑田。

此詩仍援引佛家語入詞，使詩風洋溢著佛教色彩，且亦與山水結合。再看其〈靜臥棲霞寺房望徐祭酒〉：

絕俗俗無侶，修心心自齋。連崖夕氣合，虛宇〔註225〕宿雲霾。

臥藤新接戶，欹石久成階。樹聲非有意，禽戲似忘懷。

故人〔註226〕市朝狎，心期林壑乖。唯憐對芳杜〔註227〕，可以爲吾儕。

此詩亦同前首，仍是表明自己學佛及欲與山林爲伍的心志。首二句，自述於塵世之中因修習佛法而使心靈潔淨。後六句，敘述於棲霞寺禪房中，所見的暮色美景：崖岫嵐靄、新藤縣戶、傾石成階、風響林間；而絕俗修道之心，亦與之渾融。末四句，則感嘆老友迷戀功名之心與自己心期山林的出塵思想難以交集，唯有清香的杜若，方能做爲自己心靈上的同伴。最後，再引其〈營涅槃懺還塗作詩〉爲例：

可否同一貫，生死亦一條。況其滅盡者，豈是俗中要？

人道離群愴，冥期出世遙。留連入澗曲，宿昔陟巖椒。

石溜冰便斷，松霜日自銷。向崖雲靉靆，出谷霧飄飆。

勿言無大隱，歸來即市朝。

此詩爲江總入攝山棲霞寺爲慧布法師作涅槃懺後，下山途中所作〔註228〕，主要仍是表明其身在魏闕，心存山林的出俗之志。

大抵而言，此時期的佛理詩，大多敷陳事理，援引許多佛教名相入詩，使詩歌的說理性較爲濃厚。綜觀群詩，於藝術形式上表現較成功者，仍當以謝靈運爲首。

二、首開風氣的僧詩創作

六朝時期，佛教般若學廣泛宣揚，文人學士們受其影響，創作出與佛理結合的詩歌，使中國詩歌的表現，因爲佛教的輸入，更添新扉頁。此時期，方外詩人亦頗多，《隋志》及《廣弘明集》多有所載。這些方外詩人，弘道講經之餘，亦將佛理應用於生活中的體驗、感受，抒之於詩，發展出六朝時方興起的"佛理詩"。另外，僧侶們亦有創作出類似漢譯偈頌中"讚佛偈"的讚頌類作品，其內容主要是讚歎佛

生諸功德的四種根本禪定（詳見《佛光大辭典》第二冊頁，1843）。

〔註225〕指天空。

〔註226〕指老朋友徐祭酒（徐孝克）。

〔註227〕指香草杜若。

〔註228〕見逯欽立《先秦漢魏晉南北朝詩》下冊，頁2585，詩序言：「禎明二年仲冬，攝山棲霞寺布法師，只（廣弘明集作其）爾待（廣弘明集作時）終，余以此月十七日宿昔入山，仰爲師氏營涅槃懺，還塗有此作」。

德、彰顯佛理之殊妙，我們亦將之一併歸入探討。現依時代先後，概述於下。

晉室南渡之後，佛教愈加興盛，中土地區長於文學的僧人漸增〔註229〕，這些僧人受到時代風氣的影響，其表現佛理的詩歌，亦難免雜糅玄學思想，此亦可說明當日僧人的知識水平是很高的。因爲玄學清談是盛行於名士間的活動〔註230〕，普通的老百姓大多未諳此道，然依慧皎《高僧傳》之記載，我們實知當日僧人內典、外典兼善的情形是很普遍的。另外，藉由文學形式來傳教，亦可收到較大的效用，東晉釋慧遠即云：

　　　　若染翰綴文，可託興於此。雖言生於不足，然非言無以暢一詣之感〔註231〕。

此意指藉由文學之美，將所欲寄託的道理，蘊含其間，藉由文質兼備的呈現，以收興寄之效。這些方外詩人將其佛教思想映現於詩歌中，例如康僧淵〈代答張君祖師〉、〈又答張君祖詩〉〔註232〕；支遁〈四月八日讚佛詩〉、〈詠八日詩〉三首、〈五月長齋詩〉、〈八關齋詩〉三首、〈詠懷詩〉五首、〈述懷詩〉二首、〈詠大德詩〉、〈詠禪思道人〉、〈詠利城山居〉〔註233〕、〈釋迦文佛像贊〉、〈阿彌陀佛像贊〉、〈文殊師利贊〉、〈維摩詰贊〉、〈彌勒贊〉、〈善思菩薩贊〉、〈善宿菩薩讚〉〔註234〕等；釋慧遠〈廬山東林雜詩〉〔註235〕；廬山諸道人〈遊石門詩〉〔註236〕；廬山諸沙彌〈觀化決疑詩〉〔註237〕；帛道猷〈陵峰採藥觸興爲詩〉〔註238〕以及竺僧度〈答苕華詩〉〔註239〕等。東晉僧人所流傳下來的詩歌並不多，然就開創詩歌題材的角度而言，此種佛教色彩甚爲濃厚的詩歌，實有其歷史意義。這些方外詩人中，以東晉初「玄拔獨悟」的支遁〔註240〕，及東晉末年，「使道流東國」〔註241〕、聲隆道顯的慧遠爲最突出，故以

〔註229〕見孫昌武《佛教與中國文學》頁 64：「從文字的表現說，從道安開始，中土漸多長於文學的僧人。這是由於一些精通外典的文化人加入了僧侶隊伍」。

〔註230〕見唐翼明《魏晉清談》頁 43：「所謂『魏晉清談』，指的是魏晉時代的貴族知識份子，以探討人生、社會、宇宙的哲理爲主要內容，以講究修辭與技巧的談說論辯爲基本方式而進行的一種學術社交活動。……魏晉清談從本質的意義上講，應是一項精緻的學術活動、智力活動。」依此，可知清談是當時門閥士族的活動，並且是需要一定智力，方能進行的活動。

〔註231〕見《廣弘明集》卷 27，釋慧遠〈與隱士劉遺民等書〉（《大正》52·304b）。

〔註232〕此二詩見逯欽立《先秦漢魏晉南北朝詩》中冊，頁 1075～1076。

〔註233〕前揭書，頁 1077～1084。

〔註234〕以上諸贊見《廣弘明集》卷 15（《大正》52·196b～197b）。

〔註235〕見逯欽立《先秦漢魏晉南北朝詩》中冊，頁 1085。

〔註236〕前揭書，頁 1085～1086。

〔註237〕前揭書，頁 1087。

〔註238〕前揭書，頁 1088。

〔註239〕前揭書，頁 1088～1089。

〔註240〕見慧皎《高僧傳·支遁傳》頁 161：「郗超後與親友書云：『林法師神理所通，玄拔

下擬舉二人之詩爲例。

　　支遁〈四月八日讚佛詩〉，通篇皆在歌頌佛陀的誕辰，並藉以說明佛理的殊妙：

　　三春迭云謝，首夏含朱明。祥詳令日泰，朗朗玄夕清。

　　菩薩彩靈和，眇然因**化生**〔註242〕。**四王**〔註243〕應期來，矯掌承玉形。

　　飛天鼓弱羅，騰擢散芝英。綠瀾頹龍首，縹蕊醫流泠。

　　芙藁育神葩，傾柯獻朝榮。芬津霈四境，甘露凝玉瓶。

　　珍祥盈四八，玄黃曜紫庭。感降非情想，恬泊無所營。

　　玄根泯靈府，神條秀形名。**圓光**〔註244〕朗東旦，**金姿**〔註245〕豔春精。

　　含和總八音，吐納流芳馨。跡隨因溜浪，心與太虛冥。

　　六度〔註246〕啓窮俗，**八解**〔註247〕濯世纓。慧澤融無外，空同忘化情。〔註248〕

此詩大半在讚歎佛陀的莊嚴身行，以種種形容辭刻縷出支遁對釋迦的景仰；後四句則說明佛陀教化世間的法門，乃是欲人廣行六度、八正道，落實空觀於生命思惟中。此詩夾雜佛教名詞於字裡行間（以網點標示者），使詩歌的佛教氣息益加濃厚，此現象除了漢譯偈頌有此表現外，當時的中國詩歌並無此形貌，故此一現象說明了漢譯偈頌對佛理詩的影響。再如支遁〈八關齋詩〉三首之一：

　　建意營**法齋**，里人契朋儔。相與期良辰，沐浴造閑丘。

　　穆穆升堂賢，皎皎**清心**修。窈窕八關客，無楗自綢繆。

　　寂寞五習眞，疊疊勵心柔。**法鼓**進三勸，激切清訓流。

　　悽愴願弘濟，闔堂皆同舟。明明玄表聖，應此童蒙求。

　　存誠夾室裏，**三界**讚**清修**。嘉祥歸宰相，藹若慶雲浮。〔註249〕

此詩描述出僧侶白衣共集一堂，進行八關齋戒的畫面。諄諄勉勵修行者將心調柔，

　　　　獨悟。實數百年來，紹明大法，令眞理不絕，一人而已』」。
〔註241〕前揭書，〈慧遠傳〉，頁212：「使道流東國，其在遠乎！」此爲道安稱歎慧遠之語。
〔註242〕據《佛光大辭典》第二冊，頁1323：「化生即無所依托，借業力而出生者。……依
　　　　經中所載，生於淨土者亦多爲化生」。
〔註243〕指佛教中的四天王。
〔註244〕圓光即光明相，係指佛、菩薩等諸尊身體所發出的光明之相，有頭光及身光二種，
　　　　爲三十二相之「大光相」。
〔註245〕指佛身及手足均爲眞金色，如眾寶莊嚴之妙金臺。此爲三十二相之「金色相」。
〔註246〕六度爲菩薩修行之道，係指：布施、持戒、忍辱、精進、禪定、般若。
〔註247〕八解指八正道。
〔註248〕見逯欽立《先秦漢魏晉南北朝詩》中冊，頁1077。
〔註249〕前揭書，頁1079。

慈悲濟世，並希望眾人同乘此舟，度得彼岸。又因滿室修行者皆虔誠向道，故此「清修」必蒙「三界」讚歎。通篇佛理流貫字裡行間，與漢譯偈頌實是異曲同工。又，其〈諸菩薩讚〉十一首，亦與漢譯偈頌中的讚佛偈相同，皆著重在描摹諸佛菩薩的形象，以使人嚮慕崇仰，茲再引其〈維摩詰讚〉於下：

> 維摩體神性，陵化昭機庭。無可無不可，流浪入形名。
>
> 民動則我疾，人恬我氣平。恬動豈形影，形影應機情。
>
> 玄韻乘十哲，頡頑傲四英。忘期遇濡首，疊疊讚生死。〔註250〕

此讚緣出於《維摩詰經》；前面四句將維摩詰居士智慧卓犖，唯有文殊菩薩的智慧堪與其趣的形象描摹而出。中間四句是維摩詰居士自述其患疾之緣由，後四句為代表佛陀前往探病的文殊菩薩所稱頌維摩詰之語。此讚較之漢譯偈頌而言，明顯可看出其修辭較為講究，不若漢譯偈頌的白話；又因支遁精通玄學，且當時的佛教界一片玄釋交融氣象，故其於文句中亦夾雜玄言辭句，如"形名"、"玄韻"，顯示出時代色彩。此種時代色彩的映現，亦見於慧遠詩中，試看慧遠〈廬山東林雜詩〉〔註251〕：

> 崇岩吐清氣，幽岫棲神跡。希聲〔註252〕奏群籟，響出山溜滴。
>
> 有客獨冥遊，徑然忘所適。揮手撫雲門〔註253〕，靈關〔註254〕安足闢。
>
> 流心叩玄扃〔註255〕，感至理弗隔。孰是騰九霄，不奮沖天翮。
>
> 妙同趣自均，一悟超三益〔註256〕。

此詩由瀏覽山水風光中引出佛家思想，並應和當時風氣，援引道家思想於詩中，以達「不廢俗書」〔註257〕的傳教之效。起首先敘述廬山東林寺的清幽風光，再將其陶然自適、撫琴自娛的心情托出，後六句則自勉勉人，說明佛教的義理殊妙，眾生皆能憑其自力達至佛土，若能有此覺悟，則勝過三益友對己的助益。

〔註250〕見《廣弘明集》卷15（《大正》52‧197a）。

〔註251〕見逯欽立《先秦漢魏晉南北朝詩》中冊，頁1085。

〔註252〕「希聲」為《老子》典故：「大音希聲，大象無形」。然其後接"奏群籟"，故係指大自然的美妙音聲。

〔註253〕「雲門」係指黃帝時樂曲。鄭玄注《周禮‧春官‧大司樂》云：「周所存六代之樂。黃帝曰《雲門大卷》。皇帝能成名萬物，以明民共財，言其德如雲之所出，民得以有族類。」（轉引自呂子都選注《中國歷代僧詩精華》，頁5，上海：東方出版，1996年12月第一版第一刷）。

〔註254〕古道路名。

〔註255〕此用《莊子‧齊物論》「道樞」的典故。意指若能理解莊子所說的掌握"道樞"，就能應用無窮的變化；則同理推知，佛理的進入，亦在於一念之間的把握。

〔註256〕「三益」是指三種好友：友直、友諒、友多聞。

〔註257〕見慧皎《高僧傳‧慧遠傳》，頁212：「遠乃引《莊子》義為連類，於是惑者曉然，是後安公特聽慧遠不廢俗書」。

同慧遠之時，於北方姚秦有沙門鳩摩羅什，其所作詩篇，見諸於史料者，僅見〈十喻詩〉及〈贈沙門法和頌〉，茲述之於下：

> 一喻以喻空，空必待比喻。借言以會意，意盡無會處。
>
> 既得出長羅，住此無所住。若能映斯照，萬象無來去。〔註258〕

此詩語言淺白樸素，標顯出佛教「空」義〔註259〕，說明"空"即佛法的真諦，一旦有所領悟，自能脫離人世羅網的枷鎖，得到解脫。借事物來比喻"空"義，只是一導引，一旦有所領會，亦就不需再執著於語言的面相鑽研，故云「意盡無會處」。若能將"空觀"實踐於生命中，自亦"萬象無來去"，不為無常世相所擾了。此詩與漢譯偈頌的"說理性"相同，且將佛教名相帶入詩中的作法（如"空"、"注"、"無所住"、"萬象"），亦與漢譯偈頌相同。

鳩摩羅什另有一首〈贈沙門法和頌〉：

> 心山育明德，流薰萬由延，哀鸞孤桐上，清音贈九天。

辭喻典雅，將其重視藻蔚的譯經主張〔註260〕，徹底落實於作品中。主要在歌頌法和的身行，與讚佛偈的寫法近似。

劉宋時，有沙門湯惠休，於孝武帝時，命其還俗，官至揚州刺使，所作詩多描寫男女之情，風格濃豔，例如〈怨詩行〉、〈揚花曲〉三首、〈白紵歌〉三首、〈秋思引〉、〈楚明妃曲〉等〔註261〕。或因其僧人身份，與其詩風不相稱，故鍾嶸《詩品》將其列為下品，並評其詩：「淫靡，情過其才」，茲舉其詩一首，以見一斑：

> 明月照高樓，含君千里光。巷中情思滿，斷絕孤妾腸。
>
> 悲風盪帷帳，瑤翠坐自傷。妾心依天末，思與浮雲長。
>
> 嘯歌視秋草，幽葉豈再揚？暮蘭不待歲，離華能幾芳？
>
> 願作張女引，流悲繞君堂。君堂嚴且密，絕調徒飛揚。〔註262〕

詩中情意迭蕩，將閨婦思念丈夫的相思與苦悶，及感傷青春將逝、容顏不再的悲愁刻畫出來，用語琦麗。惠休所作詩歌大都為此種"寫情"類型，或因為於字句上，遍尋不著佛家風味，故被鍾嶸評為"淫靡"。但清詩評家沈德潛則有不同看法，認

〔註258〕見逯欽立《先秦漢魏晉南北朝詩》中冊，頁1084，鳩摩羅什〈十喻詩〉。

〔註259〕鳩摩羅什為大乘空觀倡導者，其所譯《大智度論》、《中論》、《百論》、《十二門論》皆闡明般若空義之主旨。「空」之所以為佛家中心思想，乃是因為佛教認為一切物質現象皆是因緣和合而成的，一旦因緣（條件）消失，物質現象亦隨之泯滅，故云「緣起性空」，說明世間萬物都是依賴因緣和合的，並沒有本然的實質可言。

〔註260〕見慧皎《高僧傳‧鳩摩羅什傳》，頁53：「改梵為秦，失其藻蔚，雖得大意，殊隔文體」。

〔註261〕前揭書，頁1243～1245。

〔註262〕前揭書，頁1243，〈怨詩行〉。

爲此詩：

> 只一起便是絕唱，……禪寂人作情語，轉覺入微，微處亦可證禪也〔註263〕。

沈氏認爲思婦怨辭中，自有一番禪意，含蘊其間。佛教所探求的，乃是宇宙人生的真實義諦，所關懷的亦是緊扣眾生的苦痛；佛理雖浩瀚淵深，然其終旨亦在於引導人們獲得解脫自在，而人世間的情愛離愁，自古皆然，故借情語以蘊佛理，使人感悟無常，或亦可能。且佛典中，亦有描寫釋迦修行時，魔王派遣其女，幻化爲美女，以色誘釋迦的情景，其描寫亦綺豔濃麗。

及至梁代，佛教興盛，尤以梁武帝大力推動佛教，朝野間一片崇佛之聲。茲舉此時沙門釋智藏〈奉和武帝三教詩〉〔註264〕於下：

> 心源本無二，學理共歸眞。四執〔註265〕迷叢藥，六味〔註266〕增苦辛。
>
> 資緣良雜品，習性不同循。至覺〔註267〕隨物化，一道〔註268〕開異津。
>
> 大士〔註269〕流權濟，訓義乃星陳。周孔尚忠孝，立行肇君親。
>
> 老氏貴裁欲，存生由外身。出言千里善，芬爲窮世珍。
>
> 理空非即有，三明〔註270〕似未臻。近識封歧路，分鑣疑異塵。
>
> 安知悟云漸，究極本同倫。我皇〔註271〕體斯會，妙鑒出機神。
>
> 眷言總歸巒，迴照引生民。顧惟慚宿植，邂逅逢嘉辰。
>
> 願陪入明解，歲暮有攸因。〔註272〕

此詩爲應制詩，詩中盡援佛理，以諄諄懇切的語氣，期許梁武帝的向佛之心不退轉，

〔註263〕見沈德潛著，王純父箋注《古詩源箋注》，頁292。

〔註264〕梁武帝有首〈述三教詩〉，乃是敍述儒、釋、道三教，以釋教思想爲究竟（見《大正》52・352c），釋智藏此詩乃是應和武帝詩而作。

〔註265〕「四執」係指外道四執，《佛光大辭典》第二冊，頁569云：「印度古代各種外道就諸法之一異、常無常、因果有無等問題，所持之四種執著。」

〔註266〕佛陀臨涅槃時，弟子們爲佛及僧侶們準備種種飲食，其食甘美，具足「三德六味」，六味即指：醋、鹹、苦、甘、辛、淡。此處所引「六味」應係採北本《大般涅槃經》卷四，以六味喻該經法義之指，亦即世間之"苦"爲醋味、"無常"爲鹹味、"無我"爲苦味、"樂"爲甜味（甘味）、"我"爲辛味、"常"爲淡味。

〔註267〕「至覺」指佛陀，其爲自覺覺人者。

〔註268〕《大方廣佛華嚴經》（六十華嚴）卷五〈明難品〉云：「一切無礙入，一道出生死」（《大正》9・429b）。故「一道」即指成佛之道爲究竟無二之道路。

〔註269〕「大士」即「無上士」，指最勝之士夫，爲對佛、菩薩的美稱（詳見《佛光大辭典》第一冊，頁751）。

〔註270〕「三明」又作三證法，《佛光大辭典》第一冊，頁569云：「三明乃除盡愚闇，而於三事通達無礙之智明。即1、宿命明　天眼明　漏盡明」。

〔註271〕指梁武帝。

〔註272〕見逯欽立《先秦漢魏晉南北朝詩》下冊，頁2189～2190。

並能以帝王之姿，帶領百性共入菩提道。再看釋惠令〈和受戒詩〉：

> 沈寥秋氣爽，搖落寒林疏。風散飛廉雀，浪動昆明魚。

> 是日何爲盛，證戒奉皇儲。願陪升自在，神通任捲舒。〔註273〕

此詩前半段描述景色，說明舉行受戒之時節、風光，後半段則讚詠受戒之人的向道心，讚歎太子受戒的殊妙功德〔註274〕，並自云願與之同生佛國。

　　而於北朝的北周，亦有沙門釋亡名作〈五苦詩〉五首及〈五盛陰詩〉〔註275〕，詩名徑以佛教名相中的"五苦"、"五陰"爲題，可說是佛理詩的典型代表。茲舉其〈五苦詩〉中的〈病苦〉以示：

> 拔劍平四海，橫戈卻萬夫。一朝床枕上，迴轉仰人扶。

> 壯色隨肌減，呻吟與痛俱。綺羅雖滿目，愁眉獨向隅。〔註276〕

此詩詞語白話、樸素，藉由橫戈殺敵無數的猛夫，一朝病臥床蹋，一切皆需仰人服侍的情景，以說明"五苦"中的"病苦"，並揭示出佛教中"世事無常"的意義。佛教認爲世間一切物質現象皆屬無常，一旦所賴以維持此現象的因緣條件改變了，現象本身亦跟著改變。如同人年輕時，容貌光鮮，乃是因爲此時的氣血充足、一切機能運作皆處於良好狀態，這些就是容貌所以光鮮的因緣；然一旦因緣改變，則容顏不再。而一切無常現象都是世人引以爲苦的，然輪迴流轉中，必遭此苦，故佛陀要人善思世間無常，於無常中觀照解脫之道。再如其〈五盛陰詩〉：

> 先去非長別，後來非久親。新墳將舊塚，相次似魚鱗。

> 茂陵誰辨漢，驪山詎識秦？千年與昨日，一種併成塵。

> 定知今世土，還是昔時人？焉能取他骨，復持埋我身？

佛教認爲人各具「五陰」，即色、受、想、行、識，爲人身的總稱。故五陰是人之所以爲人的因緣條件，而人我乃是五陰的暫時和合，既是和合，則顯示出此一人我的無實體性，無實體即是空。釋亡名此詩即在勸誡說明此理，欲使人了悟佛家"空"義，故云「千年與昨日，一種併成塵」，若人皆能善持"空"觀，則「先去非長別，後來非久親」。

　　降及陳朝，國祚雖短，亦興佛教。期間方外詩人多有表現，例如釋惠標作〈詠山詩〉三首、〈詠水詩〉三首及〈詠孤石〉等〔註277〕；釋曇瑗作〈遊故苑詩〉〔註278〕；

〔註273〕前揭書，頁2190。

〔註274〕與此詩相應的有庾肩吾的〈和太子重雲殿受戒詩〉。

〔註275〕以上六首見逯欽立《先秦漢魏晉南北朝詩》下冊，頁2433～2435。

〔註276〕前揭書，頁2434。

〔註277〕以上所引諸詩見前揭書，頁2621～2622。

〔註278〕前揭書，頁2623。

釋洪偃作〈遊故苑詩〉、〈登吳昇平亭〉、〈遊鍾山之開善定林息心宴坐引筆賦詩〉等〔註279〕；高歷定法師之〈詠孤石〉〔註280〕；及釋智愷之〈臨終詩〉〔註281〕。現舉釋惠標〈詠水詩〉爲例：

> 驪泉紫闕映，珠浦碧沙沈。岸闊蓮香遠，流清雲影深。
>
> 風潭如拂鏡，山溜似調琴。請君看皎潔，知有澹然心。〔註282〕

此詩以水爲喻，詩前六句，呈現出一幅青山麗水的美景：江岸遼闊，空氣間飄散著清雅的蓮香，流水清瑩、雲岫繚繞，清風襲襲拂過如鏡的水面，山泉冷冷，彷若琴音錚錚。後二句即此詩主旨，勸人學習水的澹然明淨、清澈鑑物；隱喻唯有明心方能見性。整體而言，此詩辭采清麗，將佛子內心的淡泊寂靜，勾畫而出；其與山水結合，末句托理而出的藝術技巧，與謝靈運山水詩的氣韻近似。再引釋洪偃〈遊鍾山之開善定林息心宴坐引筆賦詩〉爲例：

> 杖策步前嶺，褰裳出外扉。輕蘿轉蒙密，幽徑復紆威。
>
> 樹高枝影細，山盡鳥聲稀。石苔時滑屐，蟲網乍粘衣。
>
> 澗旁紫芝曄，巖上白雲霏。……………………………
>
> 窮谷無還往，攀桂獨依依。〔註283〕

此詩與前一首〈詠水詩〉情韻相近，用語皆清雅閑淡、含藏弦外知音。由杖策上山一路描寫，步行至雲深不知處時，身邊的樹藤漸次濃密，山徑亦顯得崎嶇迂迴，鳥鳴聲亦漸次稀零，整座山的的空靈幽靜，於焉盡現。然僧人好此靜，雖是荒僻無人煙，卻使他流連忘返。將沙門清淨息靜之心，與深山幽林之景致，交相迭映。

　　總體而言，六朝僧侶，已大多援引佛理入詩，僧侶中以支遁存留詩篇較多，其詩歌表現多與漢譯偈頌之讚佛偈近似；然其玄佛雜糅的情形，則與漢譯偈頌之影響無關，純係時代因素使然。其餘諸人，或藉山水以感發佛理，可看出謝靈運山水派詩風的承襲脈絡；或逕以佛教名相入詩，與漢譯偈頌中諸多佛教名相的現象，不謀而合。

〔註279〕前揭書，頁 2623～2624。

〔註280〕前揭書，頁 2625。

〔註281〕見《廣弘明集》卷 30（《大正》52・356b）。

〔註282〕見逯欽立《先秦漢魏晉南北朝詩》下冊，頁 2622。

〔註283〕前揭書，頁 2624。

第五章　六朝漢譯佛典偈頌與詩歌之關係

此章重點在於將前述二章歸納、比較之，以明六朝漢譯佛典偈頌與詩歌間之關
係。計分五節，分述六朝漢譯偈頌與詩歌於形式、內容、修辭上之互動關係。
首節主要說明六朝漢譯偈頌與詩歌間於形式上的相因相承；其後四節則由內
容、修辭角度、寫作精神上，分別說明六朝詩歌中的"玄言詩"、"佛理詩"、
"山水詩"、"宮體詩"等，與漢譯偈頌間的關係。

第一節　漢譯偈頌與中土詩歌形式上的會通

於本文三、四章中，我們已分別說明六朝漢譯偈頌與中土詩歌，於"形式"上
多所會通之面向。綜合上二章的鋪敘，我們於此一章節中，則不再泛述此二者——六
朝之漢譯偈頌與詩歌——於形式上之一一關係；所鎖定的討論範疇，乃是將此二者於
"形式"上相互浸染與仿效的情形，予以更集中的論述。故本節為突出二者於形式
上的主要關係，將概分為二點陳述：1.脫胎並超越於中土詩歌形式之漢譯偈頌　2.長
篇敘事詩的藝術借鏡——大量長篇漢譯偈頌的呈現。茲概述於下。

一、脫胎並超越於中土詩歌形式之漢譯偈頌

為全面探析六朝漢譯偈頌之形式，是否建基於中土詩歌之形式上，及偈頌本身
的形式多採何貌出現；我們於本文開展前的首要工作，即是以六朝漢譯經藏偈頌為
主〔註1〕，全面統計此時期漢譯偈頌的言數、句式，所作表14（見文後附錄），即是
奠基於此一目的。為期能達到學術上精益求精的精神，我們亦對此時期之漢譯佛典，

〔註1〕為何選定三藏中之經藏為主，係因經藏部分相當於六朝漢譯佛經的五分之四，故擬
　　　針對三藏中最為一般人重視的經藏作一番整理，詳參本文第二章第二節。

進行一番基礎考察，凡佛典可定論者，抑或存疑者，皆將之說明於表 14 附註欄中，以求明晰。另外，亦將偈頌各形式原貌以圖次示之（參見附錄中圖 1 至圖 8），以使讀者參閱。

　　由表 14 中，可發現六朝漢譯偈頌的類型，有多種型態，例如或三言偈頌、或四言偈頌、或五言偈頌、或六言偈頌、或七言偈頌、或八言偈頌、或九言偈頌等等，除了以上所舉的齊言偈頌之外，亦有雜言的偈頌型態，例如四、五、七言摻雜的偈頌形式等；此外，句數之多寡並無一定規則，或三句、或四句、或百句、或千句等等。綜觀表 14，我們可發現漢譯偈頌的體製形式，基本上是脫胎於中土詩歌形製的，試看三言、四言、五言、六言、七言、八言、九言等偈頌的形式呈現，皆為中土詩歌中本有的形式，為明此現象，現再將《大正藏》中漢譯偈頌與六朝詩歌之形式，對照整理於表 5-1（見下頁），以明晰二者之間的關係。

【表5-1】六朝漢譯偈頌與詩歌之言數形式統計表

朝代\類別	東漢		曹魏		孫吳		兩晉；前後秦及北涼		南朝 宋		南朝 齊		南朝 梁		南朝 陳		北朝 北魏		北朝 北齊		北朝 北周	
言數	3—9言	雜言	4、5、7言	雜言	4—7言	雜言	3—8言	雜言	4—7言	雜言	4、5、7言	雜言	4、5、7言	雜言	4、5、7言	雜言	4—7言	雜言	4、5、7言	雜言	5言	7言
漢譯偈頌	✓	✓	✓		✓	✓	✓	✓	✓	✓	✓		✓		✓		✓	✓	✓	✓	✓	✓
中土詩歌	✓	✓	✓	✓	✓	✓	✓	✓	✓	✓	✓	✓	✓	✓	✓	✓	✓	✓	✓	✓	✓	✓
備註			曹魏有二經，但無法肯定此二經確爲此時期翻譯（詳閱表14中，曹魏時期經欄附註說明）。				前後秦只有4～7言及雜言之偈頌形式。北涼只有4、5、7言偈頌形式。此時期中土詩歌尚有9言形式。				南齊詩歌尚有3言形式。		蕭梁詩歌尚有3言形式。								北周詩歌亦有3、4、6、8言之形式。	

此表所列之言數，以漢譯偈頌之言數爲主，再對照六朝詩歌言數搭配比較之。故六朝詩歌之言數並未盡收，但大體亦皆網羅入此表。

資料來源：《大正藏》第一冊至第廿一冊經藏偈頌；逯欽立《先秦漢魏晉南北朝詩》上、中、下冊。

　　由上表可知，漢譯偈頌之形式實脫胎於中土詩歌：漢譯偈頌的言數形式，皆可於當時的中土詩歌中尋得，而每一時期的中土詩歌，其詩歌言數除了與漢譯偈頌相同之外，尚有一些同時期漢譯偈頌未應用的形式，例如上表的兩晉時期、齊梁時期及北周時期等。然綜觀上表，實知漢譯偈頌是採用當時中土所流行的詩歌形式，例如四、五、七言在中土詩壇中，向來佔較大市場，而當代譯經者亦廣泛延攬這幾種言數形式於翻譯過程中，使漢譯偈頌於每一時期中，幾皆出現四言、五言、七言的偈頌形式，此無疑說明了偈頌形式借鑑於當代詩壇之形式。

　　此外，雜言的偈頌形式，於每一時期亦大都有之，但參看附錄中表 14，可發現雜言並未居於多數，統合而言，仍當以四言、五言、七言的偈頌形式佔最多篇幅，而這其中，又以“五言偈頌”最受譯經者青睞，表現最頻繁，此正可相應漢代以來五言詩於詩壇流行的趨勢。值得說明的是，由上表知七言偈頌於六朝每一時期，亦皆有之，而由附錄表 14 中，我們亦可看出其數量不少，似僅次於四言偈頌，且隨著朝代更迭、時間推移的過程中，七言偈頌有愈來愈多的趨勢發展，這與中土詩歌中的七言詩歌發展，不啻遙遙相應。

　　但必須說明的是，漢譯偈頌雖借鑑於中土詩歌形式，然亦超越於中土詩歌形式。此點由表 14 中，即可看出漢譯偈頌結構自由、不拘一式的特色，例如同樣是五言偈頌，即有好幾種句式的呈現：短小者如《法句譬喻經》中的 4 句〔註2〕，長篇者如《菩薩瓔珞經》中的 1276 句〔註3〕，甚且有全經皆以偈頌形式展現，長達 9113 句者〔註4〕。除此之外，我們於表 14 中，尚可發現各種句式，自由地伸縮於幾種固定的言數中，令人目不暇給。茲將表 14 中的偈頌統計，依幾種主要言數，列其於句式上的各種展現，概括於下表。

〔註2〕見西晉法炬共法立所譯《法句譬喻經》（《大正》4・579a）。
〔註3〕見姚秦竺佛念所譯《菩薩瓔珞經》（《大正》16・55a～62b）。
〔註4〕見《佛所行讚》單行本，頁1～53。

【表5-2】六朝漢譯偈頌之言數、句式略舉表

句式\言數	二句	四句	七句	八句	一二句	一六句	一九〇句	二〇二句	三四〇句	四〇六句	六〇六句	六〇〇句	八〇句	一二〇句	一八四句	二〇四八句	三二〇句	六四〇四句	一〇五二句	九一一三句
三言							✓												✓	
四言		✓	✓	✓	✓	✓		✓	✓		✓	✓	✓							
五言	✓			✓	✓	✓		✓	✓	✓		✓	✓		✓	✓	✓			✓
六言		✓		✓	✓			✓		✓										
七言		✓	✓	✓	✓			✓	✓		✓									
八言		✓		✓	✓		✓													

雜言	◆ 因形式繁多，僅舉二例以示➷ ① 先五言（140 句）再接七言（20 句），再接五言（4 句）的形式➩竺法護《漸備一切智德經》 ② 先四言（40 句）再接五言（8 句）的形式➩鳩摩羅什《華手經》
附註	以上所列句式，未盡全貌，僅略舉數種，以彰顯漢譯偈頌脫胎而又超越於中土詩歌之特色。詳細資料，仍請參考附錄表 14。 資料來源：本表根據附錄表 14 製成。

　　由上表的呈現可知，漢譯偈頌雖是以中土詩壇流行的詩歌言數，為其翻譯上的取材、借鑑，然並不囿於中土詩歌慣有的篇幅，獨特地展現出可長可短、篇幅極其自由的特色；可以說，每一種言數下，所搭配的句式完全不固定，使漢譯偈頌呈現出琳瑯滿目的各種面貌，凡此，皆顯示出漢譯偈頌結構自由、不拘一式的特色。雖說漢譯偈頌的篇幅長短，係依譯者所持原典抑或所背誦經文之長短而變化；然由文學角度來看，此種結構自由、言數及篇幅皆不拘於一式的表現手法，相對於中土詩歌形式而言，它無疑是新奇的、超越的，我們實可說，漢譯偈頌是滋長脫胎於中土詩歌之形式，而又超越於中土詩歌之形式的。

　　綜上可知，六朝漢譯偈頌浸染脫胎於中土詩歌的性質，使這兩種代表不同文化的文學，彼此有所交集；而另一方面，六朝漢譯偈頌結構自由、不拘一式的性質，又使其風貌與中土詩歌判然，成就其自身的文學價值。

二、長篇敘事詩的藝術借鏡——大量長篇敘事漢譯偈頌的呈現

我們於本文第三章及第四章第二節中，已概述六朝敘事性漢譯偈頌對中土長篇敘事詩的影響。故於此一節中，主要統合上二章所言，並將敘事性漢譯偈頌於佛典中的角色、特色及其數目多寡，予以更深入的的分析，以期說明中土長篇敘事詩與六朝敘事性漢譯偈頌的關係。

漢譯偈頌的數量極爲繁多，於佛典中，可說是扮演著重要的角色，《成實論》謂：「何故以“偈”頌“修多羅”？答曰：欲令義理堅固，如以繩貫華，次第堅固；又欲嚴飾言辭，令人喜樂，如以散華或持貫華，以爲莊嚴。又義入偈中，則要略亦解。或有眾生樂直言者；有樂偈說。又先直說法後以偈頌，則義明了，令信堅固。」〔註5〕此說明了漢譯偈頌於佛典中的角色，乃在於潤飾、加強長行之意，同時亦應合某些人偏好偈頌不好長行的需求。而如此繁多的漢譯偈頌，其中又以“敘事性”漢譯偈頌的故事性最爲濃烈，藝術感染力最強，其於六朝漢譯偈頌中，亦佔一定篇幅，非僅鳳毛麟角，之所以如此，或因敘事性偈頌的故事色彩，較易使人於敘事過程中，隨著情節的高低起伏，接受、理解其中所蘊含的佛理，故無論是佛陀說法，抑或大乘佛教詩人的創作，多樂於宣說或撰寫此類型偈頌，此亦可說是敘事性漢譯偈頌於佛典中所扮演的角色；例如著名的《佛所行讚》〔註6〕即印度大乘佛教詩人馬鳴所作；而佛典中被推定爲佛陀自身所說之《法句經》〔註7〕，亦有許多敘事性偈頌。

此外，敘述諸佛菩薩及佛弟子本生〔註8〕故事的佛典，亦多以敘事性偈頌呈現，例如《太子瑞應本起經》〔註9〕、《佛五百弟子自說本起經》〔註10〕、《大寶積經》〔註11〕等。而文學色彩較濃烈的《義足經》〔註12〕、《德光太子經》〔註13〕、《鹿母經》

〔註5〕見《成實論》卷一（《大正》32‧244c）。

〔註6〕馬鳴所著《佛所行讚》全經皆爲五言偈頌，敘述佛陀由出生至涅槃之一生事蹟。此經譯者有爭議，參見第四章註108。但仍歸屬六朝漢譯偈頌之範疇。收於《大正藏》第四冊192號。

〔註7〕吳維祇難等人所譯《法句經》，共卅九品，全經皆以偈頌（四言、五言、六言）呈現。收於《大正藏》第四冊210號。

〔註8〕「本生」乃指佛陀自述自己、諸佛菩薩、佛弟子於過去世永劫受生爲種種身形時，行菩薩道之事，另外，自說爲菩薩時修諸苦行等事之記載亦是。

〔註9〕見吳支謙所譯《太子瑞應本起經》。收於《大正藏》第三冊185號。

〔註10〕見西晉竺法護所譯《佛五百弟子自說本起經》。收於《大正藏》第四冊199號。

〔註11〕《大寶積經》爲120卷之大部經典，譯者多人，年代跨越魏晉南北朝隋唐，由唐代菩提流志所合，係纂輯有關菩薩修行法及受記成佛等之諸經而合。其中無論是唐代的，抑或六朝範疇之譯經，皆多敘事性偈頌。收於《大正藏》第十一冊310號。

〔註12〕見吳支謙所譯《義足經》。收於《大正藏》第四冊198號。

〔註13〕見西晉竺法護所譯《德光太子經》。收於《大正藏》第三冊170號。

〔註14〕、《普曜經》〔註15〕、《正法華經》〔註16〕、《文殊師利佛土嚴淨經》〔註17〕、
《幻士仁賢經》〔註18〕、《阿闍貰王女阿術達菩薩經》〔註19〕、《慧上菩薩問大善權
經》〔註20〕、《妙法蓮華經》〔註21〕、《大莊嚴論經》〔註22〕、《得無垢女經》〔註23〕
等經中，亦皆有許多長篇敘事性偈頌。

　　大抵而言，漢譯偈頌的篇幅較爲長卷者，其內容性質多半爲“敘事性”，此可
說是其特色。我們於第三章第二節中，舉例說明六朝漢譯偈頌的敘事性時，所引之
例，便都是長篇浩繁的形製，可見佛典偈頌中，敘事內容好以長篇形式搭配之，以
達鋪陳效果，乃是此類型偈頌之一大特色。茲再舉西晉竺法護所譯《慧上菩薩問大
善權經》中之敘事性偈頌於下，以見其“長篇巨製”的形式特色：

> 我在舍衛爲女人，其大名德不可議，
> 號曰執祥長者習，端正姝好寶嚴身，
> 以爲父母所珍重。有正覺子無所著，
> 號曰愛敬威神大，入舍衛城家分衛，
> 我聞其音柔軟妙，歡喜之心取飯食，
> 即自往詣無極法，如來之子愛敬道。
> 吾見彼已起亂心，迷惑愛欲貪放逸，
> 假使不得從我願，即當壽終用活爲。
> 當時不能發口言，雖奉飲食不能授，
> 我以愛欲放逸故，則在其處壽命終。
> 雖不能應于道行，降棄瑕穢女人身，
> 得爲男子佛所歎，即時得生忉利天，
> 宮殿則尊微妙好，以寶合成無等倫，
> 有萬四千諸眷屬，諸婇女樂悉具足。
> 即時心自發念言：吾何因緣得致此？

〔註14〕見西晉竺法護所譯《鹿母經》。收於《大正藏》第三冊182號。
〔註15〕見西晉竺法護所譯《普曜經》。收於《大正藏》第三冊186號。
〔註16〕見西晉竺法護所譯《正法華經》。收於《大正藏》第九冊263號。
〔註17〕見西晉竺法護所譯《文殊師利佛土嚴淨經》。收於《大正藏》第十一冊318號。
〔註18〕見西晉竺法護所譯《幻士仁賢經》。收於《大正藏》第十二冊324號。
〔註19〕見西晉竺法護所譯《阿闍貰王女阿術達菩薩經》。收於《大正藏》第十二冊337號。
〔註20〕見西晉竺法護所譯《慧上菩薩問大善權經》。收於《大正藏》第十二冊345號。
〔註21〕見姚秦鳩摩羅什所譯《妙法蓮華經》。收於《大正藏》第九冊262號。
〔註22〕見姚秦鳩摩羅什所譯《大莊嚴論經》。收於《大正藏》第四冊201號。
〔註23〕見北魏瞿曇般若流支所譯《得無垢女經》。收於《大正藏》第十二冊339號。

尋時識念如此事，愛欲之心報應然。
見於愛敬心歡喜，以放逸心而貪視，
緣是之德獲是報，猶如光明照好樹，
當爲正覺佛子弟，所在遊欣安住慧，
愛欲之心報如此，何況有人供養者？
吾身今即如來子，願發求尊佛智慧，
便當修行恒沙劫，未曾捨離大志性，
皆由善師因愛敬，則當供養法奉事，
供事于道無親屬，唯願學求在覺軌，
修于尊妙道之行。以放逸心所覩者，
尋時則轉于女身，便獲勇猛男子形。
父母在家皆號哭，臭死于地自挦滅，
心自念言是蠱道，衝口罵詈此沙門。
應時天子承佛威，往詣父母具解脫：
無得罵詈瞋沙門，將無長夜獲苦惱。
父母欲得知我不？吾已踊至忉利天，
應時退轉女人身。得爲天子光巍巍，
父母當至安住所，首罵詈罪自悔過，
更求救獲不可得，唯有如來爲道慧。
時父母聞佛音響，彼時勇猛勸化之，
皆和心解眷屬俱，同時往詣能仁佛，
則共稽首兩足尊，即自悔過瞋恚心，
悉共恭敬於如來，啓問安住令決正，
以何供事應奉佛？何謂順法佛眾僧？
唯爲吾等分別說。假使聞者無異心，
最勝則知心所念，救世口則說如此：
其欲供養一切佛，堅固道意御諸想，
父母親屬及男女，具足五百無減少，
聽聞大人之所講，同時皆發大道心。……〔註24〕

此偈頌是以第一人稱口語，由"執祥"自述己身遭遇。執祥爲舍衛城貴姓家〔註25〕

〔註24〕見西晉竺法護所譯《慧上菩薩問大善權經》卷上（《大正》12・158c～159a）。
〔註25〕此處云「貴姓家」，乃是經中長行所說（《大正》12・158b）。

女兒，亦即大富人家之女，容貌端正姝美，爲父母所珍愛。一日，一比丘名曰愛敬，遊化至舍衛城，入貴姓家托缽受食。執祥女在樓觀上，聽聞比丘聲音清和柔軟，心生歡喜，遂親取飯食欲供養之。然一見比丘容貌，則爲之傾倒，心生愛欲放逸；因愛欲之心甚強，又無法將心事托出，遂日漸憔悴，飲食皆廢，終至氣絕命終〔註26〕。命終之後，執祥往生忉利天宮，有一萬四千衆婇女，俱共侍之。執祥心中思惟：「是何因緣，得生此處？」偈頌中即說明乃是緣於愛欲之心所致。並導出「愛欲之心報如此，何況有人供養者？」的主旨，勸解衆生應當勤修佛法，恭敬供養諸佛菩薩，廣行菩薩道，則其果報當更殊妙。此偈頌通篇敘事，故事色彩濃厚，讓人於欣賞故事內容之餘，浸染佛法、薰習佛理。而其篇幅之長，亦顯示出敘事性偈頌的特色。再舉敘事性漢譯偈頌的典範——《佛所行讚》爲例。此經爲印度詩人馬鳴所作，可說是首長篇敘事詩。於中土翻譯之後，共計廿八品，全經皆以五言偈頌呈現，既可說是文學風味甚爲濃厚的敘事詩偈，亦可說是六朝漢譯偈頌最爲長篇巨製者。茲將是經各品數之偈頌數量，統計於下頁表5-3，以明其篇幅之長。

〔註26〕此偈頌之前的長行，亦有一小段描述執祥因愛而命絕的文字：「爾時有菩薩，名曰愛敬，入舍衛大城普次行乞至貴姓家。貴姓有女名曰執祥，在樓觀上聞比丘音，受食便出，則觀其形，發放逸意。其欲甚盛，不得從志。氣絕命終其身動搖。」(《大正》12‧158b)。

【表 5-3】《佛所行讚》偈頌數量統計表

卷　目		品　　名	品　數	句　數	字數合計
全經皆為五言偈頌	卷一	生品	第一	504 句	2520 字
		處宮品	第二	242 句	1210 字
		厭患品	第三	264 句	1320 字
		離欲品	第四	276 句	1380 字
		出城品	第五	380 句	1900 字
	卷二	車匿還品	第六	308 句	1540 字
		入苦行林品	第七	296 句	1480 字
		合宮憂悲品	第八	380 句	1900 字
		推求太子品	第九	450 句	2250 字
	卷三	瓶沙王詣太子品	第十	202 句	1010 字
		答瓶沙王品	第十一	368 句	1840 字
		阿羅藍鬱頭藍品	第十二	362 句	1810 字
		破魔品	第十三	300 句	1500 字
		阿惟三菩提品	第十四	354 句	1770 字
		轉法輪品	第十五	307 句	1535 字
	卷四	瓶沙王諸弟子品	第十六	412 句	2060 字
		大弟子出家品	第十七	206 句	1030 字
		化給孤獨品	第十八	406 句	2030 字
		父子相見品	第十九	308 句	1540 字
		受祇桓精舍品	第二十	258 句	1290 字
		守財罪象調伏品	第廿一	234 句	1170 字
		菴摩羅女見佛品	第廿二	192 句	960 字
	卷五	神力住壽品	第廿三	254 句	1270 字
		離車辭別品	第廿四	210 句	1050 字
		涅槃品	第廿五	334 句	1670 字
		大般涅槃品	第廿六	524 句	2620 字
		歎涅槃品	第廿七	410 句	2050 字
		分舍利品	第廿八	372 句	1860 字
合　　　計				9113 句	45565 字

資料來源：《佛所行讚》單行本，覺苑出版，民 73。

　　由上表可知，此部經確實卷帙浩繁，廿八品中，每一品皆逾百句，最短者亦有192 句，最長者更高達 524 句，雖各自有其敘述的主旨，但內容上是彼此連貫，互有關係的，故實可謂是首長達九千多句的長篇敘事詩偈。上引二經，主要在於顯示敘事性漢譯偈頌的"長篇"特性，除了以上二經外，六朝漢譯偈頌中，尚有許多長篇的敘事偈頌，例如本文第三章第二節中所引的敘事性偈頌，以及此小節所舉例之諸經。這些長篇的敘事性偈頌，其目的當然是藉敘事的故事性，不流痕跡地將佛理蘊含其間，以敘事文字所亦具有的畫面性，啓發人心的向佛。故其內容性質可說是"敘事性"，而其形式則多屬"長篇"。

　　相對於漢魏六朝敘事偈頌而言，中國敘事詩歌在詩壇中並非主流，而長篇敘事詩更是少見，於漢魏六朝範疇中可舉例者，僅見〈悲憤詩〉〔註27〕、〈孔雀東南飛〉〔註28〕及〈木蘭詩〉〔註29〕。在此三篇之前，於中國詩歌中，要尋找如此長篇的敘事詩歌，實極罕見，幾乎除了先秦時的〈離騷〉〔註30〕之外，再無其餘。那麼，〈悲憤詩〉、〈孔雀東南飛〉、〈木蘭詩〉的出現，是否僅只是〈離騷〉的啓蒙影響？難道僅此單篇，即可締造出自東漢以至六朝的長篇敘事詩？然，反觀東漢以至六朝，其時之漢譯偈頌往往有長篇巨製的形式，幾至不勝枚舉〔註31〕；而這些長篇偈頌中，屬於敘事性偈頌者，又極爲多數。這些長篇敘事偈頌的大量出現，與中土長篇敘事詩的成型，難道完全沒有關係？再者，〈悲憤詩〉、〈孔雀東南飛〉、〈木蘭詩〉的內容性質，皆可明確地說是"敘事性"；漢譯敘事性偈頌的性質，亦可明確地說是"敘事"；而〈離騷〉則敘事、抒情雜糅。此各項之間的概略比較，我們於表 5-4（見下頁）呈現之。

〔註27〕蔡琰〈悲憤詩〉爲五言詩，長 108 句。見逯欽立《先秦漢魏晉南北朝詩》上冊，頁199。

〔註28〕無名氏所作〈孔雀東南飛〉爲五言詩，長 353 句。見逯欽立《先秦漢魏晉南北朝詩》上冊，頁 283。

〔註29〕《樂府詩集》卷廿五，收有〈木蘭詩〉二首（見郭茂倩《樂府詩集》，頁 373～375，台北市：里仁，民國 70 年）。葉慶炳《中國文學史》上冊，頁 254 云：「次一首質樸無華，全無唐代色彩，應是北朝原詩。……（唐）韋元甫改作居前，而北朝原詩反列後。」亦即將「唧唧復唧唧」一首視爲唐代韋元甫所作。然劉大杰《中國文學發展史》頁 344 云：「擬作則無處不現出雕飾做作的痕跡，一望而知是出自兩人之手。……木蘭詩的原作是成於北朝，後來可能經了隋唐人的修飾。」亦即認爲「唧唧復唧唧」一首是後人依北朝原作改削潤色的，而非出於唐代。

〔註30〕屈原所作〈離騷〉，長達 373 句， 2490 字。

〔註31〕參見表 14。

【表5-4】《離騷》、《悲憤詩》、《孔雀東南飛》、《木蘭詩》及敘事性偈頌概略
　　　　比較表

類別 篇目	時　　代	內容性質		句　　　數	形　　製
離　騷	先秦		敘事抒情 雜糅	373句	長篇〔註32〕
悲憤詩	東漢	皆屬於漢魏六朝範疇	敘事	108句	長篇
孔雀東南飛	東漢或南朝 〔註33〕		敘事	353句	長篇
木蘭辭	北朝		敘事	62句	長篇〔註34〕
漢譯敘事偈頌	漢魏兩晉南北朝		敘事	例子繁多，難以備載。大抵為百句以上，甚或千句以上。例如《妙法蓮華經》有四言敘事偈頌，共660句（見《大正》9‧13c～16b）；《佛五百弟子自說本起經》共2032句（見《大正》4‧190a～201a）。	長篇

資料來源：逯欽立《先秦漢魏晉南北朝詩》上冊；郭茂倩《樂府詩集》；《大正藏》第一冊
　　　　～廿五冊。

　　由上表可知，〈悲憤詩〉、〈孔雀東南飛〉、〈木蘭詩〉皆屬於漢魏六朝範疇之作品，
而其時之長篇漢譯敘事偈頌已頗為繁多；這些作品共通的性質，一為內容上的"敘
事性"，二為形製上的"長篇"。〈悲憤詩〉作於東漢，於時間考量上而言，其受漢
譯偈頌的影響，誠屬不大。然而〈孔雀東南飛〉與〈木蘭詩〉，皆產生於長篇敘事偈
頌大量呈現的六朝，那麼，這些長篇敘事偈頌的出現，與中國長篇敘事詩的成型，
是否完全沒有關連？若就社會思潮而言，六朝佛教氣息瀰漫，詩人受佛典文學影響

〔註32〕劉大杰《中國文學發展史》頁113云：「全詩三百七十三行，共兩千四百九十字，成
　　　　為中國古代最雄偉的長詩」。
〔註33〕〈孔雀東南飛〉本文前附有序文，表明作品產生於東漢建安時期，故一般學者多認為
　　　　此詩係東漢作品；然亦有學者將之視作南朝作品，例如梁啟超與陸侃如二氏（詳見
　　　　本文第四章第二節）。
〔註34〕葉慶炳《中國文學史》上冊，頁252云：「木蘭詩亦為北朝民歌，與孔雀東南飛同為
　　　　我國五言敘事詩之長篇佳構」。

的可能性，實無法完全否定；若就文學角度而言，中土文學與外來文學的彼此浸染，亦難以全然否定。但必須說明的是，長篇敘事偈頌與中土長篇敘事詩的關連性，與其說是內容上的轉移，倒不如說是形式上的轉移，更具文學史上的意義。

第二節　漢譯偈頌與玄言詩的說理性

在第四章中，我們對於"渡江之後"佛教愈興，造成東晉「名人釋子共入一流」的社會風氣，已有所說明。而佛教背後的文化基礎乃是佛典，自東漢洎魏晉，所譯佛典實為繁多，這些大量的佛典，豐富了中土的思想領域，亦豐富了中土的文學領域。

當日佛典中繁多的"漢譯偈頌"，與玄言詩共同的"說理"性質，及二者之間皆與佛理交契的性質，較少研究全面論述之；這些漢譯偈頌是否對玄言詩的興盛有其推波助瀾的影響，實值吾人探勘。現在，我們即欲探析漢譯偈頌與東晉玄言詩的關係與否。

玄言詩以說老莊玄理為主；渡江之後，更雜佛理於詩中。因其說理性濃厚，鍾嶸《詩品・序》遂評：「理過其辭，淡乎寡味」〔註35〕，然而，"理"與"淡"正是玄言詩之所以別於其他詩歌的特色。傅剛先生《魏晉南北朝詩歌史論》認為玄言詩：「帶來了屬於自己的表現手法和詩歌風格，即語言的清約和風格的簡淡。這也就是鍾嶸所批評的"淡乎寡味"。」〔註36〕由上可知，玄言詩不若一般詩歌的抒情性特色，也不若一般詩歌重於辭采的的潤飾，如此的重"理"與著"淡"，正是其典型特色。例如郗超〈答傅郎詩〉六章其一：

> 森森群像，妙歸玄同。原始無滯，孰云質通？
>
> 悟之斯朗，執焉則封。器乘吹萬，理貫一空。〔註37〕

通篇述理，既有玄理，亦雜糅佛理。所用字詞質樸無飾，顯示出詩歌風格的"平淡"，同時亦烘托了詩歌的濃厚說理屬性。再如張翼〈詠懷詩〉三首其一：

> 遙遯播荊衡，杖策憩南郢。遭動透浪屛，遇靖恬夷性。
>
> 拊卷從老語，揮綸與莊詠。遐眺獨緬想，蕭神飆塵正。……〔註38〕

此亦是直引玄理入詩，並說明詩人沈浸於老莊思想的愜意。通篇喻情於理，與玄言

〔註35〕徐達譯《詩品》，頁 7。

〔註36〕見傅剛《魏晉南北朝詩歌史論》頁 158，吉林教育出版社，1995 年 12 月第一版。

〔註37〕見逯欽立《先秦漢魏晉南北朝詩》中冊，頁 887。

〔註38〕前揭書，頁 892。

詩之前的詩歌特色，截然不同。再如王羲之〈蘭亭詩〉二首其一：

　　　悠悠大象運，輪轉無停際。陶化非吾因，去來非吾制。

　　　宗統竟安在，即順理自泰。有心未能悟，適足纏利害。

　　　未若任所欲，逍遙良辰會。〔註39〕

此詩亦是將玄理託之以詩歌形式表達，而其中亦可看出詩人借用佛家語之處。通篇陳理，說明詩人的生命思想及生活態度。讀此詩，可感受王羲之生命風格的放曠飄逸，正如其〈答許詢詩〉所云：「爭先非吾事，靜照在忘求〔註40〕」；但亦可感受東晉初時"以理作詩"的風氣。再如孫綽〈蘭亭詩〉二首其一：

　　　流風拂枉渚，停雲蔭九　。鶯語吟脩竹，游鱗戲瀾濤。

　　　攜筆落雲藻，微言剖纖毫。時珍豈不甘，忘味在聞韶。〔註41〕

　　　此詩前半在歌詠當日蘭亭會的周遭美景：和風拂面、白雲蔭日、鶯鳴林間、

　　　錦鱗游水，令人感受到當日情景的雅致，再藉由大自然的體悟託出玄理。

　　　末二句即歸於說理。

茲再舉謝安〈與王胡之詩〉六章其一：

　　　鮮冰欲凝，遇陽則消。素雪珠麗，潔不崇朝。

　　　膏以朗煎，蘭由芳凋。哲人悟之，和任不摽。

　　　外不寄傲，內潤瓊瑤。如彼潛鴻，拂羽雪霄。〔註42〕

此詩藉由"冰"、"雪"遇"日"即消的無常，烘托出哲人外圓內潤、與大化相融爲一的處世態度。再如孫放〈詠莊子詩〉：

　　　巨細同一馬，物化無常歸。修鯤解長鱗，鵬起片雲飛。

　　　撫翼摶積風，仰凌垂天翬。〔註43〕

　　　此詩完全以《莊子》典故呈現，詩歌的寓言說理性濃厚。藉大鯤幻化爲大

　　　鵬的凌雲萬里，以說明詩人心中對莊子"逍遙思想"的嚮往。

上舉諸詩，皆體現出玄言詩中重哲學表現的風味，亦說明了玄言詩不同於傳統詩歌的抒情言志。當然，玄言詩亦言志，但並不採抒情角度切入，而是直截地以說理來言志，將詩人心中對生命的體悟、對宇宙人生的思惟，皆以說理方式，潑灑於詩。而其通篇說理的呈現方式，使鍾嶸形容它爲"理過其辭，淡乎寡味"，亦即缺乏藝

〔註39〕前揭書，頁895。

〔註40〕前揭書，頁896。

〔註41〕前揭書，頁901。

〔註42〕前揭書，頁905。

〔註43〕前揭書，頁903。

術感染力。然而，形容玄言詩的"理過其辭，淡乎寡味"，實際上，亦適合於形容大部份的漢譯偈頌。

漢譯偈頌文辭遒麗者，所在多有；然不飾文辭、重於說理，乃至通篇陳理者，亦不勝枚舉。於本文第二章中，我們已舉漢譯偈頌的"說理類型"敘明之；此再以東晉時所傳誦的佛典爲例，以其中之偈頌爲證說明之。茲先舉竺法護所譯《漸備一切智德經》中之偈頌以示：

> 大聖之道法，微妙甚清淨。無念以捨念，清澄永難了。
>
> 聖明達玄微，智慧解所行，自然業寂安，柔仁無諍亂。
>
> 自然空淨法，寂寞除苦患，遊居至解脫，逮平等滅度。
>
> 無限無極義，言辭近超度，以越于三世，行等猶虛空。
>
> 講眾祐所行，寂然甚淡泊。一切之行業，徑路難逮解，
>
> 此等行如地，志性亦若斯。甚難可解說，何能分別了？
>
> ……………………猶如有飛鳥，遊行在虛空，
>
> 不可以言辭，何況欲觀見？安住自然慧，如是行道住，
>
> 其心所行念，不可分別之。〔註44〕

此處說明大乘佛法甚爲深妙，以譬喻來解釋之，亦不可盡聞。而大乘中的菩薩十住地，其清淨微妙義，亦難以言辭註之，因爲諸菩薩之業，是"不可思議"的；譬若有人見著飛鳥遊於虛空，向人訴說時，亦難以言辭盡述其貌。故不能以尋常見識理解菩薩十住地的殊妙，而應以修行之定慧照見之。此偈頌通篇述說佛理，"說理性"甚爲強烈。再如晉時文人士子間最爲風行的《維摩詰經》〔註45〕，其中亦有偈頌云：

> 母智度無極，父爲權方便，菩薩由是生，得佛一切見。
>
> 樂法以爲妻，慈悲爲男女。奉諦以降調，居則思空義。
>
> 學知一切塵，其生隨所欲。〔註46〕

此偈頌主要是表達維摩詰居士的生活態度。維摩詰過著凡人生活，有妻有子有奴僕，於世俗生活中優遊自在，眾像見菩薩遂問維摩詰如何於塵世中，遍入諸道而又解脫生死？維摩詰遂以此偈頌說明其間的道理。並表明其平居則思空義，隨欲而不溺於欲的自在超脫。故此偈頌的"說理性"亦甚爲濃厚。再如竺法護所譯《正法華經》，

〔註44〕見《漸備一切智德經》卷一〈初發意悅豫住品〉（《大正》10‧460c～461a）。

〔註45〕然日人小野玄妙認爲現存於《大正藏》第14冊474號，署名支謙所譯《維摩詰經》，應係西晉竺法護譯本，而非孫吳支謙譯本（詳閱附錄表2-14，吳‧支謙《維摩詰經》一欄中之附註說明，第2項）。

〔註46〕見《維摩詰經》卷下（《大正》14‧530a）。

其間偈頌繁多，以四言偈頌佔極大比例，內容上：敘事敷演者有之、讚歎歌頌者有之、說理勵志者亦有之，然箇中佛理的說明，皆可於行文間見得，例如：

> 時佛為說，遍示四諦，一切具解，十二因緣。
>
> 為顯無點，令得眼目，講說生死，憂苦空患：
>
> 一切世間，悉從生有，當知因是，致于終沒。〔註47〕

此是敘述佛陀為開解眾人離苦得樂，遂以"四諦"、"十二因緣"說明世間一切皆從執著"有"而起。而偈頌前之長行亦云：「爾時世尊欲重解誼，說斯頌曰」，可知此偈頌主要在於敷演宣說佛理。以上雖僅舉三首偈頌以示，然漢譯偈頌的說理性，本屬自然，故亦可見微知著。

必須說明的是，漢譯偈頌是多面向的，它不單單僅止於說理形式的表現，然"說理性"的確是偈頌的一大特色：通篇直陳佛理者，有之；藉譬喻故事以導引出佛理者，亦有之。要言之，漢譯偈頌本就是以宣說佛理為目的，故蘊含"說理性"當然是其特色；反觀玄言詩，其所蘊含的"玄理"亦不待喻，二者之間的重"理"性，容或顯示出相因承之關連。

再者，玄言詩誠然是建基於對老莊玄學的闡發上，然此詩歌所呈顯的說理風味，在其前的詩歌中，無其因循來源；而自晉以來，玄言詩人與僧侶相與交遊的社會現象，已是不爭的事實；加以當時譯經事業的蓬勃發展，亦為佛教史中確然之事；由《世說新語》〈文學〉門中，我們可以得知當日玄言詩人與名僧交遊頻繁，且好以玄佛互參、讀誦佛經及研討佛理〔註48〕，這些事實擺放於玄言詩興盛百年的現象上作考察，是否全然無意義？一般文學史論述漢譯偈頌對詩人作品的影響，總以王梵志、寒山、拾得為例〔註49〕；誠然，這三位初唐詩人的詩風，的確白話如偈語。但在他

〔註47〕見《正法華經》卷四（《大正》9·93b）。

〔註48〕參第四章註18。茲再補充一些資料，例如徐震堮《世說新語校箋·文學》第40條，頁123～124：「支道林、許掾諸人共在會稽王齋頭，支為法師，許為都講。支通一義，四座莫不厭心；許送一難，眾人莫不抃舞。」劉注許掾即許詢也，所講經即《維摩詰經》；而都講乃法師講解佛經時，在旁唱經及問難者，需具一定的佛學素養。又，〈文學〉第44條：「佛經以為祛練神明，則聖人可致。簡文云：『不知便可登峰造極不？然陶練之功，尚不可誣』。」則當時玄學家讀佛經之風氣可知。再如〈文學〉第35條，頁121：「支道林造《即色論》，論成，示王中郎（王坦之），中郎都無言。支曰：『默而識之乎？』王曰：『既無文殊，誰能見賞？』」此雖是以言語來凸顯王坦之性情，然亦可知當時玄學家具備一定的佛典素養。故唐翼明《魏晉清談》，頁121云：「事實上，東晉中期清談得以重振，部份原因即是佛理抓住了當時貴族知識份子，清談名士競相借佛經來『陶練神明』之故。除簡文之外，劉惔、孫綽、許詢、郗超、王坦之、袁宏、殷浩等人都好佛經，而殷浩下的功夫最大」。

〔註49〕劉大杰《中國文學發展史》，頁425：「王梵志……他的詩大半是屬於說理的格言，有

們之前，漢譯佛典中廣泛出現的偈頌〔註50〕，對詩人的創作，是否皆無影響？再者，漢譯偈頌對詩人的影響，難道一定得遲至唐代某些詩人"以偈爲詩"出現才算嗎？東晉時期，詩人好與僧侶交遊，也喜愛讀佛經，竺法護所譯的《正法華經》、《漸備一切智德經》、《維摩詰經》等，皆爲晉世所風行之佛典〔註51〕，而這些佛典皆有許多偈頌〔註52〕。其間純屬說理者誠多，而含藏說理者亦不乏列舉。試問，這些說理偈頌在"文學社會學"角度下觀之，是否對「玄言詩」完全無意義？

綜上所論，漢譯偈頌近於詩的形體表現，及其以"理"敷陳全篇的表現，本是中土詩歌中未曾有的現象。而玄言詩所呈現的"理過其辭"，在其前的詩歌中，亦無此種風格。那麼，玄言詩借鑑於此種"近詩"偈頌的"說理精神"，或亦有其可能；抑或漢譯說理類偈頌的存在，對於玄言詩的興盛，有其推波助瀾之效。

第三節　漢譯偈頌與佛理詩的偈頌化

在玄言詩創作的同時，佛理詩亦蔚爲一股不小的風潮。自東晉起始，無論是方內詩人，抑或方外詩人，整個六朝都有佛理詩相繼出現。

在本文第四章第一、三節中，我們已將六朝佛理詩的創作背景，及詩人與詩篇予以介紹，銜接上章基礎，我們於此一節中，將分析佛理詩與漢譯偈頌，在形式與內容上的近似處，說明佛理詩"偈頌化"的傾向。

所謂「佛理詩」，即是於詩中抒發對佛理的體認，抑或以佛教思想爲通篇主旨的詩。故佛理詩，常以"說理"爲主要目的，而"佛教名相"的援引，亦常充斥字裡行間。如此的詩風，與中國詩歌傳統的"抒情"走向，自是有絕大差異；而與玄言詩內容性質上的"說理性"，則有其近似處，只是二者間，所描寫的主軸對象，一爲佛理、一爲玄理。而有些佛理詩，則又糅和對玄學的思想，例如東晉初的作品，總是釋、道並行，玄、佛相間。

玄言詩與漢譯偈頌的關連性，主要在　"說理精神"上的借鑑與相因；而與玄言詩關係頗鄰近的佛理詩，則不僅在"說理精神"上與漢譯偈頌相通，在內容、形式

些很像佛經中的偈語。」又，同書頁 426：「詩偈不分，正是梵志、寒山們的共同特徵。」台北市：華正書局，民國 80 年 7 月版。葉慶炳《中國文學史》上冊，頁 340：「王梵志……其詩多以淺俗語言寫成，大部份且似偈語。」頁 343：「是輩（按：指王梵志、寒山、拾得）本爲偈而作詩，非爲詩而作詩」。

〔註50〕參見表 2-14：僅就東晉以前的佛典而言，已可看出每本佛典簡中偈頌之頻繁。

〔註51〕見湯用彤《漢魏兩晉南北朝佛教史》，頁 114。

〔註52〕關於此些佛典的偈頌資料，請參考附錄中表 2-14 該經附註欄。

上，亦皆與之密切相關。佛理詩相較於漢譯偈頌而言，誠然是晚出的，據今所見的
史料中，漢譯偈頌於東漢時已有，而佛理詩則似是東晉時，方有所創作，二者間於
時空上的起承關係，較易判明。漢譯偈頌於內容上的表現，無論是說理、勵志、勸
誡、讚頌及宣誓等，皆可於佛理詩中，見其仿效。而佛理詩的作者，屬於方外詩人
者，與佛教的關係，本就密切，其受佛教思惟影響者，自是不待言喻；而屬於方內
詩人者，亦大多可於史傳或其作品中，得知其與佛教的關係，故其將佛理表現於詩
歌中，亦屬應然。為明佛理詩與漢譯偈頌的密切關係，我們錄其各自作品，以對照
方式，呈現於下。茲先以興發佛理者為例。

漢譯偈頌	佛理詩
① 空虛之為審，不覩其有常， 欲見陰當爾，真智說皆然。 三事斷絕時，知身無所直， 命氣溫燸識，捨身而轉逝。 當其死臥地，猶草無所知， 觀其狀如是，但幻而愚貪。 心心為無安，亦無有牢強， 知五陰如是，比丘宜精勤， 是以當晝夜，自覺念正智， 受行寂滅道，行除最安樂。〔註53〕 ↳見後漢安世高所譯《五陰譬喻經》	❶ 機運無停住，倏忽歲時過。 巨石會當竭，芥子豈云多？ 良由去不息，故令川上嗟。 不聞榮啟期，皓首發清歌。 布衣可暖身，誰論飾綾羅？ 今世雖云樂，當奈後生何？ 罪福良由己，寧云已恤他。〔註54〕 ↳見東晉竺僧度〈答苕華詩〉
② 五陰常屬空，依倚行羸弱， 因緣而合成，展轉相恃怙， 起滅無有常，興衰如浮雲， 身心想念怙，如是悉敗壞。〔註55〕 ↳見西晉竺法護所譯《修行道地經》卷六	❷ 四城有頓躓，三世無極已。 浮歡昧眼前，沈照貫終始。 壯齡緩前期，頹年迫暮齒。 揮霍夢幻頃，飄忽風電起。 良緣殆未謝，時逝不可俟。 敬擬靈鷲山，尚想祇洹軌。 絕溜飛庭前，高林映窗裏。 禪室栖空觀，講宇析妙理。〔註56〕 ↳見東晉謝靈運〈石壁立招提精舍詩〉

〔註53〕見後漢安世高所譯《五陰譬喻經》（《大正》2·501b～c）。
〔註54〕見逯欽立《先秦漢魏晉南北朝詩》中冊，頁1089。
〔註55〕見西晉竺法護所譯《修行道地經》卷六（《大正》15·220a）。
〔註56〕見逯欽立《先秦漢魏晉南北朝詩》中冊，頁1165。

③ 何緣有諸法？是法興於心。
　妄想生瞋恚，不念則皆空。
　妄想生三界，相續身不絕。　　➜
　不分別妄想，則無如是過。〔註57〕
↳見姚秦鳩摩羅什所譯《大寶積經・富樓那會》

④ 觀色如聚沫，受如水上泡，　➚
　想如春時焰，諸行如芭蕉。
　諸識法如幻，日種姓尊說。　　➜
　周匝諦思惟，正念善觀察。
　無實不堅固，無有我我所。〔註59〕
↳見劉宋求那跋陀羅所譯《雜阿含經》卷十

⑤ 一切有爲法，如夢幻泡影，　➚
　如露亦如電，應作如是觀。〔註61〕　➘
↳見姚秦鳩摩羅什所譯《金剛般若波羅蜜經》

⑥ 我常與汝等，長夜涉生死。　➚
　不見聖諦故，大苦日增長。
　若見四聖諦，斷有大海流。
　生死永已除，不復受後生。〔註63〕
↳見劉宋求那跋陀羅所譯《雜阿含經》卷十五

⑦ 以依於心故，則能起五識。
　然此心識者，念念皆遷滅。
　愚者起癡覺，計此身有我。……　➜
　言笑及威儀，皆如幻所作。
　此中無有我，用離宰主故。〔註65〕
↳見姚秦鳩摩羅什所譯《大莊嚴論經》卷五

❸ 一喻以喻空，空必待比喻。
　借言以會意，意盡無會處。
　既得出長羅，住此無所住。
　若能映斯照，萬象無來去。〔註58〕
　　　↳見姚秦鳩摩羅什〈十喻詩〉

❹ 狀如薪遇火，亦似草行風。
　迷惑三界裏，顛倒六趣中。
　五愛性洞遠，十相法靈沖。
　皆從妄所妄，無非空對空。〔註60〕
　　　↳見梁蕭衍〈十喻詩・靈空詩〉

❺ 疊嶂迥參差，連峰異相拒。
　遠聞如句詠，遙應成言語。
　竟無五聲實，誰謂八音所。
　空成顛倒群，徒迷塵縛侶。
　愍哉火宅中，茲心良可去。〔註62〕
　　　↳見梁蕭綱〈十空詩〉中之〈如響〉

❻ 綏心雖殊用，滅景寧優劣。
　一隨業風盡，終歸虛妄設。
　五陰誠爲假，六趣寧有截。〔註64〕
　　　↳見梁庾肩吾〈八關齋夜賦四城門更
　　　　作四首・第一賦韻西城門死〉

〔註57〕見姚秦鳩摩羅什所譯《大寶積經・富樓那會》卷七十八（《大正》11・444c）。
〔註58〕見逯欽立《先秦漢魏晉南北朝詩》中冊，頁1084。
〔註59〕見劉宋求那跋陀羅所譯《雜阿含經》卷十（《大正》2・69a）。
〔註60〕見逯欽立《先秦漢魏晉南北朝詩》中冊，頁1533。
〔註61〕見姚秦鳩摩羅什所譯《金剛般若波羅蜜經》（《大正》8・752b）。
〔註62〕見逯欽立《先秦漢魏晉南北朝詩》下冊，頁1937。
〔註63〕見劉宋求那跋陀羅所譯《雜阿含經》，卷十五（《大正》2・108a）。
〔註65〕見姚秦鳩摩羅什所譯《大莊嚴論經》卷五（《大正》4・285b）。
〔註64〕見逯欽立《先秦漢魏晉南北朝詩》下冊，頁2005。

⑧ 汝聞地獄聲，已如是怖畏。
何況地獄燒，如燒乾薪草，
火燒非是燒，惡業乃是燒。〔註67〕 ➔
↳見元魏瞿曇般若流支所譯《正法念處經》

❼ 人命以消盡，亦猶膏中火。
四大暫相遇，五物權時假。
盛年當勤學，趣求存吾我。
福盡身神散，冥冥地獄下。〔註66〕
↳見北周無名氏〈三徒五苦辭〉其一

⑨ 多人共相隨，造作不善業。↗
後惡業熟時，有生獨受果。
火刀怨毒等，雖害由可忍，
若自造惡業，後苦過於是，
親眷皆分離，唯業不相捨。〔註69〕
↳見元魏瞿曇般若流支所譯《正法念處經》

⑩ 其意已平等，思惟三世事。
斯心行業戒，道德修清淨。〔註70〕 ➔
↳見西晉竺法護所譯《漸備一切智德經》

❽ 平生忘是非，朽謝豈矜矯。
五淨自此涉，七塵庶無擾。〔註68〕
↳見陳江總〈遊攝山棲霞寺詩〉

附註：上文的“箭頭符號”（➔）代表漢譯偈頌於內容思想上，對中土佛理詩的容或影響。

　　上引諸首作品，皆蘊孕深刻的佛家思想。竺僧度與謝靈運二詩，是慨嘆生命無常、人身難久，感發時光倏忽，應即時學佛修道的積極態度；二者皆援佛理入詩，且明確標舉出心志所趨：一為“今世雖云樂，當奈後生何？”，故欲出家學道、不願再流轉於生死；一為“禪室栖空觀，講宇析妙理”，欲藉修禪觀空，棄絕人世浮歡。如此的思惟，與傳統詩歌中「言志」多傾向於立身報國、光耀門庭、棲隱山林等有所不同；亦與「詠懷」多傾向於懷才不遇、生年有限、光陰飄忽、盛年不再等不逕相同。所不同的因素在於何由？不啻是詩人心中，所薰習的佛教思想。另外，鳩摩羅什、蕭衍、蕭綱的佛理詩，更直接以佛教名相為題，通篇闡述事象無常、萬有虛無的道理；庾肩吾的〈西城門死〉亦是藉佛陀出宮遊四城門之事，以昭明生、老、病、死的無常變化；無名氏的〈三徒五苦辭〉亦說明人身乃四大、五蘊的暫時和合及業報思想；江總〈遊攝山棲霞寺詩〉亦將出世思想與佛教相結和，概而言之，皆是佛教思想濃郁的詩篇。

〔註67〕見元魏瞿曇般若流支所譯《正法念處經》卷十一（《大正》17‧63c）。
〔註66〕見逯欽立《先秦漢魏晉南北朝詩》下冊，頁2440。
〔註69〕見元魏瞿曇般若流支所譯《正法念處經》卷六（《大正》17‧30c）。
〔註70〕見竺法護所譯《漸備一切智德經》卷三（《大正》10‧474c）。
〔註68〕見《廣弘明集》卷30（《大正》52‧357a）。

　　這些中土的佛理詩，與漢譯偈頌對照下，更可見其相似，例如標號①之東漢安世高所譯偈頌，說明構成人身的五陰，是無常變化的，人身既是由五陰所因緣和合，則當因緣消失時，生命亦如草偃，故應觀五陰為幻，晝夜精進，勤行寂滅道（涅槃之意）。此首偈頌與標號❶之東晉竺僧度詩，所含之意皆同。

　　而標號②之西晉竺法護所譯偈頌，亦是說明人身乃五陰和合而成，五陰起滅無常，人身亦隨之興衰無常，其意旨亦在勸人捨離我執，修行菩提；此與標號❷之東晉謝靈運詩，其意亦等同。

　　標號③之姚秦鳩摩羅什所譯偈頌與標號④之劉宋求那跋陀羅所譯偈頌，則說明佛教空觀思想，一切無來亦無去、非有亦非空，勸人勿於心靈起差別相；此亦與標號❸❹之〈十喻詩〉意旨相同。

　　而標號⑧⑨的元魏瞿曇般若流支所譯偈頌，旨在說明"業"的因果論，以使人修善斷惡，不隨業流轉；其意亦與標號❼的〈三徒五苦辭〉意同。再如標號⑩的竺法護所譯偈頌，亦與標號❽的詩意雷同。

　　上引偈頌，皆通篇陳述佛理，又以"近詩"的形式表現，不獨以上所舉偈頌如此，漢譯偈頌中，類此形式、內容者，不勝枚舉；它們對中土佛理詩的形成，應有催化作用。

　　總之，由東漢至南北朝，期間佛典的譯述未曾間斷，呈現出朝氣蓬勃的氣象，朝野間濃郁的佛教氛圍，促使詩人創作出許多佛理詩，我們於上章第三節中，即引述許多當時方內或方外詩人的作品。而除了上引之興發佛理的類型外，亦有些佛理詩，逕以佛教名相為題，通篇讚頌佛菩薩的妙行莊嚴抑或沙門的清淨修行，與漢譯偈頌極為"形似"，茲於下略舉幾首作品，仿照上表之對照型態，以明佛理詩與漢譯偈頌的關係。

漢譯偈頌	佛理詩
① 菩薩行大慈，常自調其心， 并化他眾生，所開度長安。 醫療風寒熱，菩薩消三毒， 日出眾冥盡，導化消牽連。〔註71〕	❶ 維摩體神性，陵化昭機庭。 無可無不可，流浪入形名。 民動則我疾，人恬我氣平。 恬動豈形影，形影應機情。〔註80〕
↳見西晉竺法護所譯《賢劫經》卷一	↳見東晉支遁〈維摩詰讚〉

〔註71〕見西晉竺法護所譯《賢劫經》卷一（《大正》14‧9a）。
〔註80〕見《廣弘明集》卷15（《大正》52‧197a）。

② 文殊大智慧，諸法度無極，
手自執利劍，馳走向如來。 ➔
佛亦如利劍，二事同一相。 ➘
無生無所有，亦無有害者。〔註 72〕
↳見西晉竺法護所譯《如幻三昧經》卷下

❷ 童眞領玄致，靈化實悠長，
昔爲龍種覺，今則夢遊方，
忽怳乘神浪，高步維耶鄉。
擢此希夷質，映彼虛閑堂。〔註 81〕
↳見東晉支遁〈文殊師利讚〉

❸ 乃昔有嘉會，茲日多神靈。
維摩發淵響，請定不二名。
玄音誰將和？法作率所情。
亹亹玄心運，寥寥音氣清。〔註 82〕
↳見東晉支遁〈法作菩薩讚〉

③ 身相三十二，天人所恭敬，
無善神奉宗，稽首人中上。
光如百葉華，猶若月盛明，
清淨德超異，稽首施安隱。
顏容殊妙好，百福功德相，
德慧度無極，稽首於導師。 ➔
施與調順上，積於清淨戒，
忍辱力最勝，稽首世之上。〔註 73 〕 ➘
↳見西晉竺法護所譯《海龍王經》卷四

❹ 法藏長王宮，懷道出國城。
願言四十八，弘誓拯群生。
淨土一何妙，來者皆清英。〔註 83〕
↳見謝靈運〈和從弟惠連無量壽頌〉

④ 佛爲尊貴，斷漏無婬。
諸釋中雄，一群從心。 ➔
快哉福報，所願皆成。
敏於上寂，自致泥洹。〔註 74〕
↳見吳維祇難等人譯《法句經》卷下

❺ 惟此大覺，因心則靈。
垢盡智照，數極慧明。
三達非我，一援群生。
理阻心行，道絕形聲。〔註 84〕
↳見（東晉至劉宋）謝靈運〈佛讚〉

⑤ 世尊轉法輪，大身師子吼， ➔
恐伏諸外道，佛慧度彼德。
色妙無與等，戒德及智慧，
精進度諸岸，佛道過眾德。〔註 75 〕 ➘
↳見西晉竺法護所譯《彌勒菩薩所問本願經》

❻ 積智成朗，積因成業。
能仁悉感，將吼妙法。
駐景上天，降生右脅。
始出四門，終超九劫。〔註 85〕
↳見齊沈約〈釋迦文佛像銘〉

〔註 72〕見西晉竺法護所譯《如幻三昧經》卷下（《大正》12．151b）。
〔註 81〕前揭書（《大正》52．197a）。
〔註 73〕見西晉竺法護所譯《海龍王經》卷四（《大正》15．152b）。
〔註 82〕前揭書（《大正》52．197b）。
〔註 83〕見《廣弘明集》卷 15（《大正》52．200a。
〔註 74〕見吳維祇難等人譯《法句經》卷下（《大正》4．567b）。
〔註 84〕見《廣弘明集》卷 15（《大正》52．200a）。
〔註 75〕見西晉竺法護所譯《彌勒菩薩所問本願經》（《大正》12．187c）。
〔註 85〕見《廣弘明集》卷 16（《大正》52．212a）。

⑥ 如日初生，光明照耀。
　　大士威德，亦復如是。
　　如雪山藥，眾藥中勝。→
　　仁者高遠，更無能比。
　　德力深妙，極爲嚴顯。
　　猶如秋月，眾星中最。〔註76〕
　↳見吳竺律炎共支謙譯《摩登伽經》卷上

⑦ 如來所有，諸佛之法，
　　弘廣無邊，從清淨心，→
　　而獲致斯。假使欲動，
　　億千國土，音聲普告，↘
　　而悉聞知。〔註77〕
　↳見西晉竺法護所譯《寶女所問經》卷二

⑧ 比丘塚間衣，觀於欲非眞，
　　坐樹空閑處，是謂爲梵志。〔註78〕→
　↳見姚秦竺佛念所譯《出曜經》卷三十

⑨ 無有結使心，比丘攝意行，
　　以盡老病死，更不復受有。〔註79〕→
　↳見姚秦竺佛念所譯《出曜經》卷廿九

❼ 前佛後佛，迹罔隆窊。
　　或遊堅固，或蔭龍華。
　　能達斯旨，可類恒沙。
　　華華群群，均此妙極。
　　先晚參差，各願隨力。
　　密跡弘道，數終乃陟。
　　誓覿來運，永德含識。〔註86〕
　　　　↳見齊沈約〈千佛頌〉

❽ 明心弘十力，寂慮安四禪。
　　青禽承逸軌，文驪鏡重川。
　　鷲嚴標遠勝，鹿野究清玄。
　　不有希世寶，何以導蒙泉？〔註87〕
　　　↳見齊王融〈法樂辭十二章‧得道〉

❾ 釋迦稱散體，多寶號金軀。
　　白玉誠非比，黃金良莫踰。
　　變見絕言象，端異乃冥符。
　　靈知雖隱顯，妙色豈榮枯？〔註88〕
　　　　↳見梁宣帝〈迎舍利詩〉

❿ 經行林樹下，求道志能堅。
　　即有神通力，振錫遠乘煙。
　　一登四弘誓，至道莫能先。
　　不貪曠劫壽，無論延促年。〔註89〕
　　　↳見梁庾肩吾〈八關齋夜賦四城門更
　　　　作四首‧第二賦韻北城門沙門〉

⓫ 深心不可染，正道亦難欹。
　　方除五欲累，長辭三雅厄。〔註90〕
　　　↳見梁庾肩吾〈八關齋夜賦四城門更
　　　　作四首‧第四賦韻北城門沙門〉

附註：上文的“箭頭符號”（→）代表漢譯偈頌於內容思想上，對中土佛理詩的容或影響。

〔註76〕見吳竺律炎共支謙譯《摩登伽經》卷上（《大正》21‧401c～402a）。
〔註86〕見《廣弘明集》卷16（《大正》52‧212b）。
〔註77〕見西晉竺法護所譯《寶女所問經》卷二（《大正》13‧460a）。
〔註87〕見《廣弘明集》卷30（《大正》52‧352b）。
〔註88〕前揭書，頁2104。
〔註78〕見姚秦竺佛念所譯《出曜經》卷三十（《大正》4‧773c）。
〔註89〕見逯欽立《先秦漢魏晉南北朝詩》下冊，頁2006～2007。
〔註79〕見姚秦竺佛念所譯《出曜經》卷廿九（《大正》4‧767b）。
〔註90〕前揭書，頁2008。

　　由上表左右兩欄對照下，我們可看出漢譯偈頌與中土佛理詩的雷同，例如標號①②與標號❶❷❸，所讚歎的皆是大乘菩薩的度世形象；標號③④⑤⑥⑦與標號❺❻❽❾，亦皆歌詠讚歎佛陀容德威儀；而標號⑧⑨與標號❿⓫，皆是歌詠稱歎沙門的清淨莊嚴。概而言之，無論是漢譯偈頌，抑或佛理詩，其歌詠讚歎的對象皆是諸佛菩薩或沙門梵志；如此的內容，於漢譯偈頌中，本就爲數眾多，尤其是讚歎佛陀者，更是不勝枚舉。然相對於中國詩歌，此種歌詠讚歎諸佛菩薩、興發佛理的內容，在東晉以前，幾乎不見於書面。可知詩人們創作佛理詩，主要仍是在佛教傳入後，方有如此形貌出現於詩歌中。

　　而受時代風氣的影響，我們於上面所引之東晉佛理詩，仍可看出其玄、佛交糅的面貌。除此之外，由上述二表左右兩欄對照下，我們可明顯地發現佛理詩中，引用諸多佛教名相，這種表現手法與漢譯偈頌慣以佛教名相充斥於字裡行間的風格，不啻在表現手法上，有相互重疊的影子，同時亦說明了中土詩人借鑑於佛典文學的表現。而佛典中，除了“長行”外，即是“偈頌”，詩人們除了吸取長行中的義理，豐富思想外；那種“近詩”形式，而又具備“白話說理”、“歌詠讚歎”等性質的漢譯偈頌，無疑是帶給詩人於創作表現上，更形變化的取材對象。

　　故佛理詩偈頌化的特點，早在東晉時（以今所見史料而言）即已有所發展，並非得至唐代時方有“以偈爲詩”的出現〔註91〕；而宋代時「以文爲詩」的詩風，前人亦很少由漢譯偈頌這一角度切入，事實上，此面向實值我們留心探究，然因此問題，不在本文處理範疇內，故於此不再申論之。

第四節　漢譯偈頌與山水詩的窮形盡相

　　玄言詩興盛百年之後，宋初山水詩代之而興，故劉勰云「莊老告退，而山水方滋」〔註92〕。山水詩的興起，亦與當日“名人釋子共入一流”〔註93〕的風氣有關，當時僧俗間共遊山水，乃是普遍現象，而遊歷山水的感受，亦銜接溝通了對玄理、佛理的體認〔註94〕。但此是就歷史文化一理路所做的考察，以明晰山水詩的興盛與

〔註91〕一般文學史論述漢譯偈頌對詩人作品的影響，總以王梵志、寒山、拾得爲例。參見本章註48。
〔註92〕見劉勰著，周振甫注《文心雕龍注釋》〈明詩〉篇，頁85。
〔註93〕見湯用彤《漢魏兩晉南北朝佛教史》第七章〈兩晉際之名僧與名士〉，頁108。詳參本文第四章註25。
〔註94〕參見本文第四章第一節〈詩中寖染佛教色彩的緣由──名人釋子共入一流的社會風氣〉。

佛教之間的關係。至於山水詩本身所呈現的修辭技巧,又是否能藉以探析其與佛典偈頌的關係?劉勰《文心雕龍‧明詩》中,以「情必極貌以寫物,辭必窮力而追新」〔註95〕來形容宋初所興起的山水詩的特色,說明山水詩人作詩時,傾其全力以各種辭句刻畫描摹,以求山水風光能細緻入微地呈現於詩中,此亦即"寫實"的描寫手法;又〈物色〉篇中亦云:

> 自近代以來,文貴形似,窺情風景之上,鑽貌草木之中。吟詠所發,志惟深遠;體物為妙,功在密附。〔註96〕

此謂自晉宋以來,作品描寫景物時,重在窮形盡相;詩歌的創作,除了求其情志深遠外,事物的描繪上,需在功效上能圖貌其物,貼切入微。這種刻畫景物的詩歌手法,在晉宋以前的詩歌中,我們幾乎找不著;之前的詩歌,大多是「意象的反映」〔註97〕,那麼,是否純粹由遊歷山水、體悟佛理、玄理,就能造就出"極貌寫物"的山水詩?但若由漢譯佛典偈頌與山水詩這一脈絡思考,似可見二者之間關連處。

山水詩集大成者,當以謝靈運為代表〔註98〕,因其為東晉時第一位大量創作山水詩者,故又被尊稱為山水詩的鼻祖;在宗教信仰上,他也篤信佛教〔註99〕,作有〈與諸道人辨宗論〉〔註100〕,並為慧遠的佛影窟制銘刻石,作〈佛影銘并序〉〔註101〕;也與名僧慧遠、慧叡、曇隆道人、法勗、僧維、慧驎、竺法綱、慧琳、法流等有所往來〔註102〕,此外,並與慧嚴、慧觀改譯《大般涅槃經》(世稱南本)。其詩作中往往滲入宗教感情,流露佛家意識,故白居易稱歎謝詩:「往往即事中,未能忘興諭」〔註103〕,此不但是其詩的典型架構,且亦為大多數宋齊山水詩人所仿效追隨

〔註95〕見劉勰著,周振甫注《文心雕龍注釋》〈明詩〉篇,頁85。

〔註96〕同前揭書,〈物色〉篇,頁846。

〔註97〕見劉大杰《中國文學發展史》頁304。

〔註98〕見清沈增植〈與金大守論詩書〉:「康樂(即謝靈運)總山水老莊之大成;開其先者支道林」。轉引自賴永海《佛道詩禪》頁223,台北市:佛光,民國81年3月初版。

〔註99〕見何尚之〈答宋文帝贊揚佛教事〉:「謝靈運每云:『六經典文,本在濟俗為治耳,必求性靈真奧,豈得不以佛經為指南耶?』」,載於《弘明集》卷十一,頁511。又,《高僧傳‧慧叡傳》頁260云:「陳郡謝靈運篤好佛理,殊俗之音,多所達解。乃諮叡以經中諸字,并眾音異旨,……」。

〔註100〕見龔本棟釋義《廣弘明集》〈法義〉篇,頁182,台北市:佛光,1998年初版。

〔註101〕《廣弘明集》卷十五,〈佛德〉篇(見《大正》52‧199b～c)。

〔註102〕見慧皎《高僧傳》卷六〈慧遠傳〉、卷七〈慧叡傳〉;《出三藏記集》卷十五〈慧遠法師傳〉;《全上古三代秦漢三國六朝文‧全宋文》卷三十三〈曇隆法師誄〉(台北市:中華書局,1958年);《廣弘明集》〈與諸道人辨宗論〉;及《國學季刊》第三卷第一號湯用彤〈謝靈運事蹟年表〉,頁25～27,民國21年3月。

〔註103〕見《白氏長慶集》卷七,轉引自葉慶炳《中國文學史》上冊,頁217,台北市:台灣學生,民國79年9月二刷。

〔註104〕。試看其〈石壁精舍還湖中作〉，即爲其詩歌典型風格：

　　昏旦變氣候，山水含清暉。清暉能愉人，遊子憺忘歸。

　　出谷日尚蚤，入舟陽已微。林壑斂暝色，雲霞收夕霏。

　　芰荷迭映蔚，蒲稗相因依。披拂趨南徑，愉悅偃東扉。

　　慮澹物自輕，意愜理無違。寄言攝生客，試用此道推。〔註105〕

詩中藉山水以興情悟理，亦即白詩所云「往往即事中，未能忘興諭」，此可說是謝靈運於詩歌上的特殊貢獻——把佛教與詩歌結合——這在中國佛教史上及詩歌史上，都有其深遠影響。其寫景詩句往往能“極貌寫物”、“刻畫微眇”〔註106〕，例如：

　　△石淺水潺湲，日落山照曜。荒林紛沃若，哀禽相叫嘯。〔註107〕

　　△時竟夕澄霽，雲歸日西馳。密林含餘清，遠峰隱半規。〔註108〕

　　△猿鳴誠知曙，谷幽光未顯。巖下雲方合，花上露猶泫。〔註109〕

　　△石橫水分流，林密蹊絕蹤。〔註110〕

　　△春晚綠野秀，巖高白雲屯。〔註111〕

　　△鳥歸息舟楫，星闌命行役。亭亭曉月映，泠泠朝露滴。〔註112〕

　　△江山共開曠，雲日相照媚。〔註113〕

這些詩句清新自然，如同鮑照所言「謝五言如初發芙蓉，自然可愛」〔註114〕，而就其描摹景物之技巧而言，可說是窮形盡相，故鍾嶸《詩品》稱其詩「尚巧似」。而謝靈運之後的山水詩人，其創作亦不脫此種形貌，例如：

　　△含嘯對霧岑，延蘿倚峰壁。青冥搖煙樹，穹跨負天石。〔註115〕

　　△岡澗紛縈抱，林障沓重密。昏昏磴路深，活活梁水急。〔註116〕

〔註104〕見葉慶炳《中國文學史》上冊，頁218。

〔註105〕見沈德潛著，王純父箋注《古詩源箋注》頁261～262，台北市：華正，民國81年11月版。

〔註106〕見劉熙載《藝概》頁85：「謝客（靈運）詩刻畫微眇，其造語似子處，不用力而功益奇，在詩家爲獨闢之境。」台北市：金楓，1986年12月初版。

〔註107〕見逯欽立《先秦漢魏晉南北朝詩》中冊，〈七里瀨詩〉，頁1160。

〔註108〕前揭書，〈遊南亭詩〉，頁1161。

〔註109〕前揭書，〈從斤足澗越嶺溪行詩〉，頁1167。

〔註110〕前揭書，〈於南山往北山經湖中瞻眺詩〉，頁1172。

〔註111〕前揭書，〈入彭蠡湖口詩〉，頁1178。

〔註112〕前揭書，〈夜發石關亭詩〉，頁1177。

〔註113〕前揭書，〈初往新安至桐廬口詩〉，頁1179。

〔註114〕見《南史》〈顏延之傳〉。

〔註115〕見逯欽立《先秦漢魏晉南北朝詩》中冊，鮑照〈從登香爐峰詩〉，頁1283。

〔註116〕前揭書，鮑照〈從庚中郎遊園山石室詩〉，頁1283。

△桐生叢石裏，根孤地寒陰。上倚崩岸勢，下帶洞阿深。〔註117〕

△交藤荒且蔓，樛枝聳復低。〔註118〕

△香風蕊上發，好鳥葉間鳴。〔註119〕

△寒鳥樹間響，落星川際浮。繁霜白曉岸，苦霧黑晨流。〔註120〕

△接樹隱高蟬，交枝承落日。〔註121〕

△離離細磧淨，藹藹樹陰疏。石衣隨溜卷，水芝扶浪舒。〔註122〕

△水際含天色，虹光入浪浮。柳條恆拂岸，花氣盡薰舟。〔註123〕

△澄江涵皓月，水影若浮天。風來如可泛，流急不成圓。〔註124〕

△澗底百重花，山根一片雨。婉婉藤倒垂，亭亭松直豎。〔註125〕

△滴瀝泉澆路，穿窬石臥階。淺槎全不動，盤根唯半埋。〔註126〕

以上所舉的山水詩，範圍囊括宋至梁，可看出其間共通的特色，即是「情必極貌以寫物，辭必窮力而追新」。如此的詩歌風格，並未在山水詩興起前尋得，反觀其時漢譯佛典的文學表現，我們可舉出琳瑯滿目的例子，舉凡長行、偈頌，皆有許多巧譬善喻、"深妙靡麗"〔註127〕、"奇詭無已"〔註128〕的文學表現，例如《法句經》〔註129〕、《普曜經》〔註130〕、《佛五百弟子自說本起經》〔註131〕、《正法華經》〔註132〕、《密跡金剛力士經》〔註133〕、《法句譬喻經》〔註134〕、《華嚴經》〔註135〕、《維

〔註117〕前揭書，鮑照〈山行見孤桐詩〉，頁1310。
〔註118〕前揭書，謝朓〈遊敬亭山詩〉，頁1424。
〔註119〕前揭書，謝朓〈送江兵曹檀主簿朱孝廉還上國詩〉，頁1449。
〔註120〕前揭書，何遜〈下方山詩〉，頁1690。
〔註121〕前揭書，何遜〈登禪岡寺望和虞記室詩〉，頁1701。
〔註122〕見逯欽立《先秦漢魏晉南北朝詩》下冊，蕭綱〈玩漢水詩〉，頁1932。
〔註123〕前揭書，蕭繹〈赴荊州泊三江口詩〉，頁2036。
〔註124〕前揭書，蕭繹〈望江中月影詩〉，頁2045。
〔註125〕前揭書，庾信〈遊山詩〉，頁2355。
〔註126〕前揭書，庾信〈山齋詩〉，頁2378。
〔註127〕見梁僧祐《弘明集》所收牟子〈理惑論〉，頁34：「佛經深妙靡麗」，台北市：新文豐，民國75年3月再版。
〔註128〕見范曄《後漢書》卷88〈西域傳論〉。
〔註129〕見《大正藏》第四冊210號。此經署名孫吳維祇難等人譯，然湯用彤認為此經係維祇難所出，而由竺將炎譯為漢文、支謙補其缺失（《漢魏兩晉南北朝史》頁91～92）。
〔註130〕見《大正藏》第三冊186號，為西晉竺法護譯。
〔註131〕見《大正藏》第四冊199號，為西晉竺法護譯。
〔註132〕見《大正藏》第九冊263號，為西晉竺法護譯。
〔註133〕見《大正藏》第十一冊310-3號，為西晉竺法護譯，此經屬於《大寶積經》中的一部。
〔註134〕見《大正藏》第四冊211號，為西晉法炬共法立譯。

摩詰經》〔註136〕、《妙法蓮華經》〔註137〕等經，皆富有生動的形象性。這些經典中的漢譯偈頌，與山水詩"尚巧似"、"極貌寫物"的特點，有其相通處。

　　例如《法句譬喻經》〈喻華香品〉中，有偈頌描述持戒修行甚為殊妙，並以種種香花琦草的芬芳，與持戒者的德人之香作映襯，雖是旨在勉人行善持戒，但其「琦草芳華，不逆風薰，近道敷開」〔註138〕的描述，即呈現出香花曼草沿途迤邐綻放的畫面。此亦可謂為佛理與自然景物結合的例子。再如《正法華經》中，以長者腐朽傾危的大房子，形容"三界"之苦：

> 譬如長者，而有大宅，極甚朽故，腐敗傾危。有大殿舍，
> 而欲損壞，梁柱綩棟，皆復摧折。多有軒闥，及諸窗牖，
> 又有倉庫，以泥塗木，高峻垣牆，壁障崩隤，薄所覆苫，
> 彌久彫落。〔註139〕

此處所描繪的長者大宅，彷若以工筆雕縷刻畫而出般，予人歷歷如繪的感受。高峻圍牆中的大宅第，呈現出年老失修的傾危腐舊貌，屋頂及牆壁上，覆蓋著用茅草編成的草苫，原本的雕樑畫棟早已面臨傾頹的危險。此幅腐朽大宅圖，可說是"極貌寫物"的具體示範。

　　而《正法華經》〈藥草品〉中，以"雨水"形容如來所說深法，"雨水"遍灑時，所有諸藥草木、竹蘆叢林，皆隨其種類茂盛生長；以此形容佛陀說法，乃應眾生根器之異，普予灌漑，使各得增長。其中描述雨水澤潤藥草叢林的情景，極為生動：

> 譬如純黑雲，涌出升虛空，普雨佛世界，遍覆於土地，
> 又放大電焰，周匝有水氣，而復震雷聲。人民皆歡喜，
> 陰蔽於日月，除熱令陰涼，欲放雨水故，時布現在上，
> 彼時普等雨，水下無偏黨，滂流於佛土，澤洽眾區域，
> 應時而降雨，激灌一切地，旱涸枯谿澗，一切得浸漬。
> 惠澤無不到，眾源皆涌溢，深谷諸廣野，林麓濇幽藪，
> 萌葉用青倉，藥草無數生，櫟木諸叢林，滋長大小樹，

〔註135〕見《大正藏》第九冊278號，為東晉佛陀跋陀羅譯。

〔註136〕見《大正藏》第十四冊474號，署名支謙譯。然小野玄妙認為此經非孫吳支謙所譯，並就經本中譯文譯語推論是西晉竺法護所譯，因法護所譯《維摩詰經》，僧祐明記有其經本（《佛教經典總論》頁35）。

〔註137〕見《大正藏》第九冊262號，為姚秦鳩摩羅什譯。

〔註138〕見西晉法炬共法立譯《法句譬喻經》：「多作寶華，結步搖綺。廣積德香，所生轉好。琦草芳華，不逆風薰，近道敷開，德人逼香。栴檀多香，清蓮芳花，雖曰是真，不如戒香。」（《大正》4‧585c）。

〔註139〕見西晉竺法護譯《正法華經》（《大正》9‧76b）。

　　　　眾藥咸茂殖，莖幹華實繁。〔註140〕

此偈頌將天降甘霖之後，山林間草木盛開、枯谿涌泉的情景，細緻入微地刻畫出來，雖是借景喻理，然景象部份的描寫，實是躍然紙上。而《妙法蓮華經》〈藥草品〉中，亦有如是偈頌，以雨水遍覆大地來譬喻佛法的廣被眾生，然其偈頌則純以四言展現：

　　　　譬如大雲，起於世間，遍覆一切。慧雲含潤，電光晃曜，

　　　　雷聲遠震，令眾悅豫。日光掩蔽，地上清涼，靉靆垂布，

　　　　如可承攬，其雨普等，四方俱下，流澍無量，率土充洽，

　　　　山川險谷，幽邃所生，卉木藥草，大小諸樹，百穀苗稼，

　　　　甘蔗蒲萄，雨之所潤，無不豐足。乾地普洽，藥木並茂，

　　　　其雲所出，一味之水，草木叢林，隨分受潤，一切諸樹，

　　　　上中下等，稱其大小，各得生長。根莖枝葉，華弓光色，

　　　　一雨所及，皆得鮮澤，如其體相。〔註141〕

此偈頌以雨澤大地各類草木，說明「性分大小，所潤是一，而各滋茂。佛亦如是，……為諸眾生，分別演說，諸法之實」〔註142〕的道理。文中將大自然中之雨後景象，刻畫入微，眼前彷若見著在烈日炙陽下飽受灼烤的叢林綠地，一夕之間，烏雲密佈、日光掩蔽，大地清涼，四方俱雨。無論是山川險谷之藥草花卉，抑或平疇綠野之甘蔗葡萄，皆為雨水普潤，一切花弓顏色，皆為之鮮澤光麗。如此細緻的圖貌其物，與山水詩"尚巧似"、"極貌寫物"的寫實手法，實有雷同處。

　　　再如《妙法蓮華經》中，以偈頌描寫一長者擁有的華麗寶車：

　　　　以眾寶物，造諸大車，莊校嚴飾，周匝欄楯，四面懸鈴，

　　　　金繩交絡，真珠羅網，張施其上，金華諸瓔，處處垂下，

　　　　眾綵雜飾，周匝圍繞，柔軟繒纊，以為茵蓐，上妙細氎，

　　　　價值千億，鮮白淨潔，以覆其上。有大白牛，肥壯多力，

　　　　形體姝好，以駕寶車。〔註143〕

此寶車極其華麗，四周懸掛鈴鐺，隨風清響；金繩交織而成的羅網，穿滿許多美麗真珠，張施於車頂，顯其耀目；車子周圍除了懸鈴之外，並以種種綵帶，裝飾圍繞；而其座位上，張鋪著價值百億的細毛皮座褥，潔白柔軟；並有壯碩且形體美好的大白牛，拉駛此車。此偈頌亦是以工筆刻畫的描繪技巧，呈現出色彩絢爛的畫面。

〔註140〕前揭書，卷三〈藥草品〉（《大正》9‧83c～84a）。

〔註141〕見鳩摩羅什《妙法蓮華經》卷三〈藥草喻品〉（《大正》9‧19c）。

〔註142〕前揭書（《大正》9‧19c～20a）。

〔註143〕見姚秦鳩摩羅什所譯《妙法蓮華經》（《大正》9‧14c）。

再如《大方廣佛華嚴經》中，以偈頌鋪陳出天界的美麗莊嚴：

其地平整淨圓滿，□迦羅內不可壞，……

種種寶華爲莊嚴，雜種寶衣珍妙輪，

隨次遍佈一切地。……………………

離垢莊嚴光明照，妙香碎寶悉充滿。

光明眾寶華莊嚴，普放一切滿十方；

寶華遍覆一切地，悉能長養佛功德。

與一切雲滿虛空，光明普照不可盡。〔註144〕

此處是形容天界開滿眾寶蓮花，平鋪於地，圓滿堅固永不凋落；天空之中則布滿一切妙雲，能以光明普照一切；空氣之中亦瀰漫各種清香〔註145〕。另外，又以偈頌刻畫天界有無數香水海，一一香水海中，爲無數香水河所圍繞，水流清澈乾淨，水底鋪滿金沙，種種寶花盛綻於上；而周圍的欄楯上，亦植滿蓮花，階道則由七寶構成；微風吹拂下，種種寶花搖曳如波浪，紛紛敷演佛聲，以教化諸天：

離垢清淨香水流，金剛寶華悉彌覆。

眾寶輪地布金沙，無量珍琦普莊嚴。

淨妙階道七寶成，諸欄楯上植蓮華。

眞珠寶華常敷榮，懸雜華鬘爲莊嚴。

一切寶光微妙色，清淨香水雜寶流。

種種寶華爲波浪，眾音諧雅演佛聲。〔註146〕

此偈頌將天界中的河流風光，盡述其貌，予人歷歷如繪之感。工筆刻畫下，彷若看見澄澄流水中，開滿各種香花，隨風款擺如波浪。

除了以上所舉的例子之外，漢譯佛典中尚有許多"窮形盡相"、"極貌寫物"的偈頌，我們可以說，這就是漢譯偈頌「體物」的描繪風格；而此特色與山水詩"尚形似"、"重寫實"的「體物」〔註147〕風格，似有異曲同工之處。再者，若以山水詩中普遍"未能忘興諭"的特點而論，其與漢譯偈頌旨在"藉景言理"的典型風格，實是一致的。漢譯偈頌與山水詩究竟有無關係，我們雖不敢斷言主之；然二者

〔註144〕見東晉佛陀跋陀羅所譯《大方廣佛華嚴經》卷三〈盧舍那佛品〉（《大正》9．413a～b）。

〔註145〕前揭書，偈頌前之長行云：「眾寶蓮華以爲莊嚴大地，一切莊嚴妙雲悉皆充滿，一切妙香而以薰之」（《大正》9．413a）。

〔註146〕前揭書（《大正》9．413c）。

〔註147〕傅剛《魏晉南北朝詩歌史論》，頁287：「山水詩建立了與言志、抒情的表現方式不同，它以體物爲特徵」。

之間，除了所依托的的佛教背景相同〔註148〕，其寫景體物的寫實刻畫，亦有雷同，而在山水詩興起前的漢譯佛典中，已有許多體物入微的偈頌，故或亦無法完全否定二者間的關連性。

綜上所論，雖然山水詩的窮形盡相，對象是山水；而漢譯偈頌的窮形盡相，對象未必是山水，可是這種「窮形盡相」的寫實刻畫手法，對六朝詩人或應有一定程度的影響。

第五節　漢譯偈頌與宮體詩的女姿描摹

齊梁時，興起一種專以吟詠豔情為主的詩風，於詩歌文學史上，被稱為"宮體詩"，《梁書・簡文帝本紀》即云：

> （簡文帝）雅好題詩，其序云：『余七歲有詩癖，長而不倦，然傷於
> 輕豔。當時號曰宮體。』〔註149〕

宮體詩"輕豔"的詩風，正是其典型特色，之所以稱為輕豔，乃是因其詩歌表現，慣以豔麗的字句刻畫出女性的嬌美容態，雖亦有描寫男色的詩歌〔註150〕，然大體而言，主要專務於描摹女姿〔註151〕。此外，歷來探究宮體詩的起源，總認為其受有南方樂府民歌及山水詩、詠物詩的影響〔註152〕；作為宮體詩興起的因素，以上所言之

〔註148〕在第四章中，我們已論述山水詩人與僧侶往來交遊的歷史現象，在遊寺訪僧中，詩人亦遊歷了山水風光，再將之形之於筆墨；而漢譯偈頌本就是依托於佛典中。故此二者皆與佛教有其關係。

〔註149〕見《梁書》卷四〈簡文帝本紀〉。又《梁書》卷卅〈徐摛傳〉亦載：「（摛）屬文好為新變，不拘舊體。……摛文體既別，春坊盡學之，『宮體』之號，自斯而起」。

〔註150〕例如梁簡文帝的〈孌童詩〉（見逯欽立輯校《先秦漢魏晉南北朝詩》下冊，頁1941）。

〔註151〕宮體詩傾力於描寫女人的顏貌容態，已為文學史上公認的事實，茲再引一文以示：「南朝梁代正式定名的『宮體』詩，由於以描寫佳人美色—尤其是愛姬寵妾為主，得以有別於漢魏以來怨女、思婦的主流，而成就其體類特色。」（見鄭毓瑜〈由話語建構權論宮體詩的寫作意圖與社會成因〉頁259，載於《漢學研究》第13卷第2期，民國84年12月）。

〔註152〕例如葉慶炳《中國文學史・南朝文學》頁194云：「蕭綱、徐摛等提倡宮體詩，無疑受有東晉以來南方樂府民歌及宋、齊詠物詩之影響。」又，葉日光〈宮體詩形成之社會背景〉頁156云：「很顯然的可以看得出來，宮體詩對女性容止形態的描寫，確實還是跟『山水詩』『詠物詩』一樣，是用客觀寫實的態度和方法，一筆一畫，不厭其煩的從婦女的口、鼻、耳、目、唇……等各部份作細密而深刻的描寫。除了內容題材不同之外，其他各方面都和『山水詩』『詠物詩』有共同的特徵和表現。由此看來，宮體詩與『山水詩』『詠物詩』在演進的過程和表現的方法上，的確有極為密切而不可分的關係存在。」（見《中華學苑》第10期，民國61年9月）。

詩體，誠然有其影響力度。然一種文學興起或興盛的背景因素，是複雜而多貌的，除了以上所言之影響因素外，我們是否仍可由其他面向，見著宮體詩之影響來源？在被閱漢譯偈頌的過程中，我們發覺漢譯偈頌的某些題材面向，與宮體詩傾力刻畫女性姿容的特點，有其呼應、會通處；為將二者之間的關聯性說明清楚，茲將此節概分三方面：1.《維摩詰經》中亦僧亦俗的形象 2.偈頌中對淫豔情態的鋪寫 3.讚佛偈的工筆雕繪與宮體詩的人物特寫。其中第一部份，乃是就時代因素進行考察，第二、三部份則是針對漢譯偈頌與宮體詩本身作研討，以補益單由外緣因素切入之不足。現依序說明於下。

一、《維摩詰經》中亦僧亦俗的形象

　　《維摩詰經》於六朝時有四譯本，分別為支謙、竺法護、竺叔蘭、鳩摩羅什所出〔註153〕，而今收錄於《大正藏》者，除了鳩摩羅什於姚秦重譯之《維摩詰所說經》〔註154〕外，其餘三人所譯本，則僅見署名支謙之譯本〔註155〕。

　　《維摩詰經》主要以在家居士維摩詰為中心人物，透過其與文殊師利等菩薩共論佛法的方式，以闡揚大乘佛教之真理。此經文學性甚濃，經中所塑造的維摩詰形象，乃是一辯才神通皆無礙者，以居士身份從事種種世俗生活，舉凡"矜行權道"、"資財無量"、"不止無色，有妻子婦"、"博奕戲樂"、"入諸婬種"、"入諸酒會"等〔註156〕，皆為其為度化人而示現的善權方便〔註157〕。故維摩詰雖行世俗種種逸樂事，然仍無礙於"常修梵行"、"內常如禪"、"不離聖典"〔註158〕之行

〔註153〕見《出三藏記集》卷八西晉支敏度〈合維摩詰經序〉，頁310云：「在昔漢興，始流茲土，于時有優婆塞支恭明（按：即支謙）。逮及於晉，有法護、叔蘭。此三賢，並博綜稽古，研機極玄，殊方異音，兼通開解。先後譯傳，別為三經，同本、人殊、出異。」此即說明西晉時，《維摩詰經》同本異譯有三本。另，據《出三藏記集》卷二，僧祐〈新集條解異出經錄〉，頁68云：「《維摩詰經》：支謙出《維摩詰》二卷；竺法護出《維摩詰經》二卷、又出《刪維摩詰》一卷；竺叔蘭出《維摩詰經》二卷；鳩摩羅什出《新維摩詰經》三卷。右一經四人異出。」則知梁僧祐時，《維摩詰經》已另增鳩摩羅什譯本。

〔註154〕鳩摩羅什譯本見《大正藏》第14冊475號。

〔註155〕支謙譯本見《大正藏》第14冊474號。然日人小野玄妙認為此譯本應係竺法護譯本，而非支謙譯本（詳閱附錄表2-14，吳・支謙《維摩詰經》一欄中之附註說明，第2項）。

〔註156〕以上所引形容詞，皆見《維摩詰經》卷上〈善權品第二〉（《大正》14・521a）。

〔註157〕前揭書：「如是長者維摩詰，不可稱說善權方便，無所不入。」所謂"善權方便"，依《佛光大辭典》第六冊，頁5829云：「即菩薩為攝化眾生，而善巧方便涉種種事，示種種象」。

〔註158〕以上所引形容詞，皆見《維摩詰經》卷上〈善權品第二〉（《大正》14・521a）。

爲，此種亦僧亦俗的形象，經典中云其能令「所有耆舊能喜，世間一切治生諧偶」〔註159〕，同樣地，此種亦僧亦俗的形象，亦受到六朝士人的普遍歡迎，例如魯迅曾言：晉以後的名流，每人手中有三種玩意，一爲《論語》、《孝經》，二爲《老子》，三即爲《維摩詰經》〔註160〕。而日人塚本善隆亦言及《維摩詰經》在六朝的風行：

> 這部經典本來就有著易於被世俗貴族學者所愛好的性質。其中貴族士
> 大夫更易於喜歡閱讀。……在六朝時代的佛教界，相對於《法華經》之普
> 及於社會上下、受到群眾性地信奉讚仰，《維摩詰經》則爲貴族知識階級
> 所喜讀和研習〔註161〕。

此皆標示出《維摩詰經》在六朝士人或貴族間所受到的重視；經中所描述的悠遊於“入世生活”、“出世生活”皆怡然自得的維摩詰居士形象，無疑爲六朝時「越名教而任自然」的士人或貴族，提供一佛理上的理論基礎，以使他們風流閑雅、乃至奢靡放蕩的生活，皆與當世所興盛的佛教，有其形而上的溝通〔註162〕。

故齊梁陳所興盛的宮體詩，其詩人身份皆爲士子貴族、乃至帝王，且亦大多爲佛教徒：例如沈約、梁武帝、昭明太子蕭統、梁簡文帝蕭綱、劉孝綽、庾肩吾、王筠、庾信、江總等。這些詩人一面於筆下虔頌出蘊含佛理、讚歎佛教的詩篇；一面亦於筆下流洩出香豔瀰漫的宮體詩〔註163〕；此外，更有將二者結合爲一的詩作〔註

〔註159〕同前揭書。

〔註160〕見魯迅《淮風月談》，台北市：風雲時代，1990年版。

〔註161〕見《支那佛教史研究·北魏篇》頁531，清水弘文堂，1969年版。

〔註162〕彷若鳩摩羅什《大莊嚴論經》卷十，帝釋所言之心靈狀態：「雖與金色婦，同室無著心；身依於禪定，心意亦快樂」（《大正》4·510c）金色婦係指美豔的婦人。此句話意指居於放逸處，猶有善心修於福德。佛典中所說的這種生活態度，正可爲六朝士子貴族的生活態度，提供一形而上的庇護。

〔註163〕此類詩人，於上一章節〈詩人於詩中所展現的佛教思想〉中，已舉例說明各詩人於佛教詩歌的表現，爲求明白這些詩人佛理詩與宮體詩兼寫的現象，茲各舉出若干詩作，概述於下表：

詩人 ＼ 詩歌	佛 理 詩	宮 體 詩
沈約	〈八關齋〉〈千佛頌〉等	〈少年新婚爲之詠〉〈腳下履〉等
梁武帝蕭衍	〈十喻〉〈述三教〉等	〈詠舞〉〈龍笛曲〉等
江淹	〈吳中禮石佛詩〉等	〈詠美人春遊詩〉等
昭明太子蕭統	〈鍾山講解〉〈東齋聽講〉等	〈林下作妓〉等
梁簡文帝蕭綱	〈望同泰寺浮圖〉〈十空〉等	〈美人晨粧〉〈詠內人畫眠〉等
劉孝綽	〈賦詠百論捨罪福詩〉等	〈和詠舞〉〈愛姬贈主人〉等
庾肩吾	〈八關齋夜賦四城門更作四首〉等	〈南苑看人還〉〈詠美人看畫詩〉等

164）；如此的文學現象，擺放在當時的社會背景而言，是否只意味著詩人們心行不一而已？抑或我們由《維摩詰經》中亦僧亦俗的菩薩形象，可隱約見出其帶給宮體詩人內在心靈及情思表現的影響？孫昌武先生曾云：「對於六朝士大夫來說，維摩詰不僅給了他們從苦難現實的困擾和玄學思辨的困境中擺脫出來的思想上的出路，而且爲他們提供了一個人生的榜樣。〔註165〕」誠如孫氏所言，《維摩詰經》對六朝士子之影響，在於爲他們提供了一種人生範本，既可"博奕戲樂、有妻子婦"，亦可"內常如禪、除其欲怒"〔註166〕。這部體現亦僧亦俗的佛典，無疑更加豐富了詩人的心靈世界，促進詩人更加"越名教而任自然"，使其重情寫豔的詩歌取向，憑藉與佛典的會通，更形吟詠情性。此番論述並非罔顧山水詩、詠物詩之寫實風格對宮體詩的影響，而是藉由當時的社會現象及詩人思想背景，試窺宮體詩興起或興盛的可能因素之一，並試著勾勒出歷來認爲宮體詩人的豔情描寫與宗教信仰之南轅北轍的因由。

二、偈頌中對淫豔情態的鋪寫

　　《維摩詰經》只是溝通宮體詩與佛典的可能現象之一，至於其他佛典是否亦有促進或影響宮體詩的因素呢？佛典本是述說佛理，以探究實踐宇宙人生眞諦的典籍，故其宗教說理性的莊嚴虔敬度，應係可推測的，且我們由第三章的分析中，亦可知道佛典所呈現的此一特色。

　　然佛典中亦有一些淫豔情態的鋪寫，乍觀之下，似與佛教所呈現的清淨莊嚴特點不相符合；在此必須說明的是，佛陀說法本就是相應世間事而說種種妙法，以使一切眾生脫離苦痛，並非只是訴諸於形而上的哲學探討。故佛教基本戒律中雖明訂"不邪淫"〔註167〕，然將描述邪淫的畫面放入佛典中，藉以示現教化意義，誠是無

王筠	〈奉和皇太子懺悔應詔〉等	〈同武陵王看妓〉等
庾信	〈奉和同泰寺浮圖詩〉等	〈看舞〉〈和趙王看妓〉等
江總	〈入攝山棲霞寺詩〉〈明慶寺詩〉等	〈秋日新寵美人應令〉〈姬人怨〉等

〔註164〕例如梁武帝的〈歡聞歌〉：「豔豔金樓女，心如玉池蓮。持底報郎恩，俱期遊梵天。」見逯欽立《先秦漢魏晉南北朝詩》下冊，頁1518。
〔註165〕見孫昌武《中國文學中的維摩與觀音》，頁113。
〔註166〕以上所引形容詞，皆見《維摩詰經》卷上〈善權品第二〉（《大正》14‧521a）。
〔註167〕佛陀爲在家男女所受持的五種制戒，以防惡止非：（1）不殺生（2）不偷盜（3）不邪淫④不妄語⑤不飲酒。其中「不邪淫」即指不與配偶以外的人，發生不當的性行爲

礙於佛理發展的。因爲站在佛教的立場，男女愛欲之事，本就是造成生命流轉的因緣之一，爲求達到"入諸婬種，除其欲怒"〔註168〕的教化目的，講述、書寫世間淫豔情態的面相，以說明或襯托出"梵行〔註169〕清淨者的自在莊嚴"及"不修佛道縱情五蘊者的招致惡報"。例如《普曜經》〈降魔品〉中，描述魔王波旬爲干擾佛陀於樹下修行，遂派遣四個女兒前去惑亂，這群女子於佛前現種種「綺言作姿」妖媚相，並「嗟歎愛欲之德」，欲使佛陀「壞其清淨之行」，佛典中寫到她們或「舉衣而進」、或「現相戀慕」、或「姿弄唇口」、或「迭相捻握」、或「在前跳蹀」、或「現其髀腳」、或「露其手臂」、或「作鳬鴈鴛鴦哀鸞之聲」、「或以香塗身」、或「前卻其身」、或「嗟歎愛欲」，並更進一步向佛表明：「願得晨起夜寐供事左右」〔註170〕。這段文字忠實地將魔女們掀衣近前、以脣相親、露其大腿、以香抹身等之淫豔情態鋪陳無遺，可說與宮體詩側重於女姿描摹的"輕豔"文字，有其相近處。

　　再如《佛所行讚》〈離欲品〉中，敘述佛陀尚爲太子居於皇宮時，國王因察覺太子有出世修道之心，遂命宮女以美色挽留太子出家之心。經中將宮女們競蠱媚術的過程，毫不掩飾地描述出來：

> 太子入園林，眾女來奉迎，並生希遇想，競媚進幽誠，
> 各競伎姿態，供侍隨所宜，或有執手足，或遍摩其身，
> 或復對言笑，或現憂感容，規以悅太子，令生愛樂心。
> ‥‥‥‥‥‥‥歌舞或言笑，揚眉露白齒，美目相眄睞，
> 輕衣現素身，妖搖而徐步，詐親漸習近，情欲實其心，
> 兼奉大王旨，慢形媟隱陋，忘其慚愧情。‥‥‥‥
> 太子在園林，圍繞亦如是。或爲整衣服；或爲洗手足；
> 或以香塗身；或以華嚴飾；或爲貫瓔珞；或有扶抱身；
> 或爲安枕席；或傾身密語；或世俗調戲；或說眾欲事；
> 或作諸欲形；規以動其心。〔註171〕

這些情慾文字的描寫，雖然是爲了烘托女色的無常與愛欲的染心，然這些文字亦專注地將女子的身姿媚形，作種種鋪陳，其「遍摩其身」、「輕衣現素身」、「爲安枕席」、「說眾欲事」、「作諸欲形」的描述，可謂極其露骨，近於煽情的畫面。而宮體詩中，亦有

〔註168〕見《維摩詰經》卷上〈善權品第二〉（《大正》14‧521a）。
〔註169〕「梵行」亦爲"淨行"，即道俗二眾所修之清淨行爲。又，佛教以不淫，受持諸戒，
　　　　稱爲梵行。詳閱《佛光大辭典》第5冊，頁4631。
〔註170〕以上所引諸詞，皆見竺法護所譯《普曜經》卷六〈降魔品〉（《大正》3‧519a～b）。
〔註171〕見《佛所行讚》單行本，卷一〈離欲品〉，頁21～22。

許多描摹女姿，輕豔露骨的文字鋪寫，例如〈少年新婚爲之詠〉的「裙開見玉趾，衫薄映凝膚」〔註172〕；〈愛姬贈主人詩〉的「垂釵繞落鬢，微汗染輕紈」〔註173〕；〈美女篇〉的「粉光勝玉靚，衫薄擬蟬輕，密態隨流臉，嬌歌逐軟聲」〔註174〕；〈烏棲曲〉的「倡家高樹烏欲棲，羅幃翠帳向君低」〔註175〕；〈詠內人晝眠詩〉的「簞文生玉腕，香汗浸紅紗」〔註176〕；〈夜聽妓詩〉的「流風拂舞腰，朱唇隨吹盡」〔註177〕；〈詠舞詩〉的「嬌情因曲動，弱步逐風吹，懸釵隨舞落，飛袖拂鬟垂」〔註178〕；〈南苑看人還〉的「細腰宜窄衣，長釵巧挾鬟」〔註179〕……等，凡此種種，皆著力於刻畫女子的身姿麗顏，突出女子身段儀態的動態畫面，予人餘波蕩漾感，且用字遣辭流於香豔色彩，與佛典中描摹女姿的畫面，有其相通處；所不同的是，宮體詩的文字更爲修飾，更顯得華麗雕琢。茲再舉《大莊嚴經論》中描繪一美豔鑑人的婬女，欲干擾法師說法，遂沐浴眾香、首帶華鬘、穿戴瓔珞地進入會場，引起眾人一陣暈眩：

　　咄哉此女人，儀容甚奇妙。目如青蓮花，鼻脩眉如畫。

　　兩頰悉平滿，丹脣齒齊密。凝膚極軟懦，莊麗甚殊特。

　　威相可悅樂，煒耀如金山。〔註180〕

此處的描寫，較不若上所引之經文般，顯得畫面的流動性十足，所呈現的是較爲靜態美的描寫，但全力刻畫女子容顏的筆觸，仍是相同的。然宮體詩之前，專力於刻畫女姿者，實未曾有，即便如〈碩人〉、〈陌上桑〉者，詩中所歌詠莊姜與羅敷之美姿，亦是呈顯出"溫柔敦厚"的詩旨〔註181〕，而非如宮體詩所呈顯的濃豔色澤。反觀齊梁宮體詩興起之前的佛典，對於女子身姿容顏，已有細膩露骨的刻畫，而六朝時佛教的盛行，已屬事實，那麼，佛典中的豔語是否在某一層面上影響了宮體詩，

〔註172〕見沈約〈少年新婚爲之詠〉，（逯欽立《先秦漢魏晉南北朝詩》中冊，頁1639）。
〔註173〕前揭書，劉孝綽〈愛姬贈主人詩〉，頁1836。
〔註174〕前揭書，簡文帝蕭綱〈美女篇〉，頁1908。
〔註175〕前揭書，作者同，頁1922。
〔註176〕前揭書，作者同，頁1941。
〔註177〕前揭書，作者同，頁1954。
〔註178〕前揭書，作者同，頁1975。
〔註179〕前揭書，庾肩吾〈南苑看人還〉，頁1995。
〔註180〕見鳩摩羅什所譯《大莊嚴經論》卷四（《大正》4・277b～c）。
〔註181〕例如《詩經・碩人》第二章歌頌莊姜的儀容之美：「手如柔荑，膚如凝脂，領如蝤蠐，齒如瓠犀，螓首蛾眉。巧笑倩兮，美目盼兮。」可看出四言的詩句較古樸，且用語亦較爲莊重典雅。再如〈陌上桑〉中形容羅敷之美，純以羅敷的髮式、配件、衣服及行人的側目，來反襯出其美：「頭上倭墮髻，耳中明月珠。湘綺爲下裙，紫綺爲上襦。行者見羅敷，下擔捋髭鬚。少年見羅敷，脫帽著帩頭。耕者忘其犁，鋤者忘其鋤。」此詩用語亦無任何華美雕琢，更無流於輕豔之風格。

或亦無法完全否定的。

三、讚佛偈的人物雕繪與宮體詩的女姿特寫

　　上一小節（第二部份），所陳述的重點，在於探究宮體詩的淫豔情態，與佛典偈頌中的豔語表現，是否有其銜接處。而此一小節，則在於針對宮體詩"女姿特寫"中，所呈現出的"寫實刻畫"　與"白描"風格，窺探其與偈頌間的關聯與否。兩小節所研討的雖是同一對象（宮體詩），然因是由不同面向切入同一對象，故劃分成不同節次以方便探討。

　　宮體詩著重於描繪女性的容止，無論是動態的、靜態的女姿刻畫，皆務求能以"客觀寫實"的方法，一筆一畫地，從女性的珠唇、雲鬢、眉眼、粉頰、肌膚、足趾、腰肢、手指、腕臂、羅裙、髮釵、耳環、衣衫、袖口、腰帶、鞋履等，作具體而細微的雕繪，彷若是幅人物特寫。學者們多云宮體詩乃是以客觀寫實的態度，著力於刻畫女性姿容〔註182〕。這種寫實刻畫的創作精神，無疑是承襲山水詩、詠物詩的寫實作風而來〔註183〕；然除此之外，針對宮體詩描摹女姿的雕繪作風，我們是否仍可發現宮體詩創作者借鑑於其他地方的表現？再者，永明詩風所提倡的清麗白描〔註184〕，對宮體詩所體現的聲情辭采，亦有一定的啟發〔註185〕，後者將"清麗"更形之為"輕豔"，講究「清辭巧制、雕琢曼藻」〔註186〕；至於"白描"的作風，則成為二者之間的共同特質。而永明體與譯經取向的關連，我們已說明於前，循此

〔註182〕見葉慶炳《中國文學史》上冊，頁194～195：「宮體詩則多客觀寫女性之態，旁及宮閨環境，……一反元嘉、永明以來堆砌典故之習，而以寫實手法為之」。又，傅剛《魏晉南北朝詩歌史論》頁384：「宮體詩最基本的特徵，第一，寫作態度是客觀的，詩人沒有讓自己進入作品，……第二，對女性人體審美特徵的準確把握和寫實性描寫」吉林教育出版，1995年12月第一版。

〔註183〕見林文月〈宮體詩人之寫實精神〉頁6：「由山水而詠物而宮體，詩人詠歌的題材對象有所改變，山水詩所開拓的那種『巧構形似』的寫實精神卻繼續被保留下來。」載於《中外文學》三卷三期，民國63年8月。另，葉日光〈宮體詩形成之社會背景〉頁156，論點亦同。

〔註184〕永明詩歌於聲律上，重視四聲、講求音律諧靡；而於文辭用語上，著重清辭麗句，強調「易見事、易識字、易誦讀」的白話流麗。詳參此章第二節〈佛典翻譯取向與永明詩風清麗白話的關連性〉。

〔註185〕關於宮體詩與永明體的聯繫，見傅剛《魏晉南北朝詩歌史論》頁378：「永明體的新變思想影響了一代文學創作，包括宮體，而"清辭巧制"、"雕琢曼藻"正是永明體的特徵。」頁379又說：「宮體實即永明體的繼續，是用新變體方法寫作豔情內容的詩體」。

〔註186〕《隋書·經籍志》記載：「簡文之在東宮，亦好篇什。清辭巧制，止乎衽席之間；雕琢曼藻，思極閨房之內。後生好事，遂相放習，朝野紛紛，號為『宮體』。

脈絡而下，我們是否亦可發現與永明體有所銜接的宮體詩，其與佛典間的關係？爲演繹二者間是否有所關連，茲先略舉宮體詩中描摹女子姿容之句於下：

△豐容好姿顏，便僻工言語。腰肢既軟弱，衣服亦華楚。

……………錦履並花紋，繡帶同心蒿。

羅繻金薄廁，雲鬢花釵舉。……………

託意眉間黛，中心口上朱。……………

裙開見玉趾，衫薄映凝膚。……〈沈約　少年新婚爲之詠〉〔註187〕

白雪凝瓊貌，明珠點絳唇。……〈江淹　詠美人春遊詩〉〔註188〕

泉將影相得，花與面相宜。管聲如鳥弄，舞袖寫風枝。……

〈蕭統　林下作妓詩〉〔註189〕

媚眼隨羞合，丹唇逐笑分。風捲蒲萄帶，日照石榴裙。……

〈何思澄　南苑逢美人詩〉〔註190〕

△臥久疑粧脫，鏡中私自看。薄黛銷將盡，凝朱半有殘。

垂釵繞落鬢，微汗染輕紈。……〈劉孝綽　愛姬贈主人詩〉〔註191〕

△迴履裙香散，飄衫鈿響傳。低釵依促管，曼睇入繁絃。

〈劉孝儀　又和詠舞詩〉〔註192〕

夢笑開嬌靨，眠鬟壓落花。簟文生玉腕，香汗浸紅紗。

〈蕭綱　詠內人畫眠詩〉〔註193〕

北窗向朝鏡，錦帳復斜縈。嬌羞不肯出，猶言粧未成。

散黛隨眉黃，燕脂逐臉生。……〈蕭綱　美人晨粧詩〉〔註194〕

粧成理蟬鬢，笑罷斂蛾眉。……〈蕭繹　登顏園故閣詩〉〔註195〕

關情出眉眼，軟媚著腰肢。語笑能嬌媚，行步絕逶迤。……

〈蕭綸　車中見美人詩〉〔註196〕

寶鑷間珠花，分明靚粧點。薄鬢約微黃，輕紅澹鉛臉。……

〔註187〕見逯欽立《先秦漢魏晉南北朝詩》中冊，頁1639。
〔註188〕前揭書，頁1568。
〔註189〕前揭書，頁1800。
〔註190〕前揭書，頁1807～1808。
〔註191〕見逯欽立《先秦漢魏晉南北朝詩》下冊，頁1836。
〔註192〕前揭書，頁1895。
〔註193〕前揭書，頁1941。
〔註194〕前揭書，頁1953。
〔註195〕前揭書，頁2038。
〔註196〕前揭書，頁2029。

〈江洪　詠歌姬詩〉〔註197〕

　　翠眉未畫自生愁，玉臉含啼還似笑。……〈江總　秋日新寵美人應令詩〉

〔註198〕

這些詩句，僅是宮體詩的一角，然我們已可由此看出宮體詩並非僅是"抽象式"地歌詠女姿，而是由女性肉體各部、由衣著鞋履等事項上，作細微而"具體式"的白描雕繪。

　　佛典中有大量的"讚佛偈"，是屬於漢譯偈頌中的一型，其特點爲歌詠讚歎佛菩薩、乃至天人的妙行殊德：或寫其功德，或繪其相貌；對於以圖繪手法將佛菩薩的莊嚴相貌描摹而出者，可以發現其工筆雕繪的寫實刻畫風格與白描技巧，此特色與宮體詩的女姿描摹，二者雖於對象題材上完全不同，然於精神上卻有其相通處。爲求明白，茲將宮體詩之前的讚佛偈，略舉如下：

　　面部人雄顏，眼鼻口正端。金體極軟細，今笑何盛欣！

　　方口含白齒，唇像朱火明。姿美八十種，今笑必有因。

　　鏡齒牙四十，廣舌頰車方。語則香氣發，今笑爲誰成？

　　眉髭紺青色，眼瞼雙部當。……〔註199〕

此讚佛偈爲阿難見佛陀微笑時，所發出的讚歎之詞。文中工筆刻畫出佛陀的容顏，眼、眉、鼻、唇、舌、齒，皆有所描寫，而佛陀金身的柔軟、笑容的煒曄及口氣的馨香，亦皆鋪陳而出，乃是探寫實的技巧描繪佛陀形貌，而非以抽象的手法讚揚佛陀的偉大〔註200〕，而偈頌中所呈現的白描技巧，本就是佛典的語言風格，此不再論。再如東漢竺大力與康孟詳共譯之《修行本起經》：

　　今觀太子身，…………………纖長手臂指，軟掌鞔中里，

　　是故法久長，千歲在世教。皮毛柔軟細，右旋不受塵。

　　金色鉤鎖骨，是故伏外道。方身師子臆，旋轉不阿曲。

　　平住手過膝，是故一切禮。身有七處滿，千子力當敵。

　　菩薩宿作行，…………………口含四十齒，方白而齊平。

　　甘露法率眾，…………………廣舌如蓮華，出口覆其面，

　　是故種種音，受者如甘露。語聲哀鸞音，誦經過梵天，

〔註197〕前揭書，頁2073。

〔註198〕前揭書，頁2595。

〔註199〕見東漢支曜所譯《成具光明定意經》（《大正》15·455b）。

〔註200〕抽象手法者，如：「天尊實神妙，世所希見聞。變改卓犖異，觀者莫不欣。」（同前註經，《大正》15·452b）。

是故説法時，身安意得定。眼相紺青色，世世慈心觀，

是故天人類，視佛無有厭。頂特生肉髻，髮色紺琉璃。

欲度一切故，是以法隆盛。面光如滿月，色像花初開，

是以眉間毫，白淨如明珠。〔註201〕

此讚佛偈主要是描述佛陀出生爲一太子時，在皇宮中，國王請國師阿夷爲太子看相，阿夷遂出此偈頌以讚太子。在這裡仍可看到對佛陀五官面貌、手、足、毛髮、肌膚、力量、音聲等的細密描繪。再如東漢曇果、康孟詳共譯之《中本起經》：

容顏紫金耀，面滿髮紺青。大人百福德，神妙應相經。

方身立六丈，姿好八十章。……〔註202〕

此處是記載佛陀進入一闕有火龍的房子，欲以法降龍，其弟子誤以爲佛陀將遭龍火吞噬，悲不自勝，遂吟此偈。其中的“八十章”是佛教用語，專指佛陀的八十種相好，於此較顯抽象；其餘則形容顏貌、髮色、身長，應皆屬於客觀寫實的鋪寫。再如吳支謙所譯《撰集百緣經》中，記載帝釋於忉利天中，見一天人容顏端正殊妙，遂以偈讚曰：「身如真金色，照耀極鮮明；容貌極端正，諸天中最勝。」〔註203〕偈頌中讚歎此天人的“風姿好容顏”爲諸天中第一，與宮體詩中盛讚女子豔冠群釵者，於修辭上，有異曲同工之處。

再如西晉竺法護所譯《普曜經》中，有偈頌描述居於天界迦維羅衛大園中的天后，其姿色卓絕殊妙，豔冠眾天女之文句：

是顏第一殊，至德生尊人。………………

手腳如甘露，來樂勝天人。觀像無厭足，其心益踴悦。

威首照虛空，其明耀諸天。離垢眾雜香，身演暉如是。

其色如紫金，威神耀諸天，如蜂王成蜜，演淨塗香熏。

眼明如真金，光淨耀虛空。………………

其膝微平正，手腳平等淨。……〔註204〕

此偈頌說明了天后的美貌勝於任何天人，觀其形貌，令人心生喜悦、永無厭足。其容顏之明麗，澈照天界，耀於諸天；身上不時散發各種微妙雜香；膚色爲蜜色，近紫金色；雙眸明亮如金，照耀天界；膝蓋略顯平正而不彎曲，手腳亦潔淨。凡此種種，皆刻畫出天后的形貌：其眼、其膚色、其膝、其手腳，乃至其體香，無不有所

〔註201〕見《修行本起經》卷上〈菩薩降身品〉（《大正》3‧464c～465a）。

〔註202〕見《中本起經》卷上〈化迦葉品〉（《大正》4‧150b）。

〔註203〕見《撰集百緣經》卷六〈採華供養佛得生天緣〉（《大正》4‧229c）。

〔註204〕見《普曜經》卷二〈降神處胎品〉（《大正》4‧490a～b）。

描繪，使人領略天界王后的美姿。而竺法護所譯《離垢施女經》中，亦有讚佛偈，詳實精雕地描繪出佛陀容貌、音聲、乃至肉體各局部：

> 頭髮紺青色，淨好而右旋，如水百葉蓮，猶月滿盛明。
> 白毛眉中迴，猶如雪之光。勝眼如青蓮，若蜂中之王。
> 人中尊師子，脣像若赤朱。眉睫甚細妙，平正而善姝。
> 廣長舌覆面，乃至於髮際；其教清和悦，充可智者意。
> 其聲如鐘鼓，箜篌笳笛聲，其音和且雅，猶如琴瑟箏，
> 哀鸞眞陀樂，…………………言辭無慢恣，形體甚奇妙。
> …………………勝臂過於膝。其掌正且均，手指纖長好。
> 巍巍身堅固，寶容若紫金。佛體顯如日，遠現悉聞音。
> 毛軟亦紺色，一一生上（一作右）旋。□髀猶龍相，
> 而膝平薄好。安平足如畫，於下生相輪。……〔註205〕

此偈頌純如白描，由頭髮、眉間相、眼睛、睫毛、唇色、舌等，乃至聲音、四肢、容色、毛髮色、雙足等，皆一筆一畫地描摹成形，彷若一幅人物工筆畫般。如此細緻地雕繪人物，在漢譯偈頌中，不勝枚舉，主要多以佛陀爲寫實雕繪的對象，但亦有以菩薩、天人爲對象的，只是比例上較少。

再如竺法護所譯《修行道地經》，其中有偈頌稱歎佛陀身姿，描述其胸膛：「肩胸而廣姝」；述其臂肘：「臂肘平正而滿足」；並言其大腿及膝蓋：「髀膝膊腸若金柱」〔註206〕。此皆以寫實白描手法，刻畫出釋迦的身型。

再如符秦僧伽跋澄所譯《僧伽羅刹所集經》卷中，分別對佛陀的頭髮、額頭、眉間相、眼睛、鼻子、牙齒、舌、聲音、面容、頭、臂、手、身、足、行步、笑容、衣服、臥床等，一一作讚佛偈，分別詠歎之。例如詠“髮”者：「軟細無長短，髮如紺青色」〔註207〕；詠“容顏”者：「如來顏清淨，如夜清月現」〔註208〕；詠“額”者：「佛額不思議，如象牙在水」〔註209〕；詠“眉間相”者：「不矗亦不細，右旋色微妙，出相與肘等，三世無不見，如來眉間相，清淨無眾瑕」〔註210〕；詠“鼻”者：「彼鼻如是妙，如賴頻陀花（似鸚鵡）」〔註211〕；詠“舌”者：「悉能分別味，次第

〔註205〕見《離垢施女經》（《大正》12・90c～91a）。
〔註206〕上引三句見《修行道地經》卷六〈觀品〉（《大正》15・219a）。
〔註207〕見《僧伽羅刹所集經》卷中（《大正》4・126c）。
〔註208〕前揭書（《大正》4・126c）。
〔註209〕前揭書（《大正》4・127a）。
〔註210〕前揭書（《大正》4・127a）。
〔註211〕前揭書（《大正》4・127b）。

不失序」〔註212〕；詠"聲音"者：「聲響柔和好，佛音息心樂」〔註213〕；詠"足"者：「白分（爪）極細滑」〔註214〕；詠"衣"者：「如來所著衣，自覆身形體，蓮華不著垢，此衣亦如是」〔註215〕，凡此種種，皆以客觀寫實而白描的筆法，勾勒出佛陀的身體各部份，乃至音聲笑語、衣著舉止，具足靜態面與動態面的描繪，與宮體詩中描摹女姿的寫實刻畫，實有雷同。

再如姚秦鳩摩羅什所譯《大莊嚴論經》卷八，記載波旬魔王化身爲佛陀之身至首羅家，首羅初未識破魔王詭計，以爲是佛陀降臨，遂以偈頌讚歎其眼所見形貌：

頭如摩陀果，膚如淨眞金。眉間白毫相，其目淨脩廣。

如開敷青蓮，寂定上調伏。無畏徐庠步，容貌殊特妙。〔註216〕

此將化身的頭形、膚色、眼眉之相，皆悉比喻之，另外，亦形容其行步安詳無畏之態，可說是將人物靜態、動態的特徵，皆予以刻畫之。再如同經本卷十形容佛陀步履之貌：「湛然不輕躁，身體極柔軟；躡空不履地，行步無疲倦。」〔註217〕亦臨摹出佛之行姿。

再如《佛所行讚》卷一，讚歎悉達多太子雙目之句：「淨目脩且廣，上下瞬長睫，瞪矚紺青色，明煥半月形」〔註218〕偈頌中描摹出太子黑青色的眼珠，及上下長睫毛開闔間的神采，使雙眼明亮且脩長，而微笑時彷若呈顯半月形。文句白描、寫實刻畫，使人讀誦其句，如見其貌。

再如劉宋求那跋陀羅所譯《菩薩行方便境界神通變化經》，其中亦有讚佛偈：

出生釋種頂有髻，其髮紺青而右旋。

目如青蓮牛王眴，…………………

迦陵頻伽〔註219〕梵音聲，其舌長廣淨鮮薄。

人中世尊齒齊密，含齒四十而白淨。

………………其肩端嚴廣滿好，

〔註212〕前揭書（《大正》4·127c）。

〔註213〕前揭書（《大正》4·128a）。

〔註214〕前揭書（《大正》4·129a）。

〔註215〕前揭書（《大正》4·130a）。

〔註216〕見《大莊嚴論經》卷八（《大正》4·301c）。

〔註217〕前揭書，卷十（《大正》4·313a）。

〔註218〕見《佛所行讚》單行本，頁5。

〔註219〕「迦陵頻伽」爲梵語音譯，意譯爲美音鳥，或稱妙聲鳥，原產印度，相傳此鳥爲人頭鳥身，能演說佛法，音聲清婉和雅，爲一切鳥所不能及；故佛教經典中，常以其鳴聲，譬喻諸佛菩薩的妙音。敦煌洞窟壁畫中，榆林窟第二五窟南壁東側，有「迦陵頻伽與鶴」之圖，其中的迦陵頻伽即爲人頭鳥身形。

　　世尊身如尼拘樹，周匝團圓善安住。

　　世尊莊嚴身端直，人師子身〔註220〕極長廣。

　　……………………人師子毛而上靡，

　　其體皮膚極細軟。其鬐各各合螺成，

　　…………………

　　世尊手足有網曼，其指纖長赤銅爪，

　　足跟平鉤鎖骨，足下平滿無高下。

　　世尊手足莊柔軟，纖長指普有輪相。

　　人尊足安而平時，履行地時不傾動。〔註221〕

此處將佛身由頭至腳，乃至行步姿勢，皆予以描繪。頭頂有肉髻，各各呈螺旋狀隆起；頭髮右旋呈黑青色；眼瞳紺青色，如青蓮花；且睫毛整齊不雜亂，如牛王眴；其音聲如迦陵頻伽鳥一般清婉和雅；其舌廣長薄軟；四十齒皆齊等白淨；兩肩飽滿豐腴；手足指間，皆有網縵交互連接之紋樣，指頭悉皆纖長；兩足掌下平正飽滿、柔軟，履地之時不晃動。上舉種種皆為「三十二相」中的容貌形相，此偈頌中並未列盡三十二種好相，然我們於佛典中可發現許多偈頌不勝其繁地，一再重複讚歎佛身的三十二相，且皆以白描、寫實、工筆的手法，將佛身由頭至腳，圖繪似地而呈現出來。

　　再如元魏菩提流支所譯《大薩遮尼乾子所說經》中，亦有讚佛偈，形容佛陀之齒：「明淨如珂雪，齊平無差跌」；形容髮絲如：「髮如青琉璃，色淨輪右旋」，又說：「髮淨色青美，厚滿不偏布」；形容兩頰：「頰相稱上廣，方如師子王」；形容唇色：「唇色眾歎美，喻如頻婆果」；形容膚色：「皮色常暉鮮，如閻浮檀金」；形容體毛：「身毛細柔軟，塵垢無能染」〔註222〕。另外，又稱佛身如：「形如半竹筒，美豔赤銅色，光澤如油塗」；狀其舌為：「薄如赤銅葉，光色常暉鮮」；狀其眉如：「眉如月初生，色如金精黑」；狀其肌膚如：「皮額俱不皺，如珂體圓實」；狀其步行如：「步如牛王相，威如師子轉，身相甚柔軟，骨節不相違，趨進如鵝王，不疾亦不遲」〔註223〕。

　　上舉之讚佛偈，僅為冰山一角，因其修辭表現大同小異，故不凡一一列舉之。由這些讚佛偈中，我們可見出其一筆一畫，臨摹人像的寫實刻畫，及其文字上的白描風格。雖然在宮體詩之前，亦有對女子美貌的描寫作品，然欲如宮體詩一般，通

〔註220〕指上半身廣大，行住坐臥皆威嚴端正，如獅子王。

〔註221〕見《菩薩行方便境界神通變化經》卷中（《大正》9·309a〜b）。

〔註222〕上引七句，皆見《大薩遮尼乾子所說經》卷六（《大正》9·343a〜b）。

〔註223〕上引五句，見前揭書（《大正》9·345a〜b）。

篇將女性肉體各部、乃至衣著姿態等，皆作細微而具體的白描雕繪，實不多見，即便偶有歌詠女性美的詩篇出現，也多是點綴性質，比例上未盡全篇，且寫實成分少。反觀讚佛偈，其所描摹的對象，雖大多非女子；然其由頭至腳，工筆刻畫的寫實技巧，及其白描語言的風格，與宮體詩的創作精神，有其相通處。此外，讚佛偈中寫實描摹人物的白描技巧，在宮體詩之前即已存在，而東漢至齊梁，佛教興盛是社會現象，文人士子乃至貴族帝王，喜讀佛典，也是一歷史事實；而宮體詩的寫作群中，為佛教徒者實為不少，不僅於史籍中見諸記載，於其詩歌中，我們亦可看出佛教對這些詩人的影響；則宮體詩與佛典偈頌的會通，似亦無法斷然否定。再者，歷來多以山水詩、詠物詩的寫實精神，作為宮體詩寫實精神的來源，然三者間，所針對對象不一，之所以關連，乃是就三者間一脈相傳的寫實精神而為立基點；而偈頌中描摹佛菩薩、天人容象的類型，不但寫實、白描技巧與宮體詩相通，且各自所針對的主題，皆為“人像”，加以此類型讚佛偈繁多，那麼，在宮體詩興起或興盛的緣由中，讚佛偈或亦為其間接因素之一。

第六章　結　論

　　經由上述各章的演繹、比較，六朝漢譯偈頌與詩歌的關連性，主要可概括爲幾個方面：一是形式上的會通；二是內容上的浸染；三是修辭風格上的借鑑。茲歸納各項大要於下。

一、形式上的會通

　　六朝漢譯偈頌與詩歌在"形式"上，彼此浸潤、互有影響，其關連性可分述爲下列二點：

（一）漢譯偈頌取鑑於中土詩歌形式

　　綜觀表 14，我們可發現漢譯偈頌的體製形式，基本上是脫胎於中土詩歌形製的，試看三言、四言、五言、六言、七言、八言、九言等偈頌的形式呈現，皆爲中土詩歌中本有的形式。

　　此係因外國譯經僧至中國翻譯佛典時，爲求使所譯經典深入人心，達到傳教的目的，在翻譯"伽陀"或"祇夜"時，遂以當時已普遍流行於中國的詩歌形式，去詮釋、翻譯所持原典中（或所默誦經文中）詩歌之部分。我們之所以認爲漢譯偈頌是採用當時中土所流行的詩歌形式，除了偈頌的言數形式與中土詩歌的言數形式相同外；另一理由是：偈頌於形式上的主要類型，與中土詩歌互相吻合。例如四、五、七言在中土詩壇中，向來佔較大市場，而當代譯經者亦廣泛延攬這幾種言數形式於翻譯過程中，使漢譯偈頌於每一時期中，幾皆出現四言、五言、七言的偈頌形式，此無疑說明了偈頌形式借鑑於當代詩壇之形式。

　　另一方面，由漢譯偈頌的形式中，我們亦得以探析漢魏六朝的詩歌發展：（1）東漢時的漢譯偈頌，已有許多完整且篇幅甚長的七言偈頌，可見七言詩於東漢譯經僧翻譯佛典時，似應已是一種普爲大眾應用的詩歌體製，故爲譯經者加以運用，以收傳教時普及人心之效。（2）統合漢魏六朝的偈頌觀之，其中以"五言偈頌"最受譯經者青睞，表現最頻繁，此正可相應漢代以來五言詩於詩壇流行的趨勢。（3）由附錄表14中，可知七言偈頌於六朝每一時期，亦皆有之，且數量上，似僅次於四言偈頌，並且隨著朝代更迭、時間推移的過程中，七言偈頌有愈來愈多的趨勢發展，這與中土詩歌中的七言詩歌發展，不啻遙遙相應。

（二）中土長篇敘事詩的形式借鏡

佛典中的偈頌漢譯之後，所採用的文體乃是以中國當時本有的詩歌形式作為基礎，並據以發揮之，以符合所需。故我們可發現漢譯偈頌的形式，雖近於詩，但卻不囿於一般我們所理解的詩，因其句數多寡並無一定規則，少則三句，動輒百句以上，甚且千句以上者，所在皆有，且長篇偈頌的數量，於六朝佛典中，佔極大份量。

大抵而言，漢譯偈頌的篇幅較為長卷者，其內容性質多半為"敘事性"，此可說是其特色。可見佛典偈頌中，敘事內容好以長篇形式搭配之，以達鋪陳效果。

而中國詩歌中，無論是古體詩或近體詩，篇幅渝越百句者，並不多見。再者，中國詩歌的敘事性色彩向來不發達，長篇敘事詩更是零星，要尋找如〈孔雀東南飛〉及〈木蘭詩〉的長篇敘事詩，實極罕見。在此二篇之前，幾乎除了先秦時的〈離騷〉及東漢時的〈悲憤詩〉之外，再無其餘。然自東漢以至六朝，漢譯偈頌往往有長篇巨製的形式，幾至不勝枚舉。那麼，在《佛所行讚》的漢譯本出現後，及六朝其他漢譯佛典中，常態性頻繁展現的長篇敘事偈頌下，我們實很難否定在這些大量的長篇敘事偈頌環繞中，〈孔雀東南飛〉與〈木蘭詩〉等長篇敘事詩的成型，完全沒有受到漢譯長篇偈頌、乃至漢譯長篇敘事偈頌絲毫的影響。但必須說明的是，長篇敘事偈頌與中土長篇敘事詩的關連性，與其說是內容上的轉移，倒不如說是形式上的轉移，更具文學史上的意義。

二、內容上的浸染

六朝詩歌於"內容"上，某些詩歌類型，受到漢譯偈頌的影響，綜合言之，分述為下列三點：

（一）漢譯偈頌對玄言詩興盛的推波助瀾

玄言詩通篇說理的呈現方式，使鍾嶸形容它為"理過其辭，淡乎寡味"，亦即缺乏藝術感染力。然而，形容玄言詩的"理過其辭，淡乎寡味"，實際上，亦適合於形容大部份的漢譯偈頌。因為漢譯偈頌本就是以宣說佛理為目的，故蘊含"說理性"當然是其特色，其與玄言詩之間的"理性訴求"，容或顯示出彼此間的關連。

再者，玄言詩誠然是建基於對老莊玄學的闡發上，然此詩歌所呈顯的說理風味，在其前的詩歌中，無其因循來源；而自晉以來，玄言詩人與僧侶相與交遊的社會現象，已是不爭的事實；加以當時譯經事業的蓬勃發展，亦爲佛教史中確然之事；由《世說新語》〈文學〉門中，我們可以得知當日玄言詩人與名僧交遊頻繁，且好以玄佛互參、讀誦佛經及研討佛理，而這些佛典皆有許多偈頌，其間純屬說理者誠多，而含藏說理者，亦不乏列舉。試問，這些說理偈頌在"文學社會學"角度下觀之，是否對「玄言詩」完全無意義？

綜上所論，漢譯偈頌近於詩的形體表現，及其以"理"敷陳全篇的表現，本是中土詩歌中未曾有的現象。而玄言詩所呈現的"理過其辭"，在其前的詩歌中，亦無此種風格。那麼，玄言詩借鑑於此種"近詩"偈頌的"說理精神"，或亦有其可能；抑或漢譯說理類偈頌的存在，對於玄言詩的興盛，有其推波助瀾之效。

（二）佛理詩的偈頌化

漢譯偈頌於內容上的表現，無論是說理、勵志、勸誡、讚頌及宣誓等，皆可於佛理詩中，見其仿效。可以說，六朝佛理詩，不僅在"說理精神"上與漢譯偈頌相通，在內容、形式上，亦皆與之密切相關。

總體而言，六朝佛理詩，或徑以佛教名相入詩、或援引佛教典故入詩，這些現象，都與漢譯偈頌不謀而合。且此種興發佛理的詩歌內容，在東晉以前，幾乎不見於書面。可知詩人們創作佛理詩，主要仍是在佛教傳入後，方有如此形貌出現於詩歌中，這在中國本土文學中，亦可說是純然中國佛教文學的創舉。而受時代風氣的影響，我們於東晉佛理詩中，仍可看出其玄、佛交糅的面貌。除此之外，南北朝的佛理詩，則與漢譯偈頌慣以佛教名相充斥於字裡行間的風格，緊密重疊，此正說明漢譯偈頌中，通篇陳述佛理的內容特質，對中土佛理詩偈頌化的面貌，具有顯著的的催化作用。

（三）宮體詩對漢譯偈頌淫豔內容的借鑑

在被閱漢譯偈頌的過程中，我們發覺宮體詩興起前的漢譯佛典中，偈頌所呈現的某些題材內容，與宮體詩傾力刻畫女性姿容的特點，似有其呼應、會通處。

佛典本是述說佛理，以探究實踐宇宙人生眞諦的典籍，故其宗教說理性的莊嚴虔敬度，應係可推測的；然佛典中亦有一些淫豔情態的鋪寫，例如《普曜經》〈降魔品〉、《佛所行讚》〈離欲品〉、《佛本行經》〈與眾婇女游居品〉等。之所以如此，乃是欲藉由講述、書寫世間淫豔情態的面相，以說明或襯托出"梵行清淨者的自在莊嚴"及"不修佛道、縱情五蘊者的招致惡報"。是經中,凡描摹情慾畫面者,皆著力於刻畫女子的身姿麗顏,突出女子身段儀態的動態畫面,予人餘波蕩漾感,且用字遣辭流於香豔色彩,與宮體詩中描摹女姿的畫面,有其相通處。

再者,宮體詩之前,專力於刻畫女姿者,實未曾有,即便如〈碩人〉、〈陌上桑〉者,詩中所歌詠莊姜與羅敷之美姿,亦是呈顯出"溫柔敦厚"的詩旨,而非如宮體詩所呈顯的濃豔色澤。反觀齊梁宮體詩興起之前的佛典,對於女子身姿容顏,已有細膩露骨的刻畫,而六朝時佛教的盛行,已屬事實,那麼,佛典中的豔語是否在某一層面上影響了宮體詩、為宮體詩所取鑑,或亦無法完全否定的。

三、修辭風格上的借鑑

六朝詩歌於"修辭風格"上,亦有借鑑於漢譯偈頌之處,綜合言之,分述為下列三點:

（一）山水詩與漢譯偈頌共通的窮型盡相

六朝山水詩的共通特色,即是「情必極貌以寫物,辭必窮力而追新」。如此的詩歌風格,並未在山水詩興起前尋得,反觀山水詩之前的漢譯佛典,在文學表現上,我們可見著許多"窮形盡相"、"極貌寫物"的偈頌。這些漢譯偈頌細緻入微地寫實筆法,與山水詩"尚巧似"、"極貌寫物"的寫實風格,實有雷同處。

再者,若以山水詩中普遍"未能忘興諭"的特點而論,其與漢譯偈頌旨在"藉景言理"的典型風格,實是一致的。

故漢譯偈頌與山水詩究竟有無關係,我們雖不敢斷言主之;然二者之間,除了與之相關的佛教背景相同外,其寫景體物的窮形盡相風格,亦有極大雷同,且在山水詩興起前的漢譯佛典中,又已有許多體物入微的偈頌,故或亦無法完全否定二者間的關連性。

（二）漢譯偈頌對永明清麗白話詩風的影響

永明詩人代表家沈約的文學主張,為「易見事、易識字、易讀誦」,此亦可說是他的詩歌主張;其中的「易識字」、「易讀誦」,皆可說是佛典文學的特色。大體而言,永明詩風格清新,力圖展現出詩歌用語的淺顯流暢,擺落晉宋以來典正麗藻的詩風,使詩歌具有清新雋永的特色。

齊梁之際,佛教興盛,且帝王崇尚佛教者多,直接帶動了朝野間崇佛風氣,故文人信佛者頗多,而永明詩人中的沈約、蕭子良、王融、陸倕等,亦皆棲心內典,信尚佛教。其時的佛典翻譯文體不僅口語白話,亦文辭遒麗,例如西晉竺法護所譯

《普曜經》；東晉佛馱跋陀羅所譯《大方廣佛華嚴經》；姚秦鳩摩羅什所譯《大莊嚴論經》、《妙法法華經》；劉宋寶雲所譯《佛所行讚》及失譯經《佛所行經》等，是經之長行、偈頌，皆和諧流暢、白話流麗。

故若參酌當時的佛典翻譯主張及永明詩人的佛教背景，再將漢譯偈頌與永明詩這兩種文體置於當時的文化背景中去比較，我們或亦可說漢譯偈頌的文學表現，對永明詩體清麗淺白、和諧流暢的詩風展現，有其一定程度的關連。

（三）讚佛偈對宮體詩寫實白描風格的影響

佛典中有大量的"讚佛偈"，是屬於漢譯偈頌中的一型，其特點為歌詠讚歎佛菩薩、乃至天人的妙行殊德：或寫其功德，或繪其相貌；對於以圖繪手法將佛菩薩的莊嚴相貌描摹而出者，可以發現其工筆雕繪的寫實刻畫風格與白描技巧，此特色與宮體詩的女姿描摹，二者雖於對象題材上完全不同，然於精神上卻有其相通處。

雖然在宮體詩之前，亦有對女子美貌的描寫作品，然欲如宮體詩一般，通篇將女性肉體各部、乃至衣著姿態等，皆作細微而具體的白描雕繪，實不多見，即便偶有歌詠女性美的詩篇出現，也多是點綴性質，比例上未盡全篇，且寫實成分少。反觀讚佛偈，其所描摹的對象，雖大多非女子；然其由頭至腳，工筆刻畫的寫實技巧，及其白描語言的風格，與宮體詩的創作精神，有其相通處。此外，讚佛偈中寫實描摹人物的白描技巧，在宮體詩之前即已存在，而東漢至齊梁，佛教興盛是社會現象，文人士子乃至貴族帝王，喜讀佛典，也是一歷史事實；而宮體詩的寫作群中，為佛教徒者實為不少，不僅於史籍中見諸記載，於其詩歌中，我們亦可看出佛教對這些詩人的影響；則宮體詩與佛典偈頌的會通，似亦無法斷然否定。再者，歷來多以山水詩、詠物詩的寫實精神，作為宮體詩寫實精神的來源，然三者間，所針對對象不一，之所以關連，乃是就三者間一脈相傳的寫實精神而為立基點；而偈頌中描摹佛菩薩、天人容像的類型，不但寫實、白描技巧與宮體詩相通，且各自所針對的主題，皆為"人像"，加以此類型讚佛偈繁多，那麼，在宮體詩興起或興盛的緣由中，讚佛偈或亦為其間接因素之一。

綜上所述，可知六朝漢譯偈頌與詩歌之關連性，並非僅是單向的影響，乃是彼此間相互浸染的互動呈顯，或為形式上的會通、或為內容上的相因、或為修辭風格上的借鑑。